Hystérie

MONOGRAPHIES DE PSYCHANALYSE

DIRECTEUR : CLAUDE LE GUEN

Section : Clinique

Hystérie

SOUS LA DIRECTION DE
ANNICK LE GUEN
ANNIE ANARGYROS
CLAUDE JANIN

PRESSES UNIVERSITAIRES DE FRANCE

ISBN 2 13 050773 5

Dépôt légal — 1re édition : 2000, avril

108, boulevard Saint-Germain, 75006 Paris

SOMMAIRE

Hystérie

C'est en traitant des hystériques que Freud fut amené à s'interroger sur le fonctionnement psychique, découvrant alors que c'est « de réminiscences surtout que souffre l'hystérique ». De ce qui est devenu un aphorisme vont naître la métapsychologie, la théorie et la pratique de la cure psychanalytique.

Très vite, il constate que les hommes peuvent également présenter des manifestations hystériques (ce qui, à l'époque, suscite un véritable scandale), observant et écoutant tous ces patients, Freud en devine l'étiologie sexuelle précoce (autre objet de scandale). Grâce à cette découverte d'une névrose hystérique infantile « structurale », le complexe d'Œdipe pourra prendre toute sa valeur en tant que noyau des névroses et, à partir du caractère pervers polymorphe de la sexualité infantile, pourront être prises en compte, dans un conflit d'ambivalence, l'homosexualité et la bisexualité qui jouent un rôle important dans les fantasmes des hystériques et alimentent les résistances. Ceci l'amène à concevoir, puis à développer les concepts d'inconscient, de refoulement, de conflit, de résistance, et ce qu'il pense alors en être le *primum movens* : la séduction qui, de réelle, s'avérera par la suite fantasmatique.

Cet historique freudien est repris et commenté par Hélène Parat et Guy Cabrol. Ils abordent également des contemporains de Freud : K. Abraham, M. Klein, R. Fairbain, R. Mack Brunswick, J. Lampl de Groot, H. Deutsch, O. Fenichel et surtout S. Ferenczi. Celui-ci est à peu près le seul, à l'époque, à étudier vraiment l'hystérie, notamment à partir des traumatisés de guerre chez lesquels l'aspect narcissique ne peut faire oublier la participation d'une sexualité de caractère génital ; dans « Confusion de langue... » il insiste sur l'importance des traumatismes sexuels précoces dans certaines hystéries graves lors du « stade de la tendresse ». Dans les travaux plus récents de M. Bouvet qui conceptualise une hystérie prégénitale, de B. Grunberger qui met l'accent sur le conflit oral ou de D. Braunschweig et M. Fain qui insistent sur la structure hystérique de la sexualité, G. Cabrol et H. Parat notent que dans tous ces travaux il y a « maintien de la valeur heuristique du modèle de l'hystérie qui reste bien le creuset d'une recherche sur le fonctionnement psychique ».

Marie-Christine Laznik examine la pensée théorique et métapsychologique de J. Lacan. A partir de l'étude qu'il fait de l'hystérie et du cas « Dora », vont se profiler et s'argumenter divers points qu'il ne cessera de reprendre et d'approfondir par la suite : moi, je, identifications imaginaires, petit autre, désir... Mais, surtout, on voit et suit très bien ce que seront ses conceptions sur le « devenir femme », toujours et en continuation directe de la lecture du cas Dora, qu'il entend et analyse différemment de Freud certes, mais sans pour autant le récuser.

Partant d'un autre constat freudien : celui de l'importance de la relation entre l'étiologie de l'hystérie et le lien préœdipien à la mère, Françoise Brette reprend, tout en la complétant, la phase très précoce durant laquelle se constitue l' « hystérisation », modèle structural indispensable à l'évolution psychique et sexuelle de tout être. Donnant toute son importance tant à la reprise en après-coup des tout premiers traumas psychiques (auxquels elle assigne un rôle prépondérant dans l'étiologie de l'hystérie) que des fantasmes originaires nécessaires, organisateurs de la scène primitive, pour constituer dans l'après-coup, les complexes d'Œdipe et de castration, elle montre que si l'angoisse, les symptômes phobiques, la labilité des identifications et des choix d'objets doivent être considérés comme « normaux » dans la névrose hystérique infantile, voire même jusqu'à l'adolescence, il n'en va pas de même au-delà de ces stades. Des carences narcissiques dans la relation mère/enfant, ou certaines carences de représentations dans la relation préœdipienne, pourront entraîner un échec du refoulement, prélude aux névroses hystériques d'angoisse et aux hystérophobies.

C'est par rapport à la nature de l'angoisse qui accompagne systématiquement cette symptomatologie hystérique et au type de défenses face à la castration, que ces deux névroses peuvent être différenciées et évaluées. Même si nous y retrouvons plus ou moins les mêmes symptômes, dans l'une la libido non convertie se libère sous forme d'angoisse qui devient le symptôme prépondérant, dans l'autre ce sont d'abord les représentations qui subissent tout un travail psychique, de déplacement notamment, qui aboutit à la prépondérance des phobies. Nous retrouvons également dans ces névroses une bisexualité mal intégrée, entraînant une labilité des identifications et aboutissant à une identité sexuelle souvent mal définie ou mal acceptée (d'où les troubles systématiques du fonctionnement sexuel de ces patients qui peuvent aller de simples inhibitions jusqu'à la frigidité et l'impuissance). Ainsi Jacqueline Schaeffer, partant de Freud, va développer une théorie de la libido qui lui est personnelle (qu'elle partage avec C. Goldstein) pour rendre compte de l'hystérie et du développement de la féminité.

Dans la névrose hystérique de conversion, où le refoulement est censé avoir « réussi », l'affect se dissocie de la représentation pour se transformer en innervation corporelle par un travail de condensation. Le corps (ou un organe) devient comme un « organe génital » à la disposition de la pulsion sexuelle refoulée. Les symptômes peuvent alors se manifester de façon assez spectaculaire, invalidant la personne et rendant souvent son hospitalisation nécessaire. Sans pour autant aller jusqu'à cette extrémité, nous retrouvons des manifestations communes, « une zone d'intersection entre hystérie et cas limites ». Pour André Green si, dans ces derniers cas, il y a des rapports avec l'hystérie, l'organisation névrotique y fait défaut ; ainsi, c'est la destructivité qui domine le tableau clinique, et les moyens de défense utilisés relèvent le plus généralement du *travail du négatif.* Dans l'hystérie d'angoisse, « le conflit fondamental est lié aux relations entre l'amour génital et la sexualité » et si nous y retrouvons parfois le *travail du négatif* à l'œuvre, c'est celui du refoulement qui domine. Ce chapitre métapsychologique reprend, *in fine,* l'étude du maniement du contre-transfert suscité par les transferts de ces patients souvent difficiles, tout au moins pour les cas limites. Par contre, les manifestations qui « se donnent à voir » sont présentes chez tout hystérique qui, le plus souvent, vit son corps douloureusement ; si ces douleurs sont sans organicité apparente, il n'en demeure pas moins que le rapport et les frontières entre les symptômes corporels hystériques et la somatisation restent encore à étudier, comme le remarque A. Green.

Annick Le Guen

L'hystérie selon Freud : historique d'un parcours

Guy Cabrol et Hélène Parat

L'hystérie, du grec *ustera*, l'utérus, la matrice, est elle-même matrice d'un questionnement. Si l'énigme de l'hystérie parcourt toute l'histoire de la médecine, c'est à partir de l'hystérie que le champ de la psychanalyse s'est développé, à partir de la clinique des hystériques que Freud a dégagé les lois du fonctionnement psychique. Ce questionnement permanent, de Freud à ses contemporains, de Freud à ses successeurs, laisse encore des parts d'ombre productives, interroge la possibilité et la valeur d'une nosographie psychanalytique et invite à s'attarder sur les jalons de la découverte freudienne dans la mesure où l'une des difficultés conceptuelles de l'approche de l'hystérie à travers l'étude historique des textes freudiens vient précisément de l'intrication des découvertes spécifiques sur l'inconscient et le fonctionnement psychique, avec les particularités de la pathologie mentale des « hystériques ».

Certes, l'hystérie n'interrogeait pas uniquement le champ médical : des sorcières avaient été brûlées, des possédées exorcisées, des mystiques s'extasiaient..., et Freud, dans ses lettres à Fliess, lui dit son intérêt intense pour ces histoires de sorcières, pour le *Malleus Maleficorum* par exemple, ce recueil du XVe siècle dans lequel étaient dénoncées leurs copulations diaboliques, et qu'il veut étudier avec ardeur[1]. Ce souci des manifestations hystériques dans le champ culturel, sensible en particulier dans ses textes de psychanalyse appliquée, du cas de Léonard à celui de Dostoïevski en passant par l'étude d'une névrose démoniaque au XVIIe siècle, ne le quittera jamais.

1. S. Freud (1887-1902), *La naissance de la psychanalyse*, p. 167 (lettre n° 57). Pour les références complètes des ouvrages cités (éditions, traducteurs), cf. bibliographie générale en fin de volume.

Dans les pratiques de soins, divers courants se cherchaient et s'affrontaient[1]. Au XVIIIe siècle, Mesmer et son magnétisme animal avait été condamné par une commission royale, et l'hypnose dut attendre la deuxième moitié du XIXe siècle pour avoir le droit d'être étudiée par les aliénistes qui s'attachaient alors à l'étude des « Névroses extraordinaires ». A la fin du XIXe siècle, l'hystérie était déjà prise dans les rets du discours médical, neurologique ou psychiatrique. Avec le souci de classification des affections mentales, elle était l'enjeu de vives polémiques entre les tenants d'une origine organique neurologique et ceux qui y voyaient une origine psychologique. Ce conflit opposait l'école de la Salpêtrière, dominée par Charcot, et celle de Nancy, qui, avec Bernheim, et à travers l'étude et une pratique étendue de la suggestion hypnotique, affirmait que l'hystérie est un mode de réaction psycho-affectif d'origine émotive.

Si Freud avait été impressionné par Charcot lors de son séjour à la Salpêtrière (1885-1886), il s'en démarqua progressivement et récusa l'origine dégénérative de l'hystérie. Il éprouva le besoin de revenir en France en 1889, à Nancy cette fois, pour parfaire sa technique de l'hypnose auprès de Bernheim.

A travers son approche de l'hystérie, il posa les bases de ses découvertes fondamentales concernant l'inconscient, le conflit psychique et les possibilités de la cure analytique. Dans son hommage posthume à Charcot (1893), Freud tout à la fois dénonce sa conception d'une étiologie héréditaire de l'hystérie, mais lui accorde le mérite d'avoir reconnu l'importance du traumatisme dans le déclenchement de la paralysie hystérique, résultat de « représentations qui dominaient le cerveau »[2] reproductibles sous hypnose.

Pierre Janet, dans la continuité de son travail avec Charcot avait, en 1892, publié sa thèse sur *L'état mental des hystériques,* dans laquelle il décrivait la personnalité hystérique et son « rétrécissement du champ de la conscience ». Mais surtout, à partir de la contestation des positions de Charcot sur les paralysies hystériques et leurs origines lésionnelles, il mettait en avant, chez l'hystérique, un rapport particulier au corps, dans lequel la localisation des symptômes ne correspond pas au sens anatomique mais allait au-delà du sens physiologique pour exprimer « le sens populaire »[3], préfiguration d'une symbolisation à travers le discours. Freud, en 1893, dans « Quelques considérations pour une étude comparative des paralysies motrices organiques et hystériques » s'associe pleinement à cette conception de l'expression symbolique du

1. Les limites de cet article imposent de ne pouvoir entrer dans la riche histoire médicale et culturelle de l'hystérie. A ce sujet, cf. I. Veith (1965), P. Pichot (1968), E. Trillat (1986), G. Harrus-Revidi (1997).

2. S. Freud (1893), Charcot, *Résultats, idées, problèmes*, vol. 1, p. 72.

3. P. Janet (1893), *L'état mental des hystériques,* Alcan.

corps selon le sens populaire[1], mais il va rapidement se démarquer des autres conceptions de Janet qui ne permettent pas de comprendre les aspects dynamiques d'une pathologie et sont très loin du concept de conflit psychique, pierre angulaire de la psychanalyse naissante.

D'un point de vue nosographique, Freud commence par dégager la notion d'hystérie de la nosographie psychiatrique de son temps et l'insère dans la classe des psychonévroses de défense, aux côtés de l'obsession et de certaines psychoses, en les différenciant des névroses actuelles. L'hystérie de défense devient le prototype de l'hystérie et en regroupe diverses formes qu'il avait commencé par différencier comme l'hystérie hypnoïde, l'hystérie traumatique et l'hystérie de rétention, qui vont être abandonnées. Ces distinctions, encore prises dans l'esprit nosographique du temps, cèdent devant la recherche de la spécificité du fonctionnement psychique. L'accent principal se porte alors sur l'activité de défense, qui, par refoulement, s'exerce contre des représentations susceptibles de déclencher des affects déplaisants en relation avec la sexualité infantile. Tout en soulignant leur parenté structurelle, Freud va progressivement distinguer, en fonction du sort de l'affect, l'hystérie de conversion de l'hystérie d'angoisse : dans la première, la libido est convertie en symptôme corporel à valeur de symbole mnésique ; dans la seconde, l'affect d'angoisse détaché de la représentation est déplacé sur d'autres représentations constituant des phobies. Avec le développement de la théorie de la cure psychanalytique, l'hystérie rentrera dans le cadre des névroses de transfert, opposées aux névroses narcissiques.

Dans l'approche freudienne de l'hystérie, quatre temps se dégagent : le premier, correspondant au travail de Freud avec J. Breuer culmine dans les *Études sur l'hystérie* (1895) et se termine avec le texte sur « l'Étiologie de l'hystérie » (1896), dans lesquels il affirme l'importance du traumatisme psychique, du souvenir inconscient. Il insiste sur le rôle de la séduction précoce et souligne l'origine sexuelle traumatique de l'hystérie de conversion.

Dans un second temps, à travers l'analyse de Dora (1905), il en vient à privilégier l'importance de la réalité psychique et de la production fantasmatique. L'accent est porté sur les conflits liés à la bisexualité, au complexe d'Œdipe. Cette formalisation théorique aboutit en 1908 dans « Les fantasmes hystériques et leurs relations à la bisexualité ».

Après 1910, aucun texte n'est spécifiquement consacré à l'hystérie, mais dans l'étude de la phobie du petit Hans (1909), il avait conceptualisé l'hystérie d'angoisse et en avait souligné la similitude avec l'hystérie de conversion. En 1912 il généralise les conditions d'entrée dans la névrose et poursuit sa

1. S. Freud (1893), Quelques considérations pour une étude comparative des paralysies motrices organiques et hystériques, *Résultats, idées, problèmes*, vol. 1, p. 37.

recherche sur les processus généraux du fonctionnement psychique dont les bases ont été fournies plus particulièrement par l'hystérie, ce qui est théorisé métapsychologiquement dans « Pulsions et destins des pulsions » (1915) et développé dans *Introduction à la psychanalyse* (1916).

Avec les remaniements de la deuxième topique et de la deuxième théorie des pulsions, l'intérêt de Freud ne se porte plus particulièrement sur les différences nosographiques entre névroses, mais dans *Inhibition, symptôme et angoisse (*1926), il réévalue les différentes névroses, dont l'hystérie, par rapport au type d'angoisse et de défenses face à la problématique de la castration dans une approche plus globale. Dans ses derniers textes sur la sexualité féminine (1931 et 1933), à travers ses interrogations sur les phases préœdipiennes dans le développement libidinal de la femme, son questionnement se porte, comme en passant, sur les affinités de la féminité et de l'hystérie et il invite à s'interroger sur le lien primitif à la mère, celle qu'il nommera dans son ultime texte la « première séductrice »[1].

I – DU RENONCEMENT A L'HYPNOSE AU RENONCEMENT A LA SÉDUCTION (1892-1897)

« Pour une théorie de l'attaque hystérique » (1892) dépasse la simple explication de l'attaque hystérique et fonde à la fois une théorie de l'hystérie et de l'inconscient. Conjointement avec Breuer, et à travers le traitement par suggestion hypnotique des hystériques, Freud y affirme que le contenu essentiel d'une attaque hystérique est le retour d'un souvenir, que ce souvenir est le retour de l'expérience qui a causé l'explosion hystérique, c'est-à-dire est un traumatisme psychique et que ce souvenir est inconscient. Il fait donc l'hypothèse d'une « dissociation, clivage du contenu de la conscience »[2] comme indispensable à la compréhension des phénomènes hystériques. « Devient traumatisme psychique toute impression dont la liquidation par travail mental ou réaction motrice offre des difficultés au système nerveux. »[3] On trouve dans une note non publiée en 1892 (Notice III)[4] la première affirmation que ces traumas sont spécifiquement sexuels.

Cependant, dans le travail princeps de Freud et Breuer, *Le mécanisme psychique de phénomène hystérique. Communication préliminaire* (1893), il n'y

1. S. Freud (1938), *Abrégé de psychanalyse,* p. 59.
2. S. Freud (1892), Pour une théorie de l'attaque hystérique, *Résultats, idées, problèmes*, vol. 1, p. 26.
3. *Ibid.*, p. 28.
4. S. Freud (1892), Notice III, *Résultats, idées, problèmes*, vol. 1, p. 29-30.

est pas fait allusion et ce n'est qu'avec la reconnaissance de la divergence théorique d'avec Breuer que, la sexualité, source de traumatismes psychiques, est reconnue avoir un rôle prédominant dans la pathogenèse de l'hystérie, et se trouve être le « facteur motivant du rejet et du refoulement de certaines représentations hors du conscient »[1].

Les éléments nouveaux à retenir de cette communication préliminaire sont l'hypothèse d'événements survenus dans l'enfance à l'origine de tous les phénomènes pathologiques de l'hystérie que Freud énumère ainsi : névralgies, anesthésies, contractures, paralysies, accès hystérique, convulsions épileptoïdes, vomissements, anorexies, hallucinations visuelles...

Il précise sa conception du traumatisme psychique en soulignant qu'il comportait un affect pénible, cet affect que l'abréaction cathartique permet de liquider en retrouvant le souvenir et en donnant « à son émotion une expression verbale »[2]. Ainsi « c'est de réminiscences surtout que souffre l'hystérique »[3].

Pour le déclenchement de l'hystérie, l'existence d'un état psychique singulier, l'état hypnoïde, est nécessaire et, si cette affirmation de 1893 sera remise en question en 1905 dans le cas Dora[4], elle annonce cependant l'importance de la vie fantasmatique, puisqu'à son origine seraient les rêveries diurnes. Cet état hypnoïde, pour être ensuite quelque peu délaissé par Freud, comportait certes les prémisses des développements sur le refoulement mais aussi des remarques sur la « dissociation du conscient », « les états de conscience anormaux »[5] chez l'hystérique et Freud disait là son accord avec les travaux de Janet. En dépit de l'importance des troubles de la conscience dans les états hypnoïdes, Freud tient à affirmer que l'hystérie n'est pas une psychose même si « dans les états hypnoïdes il ne s'agit plus que d'un aliéné, comme nous le sommes tous dans nos rêves. Toutefois, tandis que nos psychoses oniriques n'exercent, à l'état de veille aucune action, les productions de l'état hypnoïde pénètrent dans la vie du sujet éveillé sous la forme de phénomènes hystériques »[6].

Symptôme et accès hystérique sont des « infiltrations » de ces états hypnoïdes dans « l'innervation corporelle »[7] (dénommée ultérieurement conversion) qui obéissent aux lois de l'association entre souvenirs. A l'époque, Freud

1. J. Breuer et S. Freud, cf. l'avant-propos, de 1895, de la première édition des *Études sur l'hystérie*, p. IX.

2. S. Freud (1893), Le mécanisme psychique des phénomènes hystériques. Communication préliminaire, *Études sur l'hystérie*, p. 4.

3. S. Freud, *Ibid.*, p. 5.

4. Cf. S. Freud (1905), Fragment d'une analyse d'hystérie. (Dora), *Cinq psychanalyses*, note p. 17.

5. S. Freud (1893), *Études sur l'hystérie*, p. 8.

6. *Ibid.*, p. 9.

7. *Ibid.*, p. 11.

considère que l'accès survient soit par excitation d'une zone hystérogène soit par suite d'un incident nouveau rappelant l'incident pathogène[1].

Les éléments théoriques qui se dégagent des *Études sur l'hystérie* (Cas de Mme Emmy von N..., Miss Lucy R..., Katharina, Mme Elisabeth V. R...) mettent l'accent sur le phénomène de conversion comme défense propre à l'hystérie. Freud souligne l'importance de l'incompatibilité entre le moi et une représentation inconciliable, l'émoi amoureux, sexuel, apparaissant progressivement comme celui qui offre le plus de résistance à la réminiscence. Sa conception est celle d'une séparation entre l'affect et la représentation et d'un désinvestissement des représentations désagréables pour maîtriser les excitations, émois qui sont alors transformés en symptômes organiques : « La défense hystérique (...) consiste alors en une conversion de l'émoi en innervation somatique. Le gain qui en résulte est l'expulsion hors du moi conscient de la représentation inconciliable. »[2]

Freud ici ébauche à la fois l'élaboration de sa théorie du traumatisme en deux temps comme celle de la complaisance somatique : un premier temps traumatique (affect ancien) avait provoqué un symptôme hystérique de courte durée, le deuxième temps (affect nouveau) provoque la résurgence du symptôme qui était demeuré latent et fait resurgir la première manifestation somatique en raison des associations ou de la capacité symbolisante du symptôme.

Dans « Psychothérapie de l'hystérie » qui clôt les *Études sur l'hystérie*, Freud élargit sa conception de l'étiologie sexuelle à toutes les névroses et en spécifie les caractères et les mécanismes de défense. Il différencie hystérie et névrose obsessionnelle de la neurasthénie et de la névrose d'angoisse (futures névroses actuelles) dans la mesure où, dans ces dernières, des mécanismes psychiques n'interviendraient pas. Cependant, il souligne que les névroses sont mixtes[3] et que l'hystérie n'existe que rarement à l'état pur. Il regroupe les différentes formes d'hystérie, l'hystérie hypnoïde caractérisée par des états de conscience dissociés, l'hystérie de rétention dans laquelle les affects ne sont pas abréagis, dans le cadre de l'hystérie de défense, modèle de toute forme d'hystérie, déterminée par l'importance de la résistance à la prise de conscience de la représentation pathogène[4].

Il décrit une topographie de la mémoire et de l'inconscient, qui détermine les axes du travail analytique pour accéder au noyau traumatique, qui est au centre d'un « édifice à plusieurs dimensions comportant pour le moins *trois sortes de stratification* »[5] : un ordre linéaire chronologique inversé, un ordre

1. *Ibid.*, p. 12.
2. *Ibid.*, p. 96.
3. Cf. Psychothérapie de l'hystérie, *Études sur l'hystérie*, p. 208.
4. *Ibid.*, p. 216-217.
5. *Ibid.*, p. 233.

concentrique thématique et un ordre complexe logique, tous trois modalités de l'associativité et de l'enchaînement des souvenirs. Si jusqu'ici, Freud considérait le souvenir pathogène comme un corps étranger, difficile à extraire du moi en raison de la résistance, il le compare dans ce texte davantage à un « infiltrat » répandu dans le moi, ce qui complique encore le travail analytique. Il note pour la première fois, à propos du cas Emmy, le rôle de « cette *mésalliance* », ce « faux rapport », le transfert au médecin, qui se réalise par une « *fausse association* »[1].

Dans « Psychonévroses de défense » (1894), il avait inséré l'hystérie dans cette classe nosographique créée à partir de la notion de défense, défense contre des représentations inconciliables de nature sexuelle par « clivage de la conscience ». Mais cette notion de défense met alors en cause celle de clivage de conscience, tel que le proposait Janet comme trait primaire de l'affection hystérique, reposant sur « une faiblesse innée de la capacité de synthèse psychique »[2] que récuse Freud. Si ce « clivage de la conscience », tel que le conçoit Freud alors, désigne avant tout la division intrapsychique, il est, en tant que précurseur imprécis du concept de refoulement, un mode de défense commun aux psychonévroses (névroses hystérique, obsessionnelle et phobique, et certaines formes de psychose comme la psychose hallucinatoire chronique). Par contre, la conversion est caractéristique de l'hystérie : « Dans l'hystérie la représentation inconciliable est rendue inoffensive par le fait que sa *somme d'excitation est reportée dans le corporel,* processus pour lequel je proposerai le nom de *conversion.* »[3] Il insiste sur la différence entre hystérie et névrose obsessionnelle, à partir du destin de l'affect dissocié de la représentation, affect qui dans l'hystérie est donc transformé en innervation corporelle et dans les obsessions et phobies est « transposé » sur d'autres représentations qui deviennent obsédantes. Le traitement de l'hystérie consiste à « provoquer ce retour de l'excitation du corporel dans le psychique afin d'obliger à ce que la contradiction soit réglée par le travail de pensée et l'excitation déchargée par la parole »[4].

Dans ces modalités défensives communes aux obsessions et aux phobies, la représentation affaiblie est encore dans la conscience, mais Freud décrit pour la première fois la « psychose de défense » dans laquelle le moi rejette et la représentation insupportable et l'affect. Il n'est pas rare, affirme-t-il alors, qu'une « psychose de défense puisse venir épisodiquement interrompre le cours d'une névrose hystérique ou mixte »[5].

1. *Ibid.*, p. 245.
2. S. Freud (1894), Les psychonévroses de défense, *Névrose, psychose et perversion*, p. 2.
3. *Ibid.*, p. 4.
4. *Ibid.*, p. 5.
5. *Ibid.*, p. 14.

Dans « Nouvelles remarques sur les psychonévroses de défense » (1896), il détermine plus précisément les différences d'étiologie entre hystérie et névrose obsessionnelle. L'hystérie est caractérisée par une « passivité sexuelle » avant la puberté, le rôle de la séduction réelle dans la première enfance (« par irritation effective des organes génitaux »[1]) est toujours affirmé ; cependant ce ne sont pas les événements en eux-mêmes qui ont une action traumatique mais « leur reviviscence sous forme de *souvenir* après que l'individu a atteint la maturité sexuelle »[2]. Freud développe alors, en note mais en la soulignant, sa théorie biphasique de la formation du symptôme hystérique, liant la notion d'après-coup au refoulement, dont il affirme qu'il ne s'applique qu'à des représentations à contenu sexuel : *« Les traumatismes infantiles agissent après coup comme des expériences neuves mais alors de façon inconsciente. »*[3]

En 1896, au 1er janvier, Freud offre à Fliess un « conte de Noël », le manuscrit K[4], synthèse sur les névroses de défense dans laquelle est condensée sa conception actuelle de l'hystérie. Les lettres à Fliess, témoignage de l'auto-analyse de Freud, permettent de suivre la richesse et la complexité de son élaboration des processus inconscients à travers son étude de l'hystérie.

« L'Hérédité et l'étiologie des névroses » (1896) (en français et dans lequel il s'adresse « aux disciples de Charcot ») et « L'étiologie de l'hystérie » (1896) sont les derniers textes qui défendent la théorie de la séduction sexuelle infantile réelle avant la réévaluation par Freud de sa « neurotica » (lettre à Fliess, du 21 septembre 1897). Dans « L'étiologie de l'hystérie », s'il réaffirme l'importance des deux temps du traumatisme avec le rôle de l'après-coup, il précise l'importance du premier temps traumatique du fait qu'un « certain état infantile des fonctions psychiques comme du système sexuel est nécessaire pour qu'une expérience sexuelle, ayant lieu au cours de cette période, développe plus tard, comme souvenir, une action pathogène »[5]. Cette notion d'immaturité du psychisme se précisera dans la conception de Freud quand il abordera les notions de points de fixation.

1. S. Freud (1896), Nouvelles remarques sur les psychonévroses de défense, *Névrose, psychose et perversion*, p. 62.
2. *Ibid.*, p. 63.
3. *Ibid.*, *in* note p. 65.
4. S. Freud (1887-1902), *La naissance de la psychanalyse*, p. 129-137.
5. S. Freud (1896), L'étiologie de l'hystérie, in *Névrose, psychose et perversion*, p. 104.

II – LA VIE FANTASMATIQUE DANS SA RELATION À LA BISEXUALITÉ PSYCHIQUE (1897-1909)

Les lettres à Fliess montrent la reconnaissance progressive de l'importance des fantasmes, des « constructions protectrices », ces « fabulations protectrices »[1] qui l'amènent à mettre en question la réalité de la séduction dans l'étiologie de l'hystérie. Il affirme alors qu' « il n'existe dans l'inconscient aucun indice de réalité, de telle sorte qu'il est impossible de distinguer l'une de l'autre la vérité et la fiction investie d'affect »[2]. Dans « La sexualité dans l'étiologie des névroses » (1898), il continue de s'interroger sur le lien entre ces productions fantasmatiques et les éléments de réalité. Le cheminement qui le porte, dans l'étude de l'hystérie, des symptômes aux fantasmes et aux rêves, montre le glissement qu'il opère de l'étude de la spécificité du fonctionnement hystérique au fonctionnement psychique normal.

Dans *L'interprétation des rêves* (1900), symptômes, fantasmes et rêves ont en commun d'être des réalisations de désirs inconscients. Cependant Freud garde le souci de déterminer les traits du fonctionnement hystérique et il y aborde, par exemple, l'étude des particularités des identifications hystériques (cf. le rêve dit de la belle bouchère) qui ne sont pas de simples imitations mais des « appropriations », « expression d'une communauté sexuelle »[3] qui persiste dans l'inconscient.

Ces notions vont être développées dans « Fragment d'une analyse d'hystérie » primitivement appelé rêve et hystérie[4]. L'analyse du cas de Dora va permettre à Freud de mettre au premier plan la réalité psychique dans ce mouvement de dégagement de la prévalence de la théorie de la séduction réelle, et dans la reconnaissance de l'organisation fantasmatique hystérique. L'abandon de la technique hypnotique est validé par la possibilité, dans la cure, d'accéder au refoulé, aux mécanismes inconscients de la psyché par l'étude des rêves. Car les phénomènes psychiques hystériques, symptômes et fantasmes, obéissent aux mêmes lois de condensation et de déplacement que celles qui organisent le travail de rêve. Le symptôme de conversion apparaît comme la condensation d'une multitude de fantasmes incarnés.

1. S. Freud (1887-1902), *La naissance de la psychanalyse* (lettre à Fliess du 2 mai 1897).
2. *Ibid.* (lettre du 21 septembre 1897).
3. S. Freud (1900), *L'interprétation des rêves*, p. 136.
4. S. Freud (1905), Fragment d'une analyse d'hystérie, p. 4.

La notion de complaisance somatique est articulée avec la question à la fois des zones érogènes qu'il découvre (cf. *Les trois essais sur la théorie sexuelle)*, des fixations à ces zones, et de la multiplicité et complexité des identifications hystériques. « La complaisance somatique (...) procure au processus psychique inconscient une issue dans le corporel. Là où ce facteur ne joue pas, cet état n'est plus un symptôme hystérique. »[1]

Dans le cas Dora, « la suçoteuse », apparaît pour la première fois l'importance de la fixation à la zone buccale « *zone érogène* primaire »[2], qui lors d'une excitation sexuelle génitale ultérieure, sera régressivement réactivée avec interversion de l'affect : « Je tiens sans hésiter, écrit Freud, pour hystérique toute personne chez laquelle une occasion d'excitation sexuelle provoque surtout ou exclusivement du dégoût, que cette personne présente ou non des symptômes somatiques. »[3]

Dans la ligne de pensée que Freud développe dans *Les Trois essais...* sur la sexualité infantile perverse polymorphe, il affirme que « les énergies instinctuelles destinées à produire les symptômes hystériques sont fournies non seulement par la sexualité normale refoulée, mais encore par les émois pervers inconscients »[4]. Freud généralise ce facteur à toutes les psychonévroses, selon sa célèbre formule : « Les psychonévroses sont, pour ainsi dire, le *négatif* des perversions. »[5]

Si le complexe d'Œdipe n'est pas explicitement nommé dans ce texte, il en fournit néanmoins un des axes essentiels, dans le repérage du jeu conflictuel des investissements d'objets et des identifications de Dora par rapport à ses objets parentaux et à leurs substituts. Dans son amour pour son père, « Dora se substituait à sa mère », mais « le sentiment de jalousie féminine était accouplé, dans l'inconscient, à une jalousie analogue qu'aurait éprouvé un homme. Ces sentiments virils, ou, pour mieux dire, gynécophiles, doivent être considérés comme typiques dans la vie amoureuse inconsciente des jeunes filles hystériques »[6]. Certes le conflit œdipien n'est pas typique de l'hystérie, mais Freud en détermine certains traits particuliers, grâce à l'ampleur du rôle de la bisexualité dans la fantasmatique de l'hystérique. Sa description clinique de la bisexualité et des identifications multiples de Dora est très complète, mais ce n'est qu'en 1923[7] qu'il reconnaît l'importance de l'homosexualité dans sa problématique et le rôle des transferts homosexuels à interpréter. Il mesure alors

1. *Ibid.*, p. 29.
2. *Ibid.*, p. 37.
3. *Ibid.*, p. 18.
4. *Ibid.*, p. 36.
5. *Ibid.*
6. *Ibid.*, p. 45-46.
7. *Ibid.* Cf. p. 88 et note p. 90.

le poids du contre-transfert qui fut le sien, auquel il attribue l'échec de cette cure. Le repérage et la théorisation du transfert, de ses possibilités comme de ses impasses, est l'un des apports majeurs de l'analyse du cas de Dora.

« Mes vues sur le rôle de la sexualité dans l'étiologie des névroses » (1905) permet à Freud de faire une critique de sa conception préalable de la séduction et synthétise ses réflexions sur le rôle du conflit entre la libido et le refoulement sexuel auquel il accorde un rôle de première importance, montrant à cette occasion le parcours théorique qui l'a amené de la notion de clivage à celle de défense puis à celle de refoulement[1]. Il insiste alors sur le caractère pervers polymorphe et « l'infantilisme de la sexualité », c'est-à-dire « état infantile de la sexualité se prolongeant chez l'adulte »[2] et s'exprimant dans des symptômes, « représentations converties de fantasmes, qui ont pour contenu une situation sexuelle »[3].

La synthèse de la conceptualisation freudienne de l'organisation fantasmatique de l'hystérie se trouve dans « Les fantasmes hystériques et leur relation à la bisexualité » (1909), en une série de neuf propositions, logiquement articulées, sur le symptôme hystérique.

> « 1) Le symptôme hystérique est le symbole mnésique de certaines impressions et expériences vécues efficaces (traumatiques).
> « 2) Le symptôme hystérique est le substitut, produit par conversion, du retour associatif de ces expériences traumatiques.
> « 3) Le symptôme hystérique est – comme d'autres formations psychiques – expression d'un accomplissement de désir.
> « 4) Le symptôme hystérique est la réalisation d'un fantasme inconscient servant à l'accomplissement de désir.
> « 5) Le symptôme hystérique sert à la satisfaction sexuelle et représente une partie de la vie sexuelle de la personne (correspondant à l'une des composantes de sa pulsion sexuelle).
> « 6) Le symptôme hystérique correspond au retour d'un mode de satisfaction sexuelle qui a été réel dans la vie infantile et qui depuis lors a été refoulé. »[4]

La septième formule exprime le plus complètement la complexité de la nature du symptôme hystérique, « compromis entre deux motions d'affects ou motions pulsionnelles opposées dont l'une s'efforce de donner expression à une pulsion partielle ou composante de la constitution sexuelle tandis que l'autre s'efforce de réprimer la première ».

1. S. Freud (1905), Mes vues sur le rôle de la sexualité dans l'étiologie des névroses, *Résultats, idées, problèmes*, vol. 1, p. 118-119.
2. *Ibid.*, p. 120.
3. *Ibid.*
4. S. Freud (1909), Les fantasmes hystériques et leur relation à la bisexualité, in *Névrose, psychose et perversion*, p. 153.

Après avoir insisté, dans sa huitième formule sur l'importance du facteur sexuel, même si le symptôme peut aussi exprimer des motions non sexuelles, il termine, dans sa neuvième formule, par la signification bisexuelle des symptômes hystériques, déjà avancée dans *Les trois essais*... : « Un symptôme hystérique est l'expression, d'une part d'un fantasme sexuel inconscient masculin, d'autre part d'un fantasme sexuel inconscient féminin »[1].

Freud note alors que, dans le traitement psychanalytique, la bisexualité psychique peut être au service de la résistance, soit dans l'utilisation défensive d'une seule signification, soit, à travers les associations, dans la fuite d'une signification à l'autre.

L'importance de la théorie de la bisexualité s'exprime également dans l'un des derniers textes freudiens nommément consacré à l'hystérie « Considérations générales sur l'attaque hystérique » (1909). Cette « attaque hystérique » est destinée à servir de substitut à une satisfaction auto-érotique que le sujet se donnait autrefois mais à laquelle il a renoncé depuis. Le cycle typique est : « activité sexuelle infantile – refoulement/échec du refoulement et retour du refoulé »[2]. A travers l'analyse des significations fantasmatiques que la crise hystérique met en scène et masque d'un même tenant, Freud repère la présence du fantasme fondamental du coït, avec identification aussi bien masculine que féminine, permettant de retrouver chez la femme hystérique « un fragment d'activité sexuelle qui avait existé dans les années d'enfance et révélait un caractère tout ce qu'il y a de masculin »[3].

Dans « Le trouble psychogène de la vision dans la conception psychanalytique » (1909), Freud, à travers l'analyse du symptôme de cécité hystérique, critique de façon assez virulente les théories de Charcot, Janet et Binet, en récusant leurs explications des troubles de l'hystérique par les concepts de suggestion et d'autosuggestion et en montrant comment Janet en particulier, s'il a perçu l'importance de l'inconscient et de la dissociation dans la formation des symptômes hystériques, n'a pas perçu le jeu des forces psychiques entre elles, leurs conflits. Il y oppose sa conception dynamique. La réaffirmation du rôle central du conflit psychique est là essentielle. A ce moment de sa pensée, Freud considère que le conflit central se trouve entre les pulsions du moi et les pulsions sexuelles partielles qui ont subi des échecs dans leur remaniement. La cécité hystérique lui permet d'insister sur l'intensification du rôle érogène d'un organe qui peut se « conduire carrément comme un organe génital »[4] et sur

1. *Ibid.*, p. 154.

2. S. Freud (1908), Considérations générales sur l'attaque hystérique, *Névrose, psychose et perversion*, p. 164.

3. *Ibid.*, p. 165.

4. S. Freud (1909), Le trouble psychogène de la vision dans la conception psychanalytique, in *Névrose, psychose et perversion*, p. 173.

lequel le moi a perdu sa domination. Cet organe « se met entièrement à la disposition de la pulsion sexuelle refoulée. Cela donne l'impression que le refoulement de la part du moi va trop loin et qu'il jette l'enfant avec l'eau du bain »[1]...

III – L'HYSTÉRIE AU SERVICE DE LA MÉTAPSYCHOLOGIE (1909-1916)

Si ce dernier texte évoquait encore un symptôme typiquement hystérique de conversion, l'analyse du cas du petit Hans va élargir le champ de l'hystérie à celui des phobies, sous la désignation « d'hystérie d'angoisse ». Ce terme est justifié pour Freud, « par la parfaite similitude du mécanisme psychique et de ces phobies et de l'hystérie, similitude complète à l'exception d'un seul point (...) Dans l'hystérie d'angoisse, la libido, détachée du matériel pathogène par le refoulement, n'est en effet pas *convertie* (...) mais libérée sous forme d'angoisse »[2]. Là encore, on peut trouver des névroses mixtes. Ces hystéries d'angoisse sont les plus fréquentes et les plus précoces des névroses[3]. A la place de la conversion, un travail psychique singulier, « barrière psychique, précautions, inhibitions, interdictions » s'efforce de « fixer psychiquement » l'angoisse. « Ce sont ces structures défensives qui apparaissent sous forme de phobies. »[4]

Dans *Métapsychologie* (1915), Freud reprend les distinctions et les relations entre les différentes névroses. Il s'attache aux modalités de réussite, ou échecs, du refoulement. En effet, si dans l'hystérie de conversion le refoulement peut réussir à faire disparaître complètement l'affect, comme le montre « la belle indifférence des hystériques »[5] selon Charcot, dans l'hystérie d'angoisse, le refoulement est « fondamentalement manqué », « l'épargne de déplaisir n'a pas réussi »[6], il y a élimination de la représentation, substitution par une phobie, mais celle-ci nécessite une tentative de fuite permanente. « Le travail de la névrose ne cesse pas. »[7]

1. *Ibid.*, p. 171.
2. S. Freud (1909), Analyse d'une phobie chez un petit garçon de cinq ans (Le petit Hans), *Cinq psychanalyses*, p. 175.
3. *Ibid.*, p. 176.
4. *Ibid.*
5. S. Freud (1915), Le refoulement, *Métapsychologie*, p. 60.
6. *Ibid.*, p. 59.
7. *Ibid.*

Freud caractérise l'hystérie de conversion par la prévalence du travail de condensation, et l'hystérie d'angoisse par celle du travail de déplacement. Dans celle-ci, la représentation substitutive, par déplacement, joue dans le préconscient le rôle de contre-investissement, dans la mesure où elle garantit contre l'émergence de la représentation refoulée dans le conscient. Si le refoulement est réussi par rapport à la représentation, l'affect d'angoisse est impossible à inhiber. Le moi utilise la projection pour que le danger ne provienne plus d'une motion pulsionnelle mais d'une perception. A partir d'une angoisse-signal, le moi fuit l'investissement d'une perception et est pris dans des conduites d'évitement par contre-investissement de l'environnement[1].

Au-delà de leurs différences, les névroses de transfert ont des modes d'entrée similaires et des mécanismes communs : le refoulement y maintient un investissement d'objet, car, même si « la névrose implique la renonciation à l'objet réel (...), la libido qui est retirée à l'objet réel, revient sur un objet fantasmé et, à partir de là, sur un objet refoulé »[2], en raison de fixations antérieures de la libido. Ce mouvement est bien différent de celui des psychonévroses narcissiques dans lesquelles les investissements d'objets sont abandonnés et où la libido se replie sur le moi. Comparant certaines formations de substitut entre schizophrénie et hystérie dans leur relation au corps[3], Freud les différencie en soulignant que dans la conversion hystérique, plus conforme à la réalité corporelle, l'expression symbolique est plus proche du réel par similitude, car dans l'hystérie, les représentations de chose sont maintenues, mais elles sont perdues dans la schizophrénie avec un surinvestissement des représentations de mot.

Dans « Deuil et mélancolie », Freud précise les différences entre identification narcissique (ici mélancolique) et hystérique : « Dans la première, l'investissement d'objet est abandonné, tandis que, dans la seconde, il persiste et il existe une action, qui habituellement se limite à certaines actions et innervations isolées. »[4] Si ces identifications sont toutes deux « l'expression d'une communauté qui peut être celle de l'amour »[5], l'identification narcissique est la plus originaire et il y a régression jusqu'à « la phase orale de la libido qui appartient encore au narcissisme »[6]. Freud constate alors que l'identification hystérique a été moins bien étudiée.

Dans *Introduction à la psychanalyse* (1916), l'hystérie sert encore de fil conducteur et de névrose exemplaire pour les démonstrations de Freud rela-

1. S. Freud (1915), L'inconscient, *Métapsychologie*, p. 89-93.
2. *Ibid.*, p. 109.
3. *Ibid.*, p. 114-115.
4. S. Freud (1915), Deuil et mélancolie, *Métapsychologie*, p. 158.
5. *Ibid.*
6. *Ibid.*, p. 157.

tives aux principaux processus psychiques et il réaffirme les principaux acquis sur celle-ci, dont en particulier le refoulement de tendances sexuelles perverses polymorphes. « D'innombrables sensations et innervations que nous rencontrons comme symptômes de l'hystérie et qui affectent des organes qui n'ont apparemment rien à voir avec la sexualité nous dévoilent ainsi leur nature d'accomplissement de motions sexuelles perverses dans le cadre desquels ce sont d'autres organes qui ont accaparé la signification des parties génitales. »[1] Mais c'est aussi le texte dans lequel il fait explicitement le lien entre l'étiologie de l'hystérie et la situation œdipienne, ou plus exactement la « retour aux premiers objets incestueux de la libido »[2].

Dans le chapitre XXII « Points de vue sur l'évolution et la régression. Étiologie », après avoir montré que certaines parties de chaque tendance sexuelle peuvent être « restées accrochées à certains stades antérieurs de l'évolution »[3] et que fixation et régression sont intimement liées, Freud évoque deux sortes de régression de la libido : celle donc qui consiste en un retour aux objets œdipiens, et le « retour de l'organisation sexuelle dans son ensemble à des stades antérieurs »[4]. Cette dernière est caractéristique de la névrose obsessionnelle et seule la première jouerait dans l'hystérie. En effet, dans le souci de différencier les mécanismes de défense, Freud commence par affirmer que, « dans le cas de l'hystérie, il y a, c'est vrai, une régression de la libido aux objets sexuels primaires incestueux, et cela d'une manière tout à fait régulière, mais autant dire pas de régression à un stade antérieur de l'organisation sexuelle. En contrepartie, c'est au refoulement que revient, dans le mécanisme hystérique, le rôle principal »[5]. Cette action majeure du refoulement est ce qui expliquerait que bien que « l'unification des pulsions partielles sous le primat des organes génitaux » soit accomplie, il résulte un tableau « qui présente quelques similitudes avec l'état qui précède le primat génital. Mais ce n'en est pas moins quelque chose de tout autre »[6].

Freud va reprendre ces notations dans le chapitre suivant et nuancer ainsi la question des fixations et régressions dans l'hystérie, régressions que l'on pourrait dire plurielles et qui ne sont pas un retour organisé à une véritable « organisation ». En effet, il insiste bien sur l'importance des fixations et leur lien avec le refoulement pour le déclenchement d'une névrose, le moi se dressant « contre cet ancrage de la libido, et alors, le moi a fait l'expérience

1. S. Freud (1916), *Conférences d'introduction à la psychanalyse*, p. 392.
2. *Ibid.*, p. 434.
3. *Ibid.*, p. 433.
4. *Ibid.*, p. 434.
5. *Ibid.*, p. 436.
6. *Ibid.*

d'un *refoulement* là où la libido a fait l'expérience d'une fixation »[1]. D'autre part, il s'interroge et reprécise que les tendances sexuelles sont « extraordinairement *plastiques* », qu'elles « sont entre elles dans le même rapport qu'un réseau de canaux communicants remplis de liquide, cela malgré leur soumission au primat génital, ce qui n'est pas si commode à unifier dans une représentation »[2]. On note là un certain embarras de Freud. Avant de reprendre ces notions de régression et de fixation, Freud tente aussi d'établir les phases du développement du Moi, en se référant aux recherches de Ferenczi, et il évoque le jeu, la discordance entre le développement du Moi et celui de la libido.

Le chapitre XXIII consacré aux modes de formation des symptômes est entièrement sous le signe de l'hystérie. En effet, il n'a pas toujours été remarqué que Freud répète en deux endroits, en début et en fin de ce chapitre : « Tout ce que je dis ici et tout ce qui va suivre ne se rapporte qu'à la formation de symptômes dans la névrose hystérique. »[3] Il est intéressant de noter que cela l'entraîne cependant à évoquer tant les mécanismes du rêve, les séries complémentaires, l'après-coup, la névrose infantile, le rôle majeur de la réalité fantasmatique, l'importance de l'économique... que les fantasmes de castration, de séduction et de scène originaire... L'hystérie reste bien un creuset de découvertes et de questionnements.

Sur la question des régressions, ce chapitre est d'une grande richesse et on y peut voir que la position de Freud quant à la régression de la libido dans l'hystérie est beaucoup plus complexe que ne le laisserait penser son affirmation du chapitre précédent. Ce sont bien des fixations qui attirent la libido sur la voie de la régression, qui lui permettent de se frayer une voie à travers les refoulements et ainsi d'échapper aux conditions créées par le conflit. Il y a une régression quand la libido « réinvestit par voie régressive les positions qu'elle a évacuées tout en y restant implantée avec certains effectifs »[4]. Dans ce cheminement régressif, Freud insiste alors sur un « anneau intermédiaire », c'est-à-dire la persistance, dans les « représentations imaginaires »[5], les fantasmes, des objets et directions pulsionnelles abandonnées. Mais cette régression de la libido vers une étape intermédiaire à la formation des symptômes, de par cette persistance de représentations imaginaires qui ont joui d'une certaine tolérance jusqu'à leur réinvestissement, ne semble pas mériter d'être seulement qualifiée de formelle ou topique, même si Freud revient alors sur la comparaison avec les mécanismes du rêve, car il évoque aussi la remontée subséquente aux origines de ces représentations, c'est-à-dire les fixations libidinales, tout comme il

1. *Ibid.*, p. 447.
2. *Ibid.*, p. 439.
3. *Ibid.*, p. 458 et 476. Cf. aussi chap. 24, p. 481.
4. *Ibid.*, p. 474.
5. *Ibid.*

avait auparavant évoqué un « retour à une sorte d'auto-érotisme élargi, tel que celui qui présentait à la pulsion sexuelle les premières satisfactions »[1]. Ce chapitre foisonnant, dans lequel peut se sentir le jeu des échanges avec Ferenczi, oblige à nuancer certaines conceptions trop schématiques des mécanismes de défense hystériques et peut éclairer, si l'on tient compte de l'insistance de Freud sur les fixations libidinales, les développements plus tardifs à propos des sources de l'hystérie dans les dysfonctionnements de la relation primaire à la mère.

IV – L'HYSTÉRIE EN QUESTION A TRAVERS LA PULSION DE MORT ET LA FÉMINITÉ ?

Les derniers textes freudiens sans plus jamais se concentrer sur l'hystérie proprement dite comportent néanmoins quelques précisions importantes sur certains processus, comme l'identification, dans la structure de la deuxième topique, et resituent bien dans le cadre du conflit œdipien certains traits spécifiques de l'hystérie. Freud y ébauche explicitement des questionnements sur le lien entre la phase préœdipienne et l'hystérie que ses successeurs tenteront d'approfondir.

Dans « Psychologie des foules et analyse du moi » (1921), se servant à nouveau du cas de Dora, Freud décrit l'identification hystérique comme identification partielle à quelque trait spécifique de l'objet, en l'opposant aux identifications primaires globales[2]. Cependant, dans la complexité des identifications hystériques, celles-ci peuvent se faire soit à l'objet haï, l'objet rival du conflit œdipien, par culpabilité, soit à l'objet aimé, mais là, l'identification prend la place du choix d'objet et Freud souligne la régression à l'œuvre dans ce processus.

Le texte de 1923, « Une névrose démoniaque au XVIIIe siècle » illustre la plasticité et la labilité des identifications hystériques et Freud souligne que les manifestations de l'hystérie sont repérables dans les manifestations de possession démoniaque et d'extase, dans le langage culturel de chaque époque, que l'art nous a transmis. Si « les névroses anciennes se déguisent sous un vêtement démonologique »[3], les actuelles se masquent sous celui des maladies organiques.

1. *Ibid.*, p. 465.
2. S. Freud (1921), Psychologie des foules et analyse du moi, *Essais de psychanalyse*, p. 169-170.
3. S. Freud (1923), Une névrose démoniaque au XVIIIe siècle, *Essais de psychanalyse appliquée*, p. 233.

Dans *Inhibition, symptôme et angoisse* (1926), le modèle de l'hystérie, hystérie de conversion comme hystérie d'angoisse, sert à évaluer le fonctionnement de la deuxième topique et à décrire les conflits entre Moi, Ça et Surmoi. Freud définit les symptômes hystériques, compromis entre le besoin de satisfaction et le besoin de punition, comme « réalisations d'une exigence du surmoi »[1] qui se jouent dans le moi mais qui « signifient des positions du refoulé et des lieux d'irruption de celui-ci dans l'organisation du moi »[2]. Déjà dans « Le Moi et le Ça » (1923), il avait indiqué le rôle du sentiment de culpabilité inconscient du « moi hystérique qui se défend contre la perception pénible qui le menace, en provenance de la critique de son sur-moi, de la même manière qu'il a d'ordinaire coutume de se défendre contre un investissement d'objet insupportable : par un acte de refoulement »[3]. Freud note en passant que l'hystérique est bien moins protégé que le névrosé obsessionnel du risque suicidaire, mais sans donner les spécificités de la désintrincation pulsionnelle chez l'hystérique[4].

Il réinsiste, à propos du cas du petit Hans, sur le conflit d'ambivalence dans l'hystérie d'angoisse, et les défenses contre les revendications libidinales et hostiles du complexe d'Œdipe[5]. Au cours du texte, il souligne la fréquence des symptômes hystériques, tant d'angoisse que de conversion, chez l'enfant, mais ces « névroses infantiles », « épisodes réguliers du développement »[6], ne donneront pas toujours lieu à des névroses hystériques futures. Par contre, chez tout adulte névrosé a existé cette névrose infantile.

Freud, dans ces réévaluations cliniques, continue à s'interroger sur « l'énigme » des symptômes hystériques. « D'où provient la particulière opacité de la formation de symptôme dans l'hystérie de conversion ? » écrit-il[7]. Mais il privilégie alors l'étude de l'hystérie d'angoisse en mettant en parallèle l'étude de la phobie du petit Hans et celle de l'homme aux loups et en les opposant à la névrose obsessionnelle. Cependant il précise qu'il y aurait au fond de toute névrose obsessionnelle une couche de symptômes hystériques formés très tôt[8]. A propos de la régression dans l'hystérie d'angoisse, il s'interroge pour savoir si celle-ci est seulement formelle, remplacement d'une représentation, ou si elle est une régression pulsionnelle effective[9] et il fait alors l'hypothèse d'une régression qui remplace un refoulement insuffisant.

1. S. Freud (1926), *Inhibition, symptôme, angoisse*, p. 15.
2. *Ibid.*
3. S. Freud (1923), Le Moi et le Çà, *Essais de psychanalyse*, p. 266-267.
4. *Ibid.*, p. 269.
5. S. Freud (1926), *Inhibition, symptôme, angoisse*, p. 20-22.
6. *Ibid.*, p. 73.
7. *Ibid.*, p. 32.
8. *Ibid.*, p. 34.
9. *Ibid.*, p. 24.

Dans son analyse des différents procédés de défense contre les motions pulsionnelles, il note les particularités des contre-investissements : les formations réactionnelles dans la névrose obsessionnelle sont beaucoup plus importantes que dans l'hystérie. Dans celle-ci, si « la haine contre une personne aimée est réfrénée par un surcroît de tendresse et d'appréhension anxieuse à son égard »[1], cette modification ne se généralise pas et reste élective. « Dans l'hystérie, la formation réactionnelle se cramponne avec ténacité à un objet déterminé sans atteindre le niveau d'une disposition générale du moi. »[2] Il note les particularités du contre-investissement hystérique qui est dirigé de préférence vers l'extérieur, vers une perception dangereuse. Dans l'hystérie, la défense principale reste le refoulement alors que celui-ci n'est qu'une des défenses de la névrose obsessionnelle dont la défense privilégiée est l'isolation. Freud fait alors l'hypothèse d'une affinité intime entre l'hystérie et le refoulement[3].

Si, Freud se sert surtout de l'hystérie d'angoisse pour réévaluer ses premières conceptions sur l'angoisse et la déterminer par rapport à l'angoisse de castration dont les autres angoisses sont des précurseurs, il retrouve son souci d'en différencier l'hystérie de conversion quand il note que, dans celle-ci, l'angoisse de perte d'amour tiendrait la place que la menace de castration tient dans les phobies et l'angoisse devant le Surmoi dans la névrose obsessionnelle. Il évoque alors l'affinité que l'hystérie aurait avec la féminité dans la mesure où c'est chez la « femme que la situation de danger restée la plus active semble être celle de la perte de l'objet »[4].

Dans sa 33e conférence consacrée à « La féminité », lors de son affirmation de l'importance de la phase préœdipienne pour comprendre la sexualité féminine, il revient sur la problématique de la séduction, rappelant que s'il avait privilégié le rôle de la séduction du père, puis du fantasme de séduction par le père dans l'étiologie de l'hystérie, il retrouvait maintenant le fantasme de séduction mais par la mère, « dans ce cas, toutefois le fantasme touche le sol de la réalité »[5] en raison des soins corporels donnés à l'enfant. On peut noter que si les premières élaborations sur l'hystérie étaient indissociablement liées à la découverte des processus inconscients, elles sont maintenant tissées dans les réflexions sur la féminité.

Sans que Freud lui ait donné toute l'importance que ses successeurs lui accorderont, dans son article « Sur la sexualité féminine » (1931), il mentionne

1. *Ibid.*, p. 86 (cf. l'Addenda).
2. *Ibid.*
3. *Ibid.*, p. 93.
4. *Ibid.*, p. 68.
5. S. Freud (1933), La féminité, *Nouvelles conférences d'introduction à la psychanalyse*, p. 162.

l'hypothèse qu'il y ait une relation particulièrement étroite entre cette « phase du lien à la mère et l'étiologie de l'hystérie »[1]. Dans ce texte, il affirme que cette phase permet toutes les fixations et tous les refoulements auxquels il ramenait l'origine des névroses et il en vient à la nécessité « de revenir sur l'universalité de la thèse selon laquelle le complexe d'Œdipe est le noyau des névroses »[2]...

Cette interrogation surprenante de Freud lui permet d'ouvrir des perspectives sur la phase préœdipienne, et il laisse le soin de l'étudier en particulier à ses élèves femmes, telles Jeanne Lampl de Groot, Hélène Deutsch et Ruth Mack Brunswick qui lui avaient au préalable fourni les données sur lesquelles il étaye son questionnement.

1. S. Freud (1931), Sur la sexualité féminine, *La vie sexuelle*, p. 141.
2. *Ibid.*, p. 140.

L'interprétation de la théorie freudienne de l'hystérie dans le cercle analytique (1908-1945)

Guy CABROL et Hélène PARAT

Au premier abord, on peut constater la relative rareté de travaux nommément consacrés à l'hystérie parmi les contemporains et proches successeurs de Freud, comme si l'ampleur des premiers travaux du maître ne permettait pas de mettre en valeur des développements ou apports, qui se trouvent cependant insérés dans de riches travaux cliniques. Mais dans cette raréfaction de la nomination de l'hystérie comme catégorie nosographique, d'autres enjeux se dessinent peut-être, liés tant au respect d'une clinique analytique dont nulle catégorisation ne peut totalement rendre compte qu'au souci, dans un mouvement similaire à celui de Freud, de dégager avant tout des mécanismes et des processus. Il y a là toute la question d'une distinction entre une approche symptomatique et une recherche structurale, de l'oscillation entre symptômes hystériques et hystérie comme structure.

Les travaux des contemporains de Freud, tout en restant très fidèles au maître dans l'affirmation de la prédominance de la fixation œdipienne chez l'hystérique, portent souvent l'accent sur les dysfonctionnements préœdipiens de l'hystérie. D'autres écrits, tels déjà ceux d'Abraham puis surtout de M. Klein et ses élèves, s'en démarquent plus nettement, à la fois dans leur conception de la sexualité féminine et une focalisation sur les phases précoces du développement psychosexuel, qui se relient à leurs travaux sur les psychoses. La question des limites nosographiques de l'hystérie, comme celle des limites d'une nosographie psychanalytique, se trouvent par là à nouveau latéralement posées.

I – SANDOR FERENCZI ET LA FASCINATION DES LIMITES

Parmi les contemporains de Freud, Ferenczi est un des seuls à avoir consacré plusieurs écrits spécifiques à l'hystérie. Il a fait des propositions originales sur certains processus hystériques de conversion et développé des interrogations laissées en suspens dans l'œuvre freudienne, en particulier sur la question des régressions à l'œuvre dans cette pathologie.

Dans son article de 1913, « Le développement du sens de la réalité et de ses stades », qui se réfère à « Formulation sur les deux principes du fonctionnement psychique » de Freud, il propose de voir dans la conversion hystérique une régression au stade de la magie gestuelle, période de toute-puissance pendant laquelle l'enfant exprime la complexité de ses désirs dans un « véritable langage gestuel »[1], source d'une « relation symbolique »[2], précédant le langage verbal. Il insiste par là, à travers sa conception des stades du développement du moi, sur le retour à la période d'introjection[3] dans laquelle tout est introduit dans le Moi et où le Moi de l'hystérique modifie son corps propre à défaut de pouvoir modifier le monde extérieur, comme il le précisera dans son article de 1919.

Du côté du développement sexuel, « dans les symptômes de la paraphrénie *(dementia precox)* et de l'hystérie nous pouvons supposer des régressions auto-érotiques et narcissiques »[4]. Il tente alors d'articuler les inhibitions du développement du Moi et les points de fixation libidinaux pour différencier les névroses. Il émet l'hypothèse que les modes et les buts érotiques exprimés dans le symptôme dépendent de la phase où se trouvait le développement de la libido au moment de la fixation, tandis que le mécanisme des névroses est déterminé par le stade de développement du Moi au moment de l'inhibition. « L'hystérie et la névrose obsessionnelle seraient caractérisées, d'une part, par une régression de la libido à des stades antérieurs de l'évolution (auto-érotisme, œdipisme), d'autre part, en ce qui concerne *leurs mécanismes,* par un retour du sens de réalité au stade des *gestes magiques (conversion)* ou des *pensées magiques (toute-puissance de la pensée)*[5].

1. S. Ferenczi (1913), Le développement du sens de la réalité et de ses stades, t. II, p. 57.
2. *Ibid.,* p. 59.
3. Cf. à ce sujet son article de 1909, Transfert et introjection, t. I, p. 93-125.
4. *Ibid.,* p. 63.
5. *Ibid.* (Freud se réfère à ces notions et cite Ferenczi dans le chap. 22 de *L'introduction à la psychalyse,* p. 330-336).

Ferenczi va revenir plus précisément sur ces notions dans son article de 1919 sur « la matérialisation hystérique », dans lequel il différenciera les types de régression. Mais il faut souligner le fait que cette élaboration plus fouillée n'interviendra qu'après la recrudescence de l'intérêt pour l'hystérie, suscité par les névroses de guerre, intérêt qui se traduit par trois articles sur le sujet. Tous ces articles, ainsi que deux articles plus cliniques, seront réunis en 1919 sous le titre *Hystérie et pathonévrose*[1]. En 1916, en deux mois de fonction dans un service de neurologie d'hôpital militaire, il voit plus de deux cents cas de névroses de guerre. La gravité des symptômes et de l'invalidité (tremblements, troubles de la marche) réactualise la question de l'organicité de ces troubles. Or, Ferenczi conclut avec stupéfaction et certitude que tous ces cas sont fonctionnels, que ce sont des psychonévroses dont les symptômes relèvent ou de l'hystérie de conversion ou de l'hystérie d'angoisse. Le traumatisme est lié à un affect de peur qui ne peut être maîtrisé par le psychisme et il y a atteinte narcissique[2]. S'il affirme qu'il y a bien aussi troubles de la libido sexuelle, dans son rapport au congrès de Budapest en 1918 il nuance sa pensée et articule plus clairement troubles narcissiques et sexuels. Reprenant et critiquant les théories psychiatriques en cours qui acceptent le diagnostic d'hystérie et reconnaissent les phénomènes inconscients, mais pour en récuser les bases sexuelles, il précise que, en dépit de l'aspect narcissique majeur de ces pathologies, il y a bien intervention du sexuel mais dans l'acception élargie que lui accorde la psychanalyse qui ne confond pas sexualité et génitalité. « Les névroses de guerre appartiennent au groupe des névroses dont le développement fait intervenir non seulement la sexualité génitale, comme dans l'hystérie ordinaire, mais aussi une étape antérieure à celle-ci, ce qu'on appelle le narcissisme, l'amour de soi, tout comme dans la démence précoce ou la paranoïa. »[3] Dans ce texte s'il continue à souligner les aspects proprement hystériques de ces pathologies traumatiques, il porte bien l'accent sur la prédisposition à une fragilité narcissique. L'importance de la « régression au stade infantile de l'amour de soi »[4] avec affaiblissement de l'amour d'objet est majorée. En filigrane se dessine bien l'intérêt majeur de Ferenczi pour la question de la profondeur de la régression dans ces différentes pathologies, même si la nature de ces régressions n'est pas nettement déterminée.

L'affirmation des traits différentiels d'avec « l'hystérie ordinaire » avait cependant été fermement posée dans un texte consacré à ce qu'il nomme « Les

1. S. Ferenczi (1919), *Hysterie und Pathoneurosen*, Leipzig, Vienne, Zürich, Internationaler Psychoanalytischer Verlag, 1919, 78 p. En français, ces textes sont répartis entre les volumes II et III des *Œuvres complètes*. Cf. *infra*.

2. S. Ferenczi (1916), Deux types de névroses de guerre (Hystérie), t. II, p. 238-252.

3. S. Ferenczi (1919), Psychanalyse des névroses de guerre, t. III, p. 40.

4. *Ibid.*, p. 41.

pathonévroses », ou « névroses de maladie », c'est-à-dire les névroses consécutives à une maladie organique ou à une blessure. Dans la névrose traumatique qui résulte d'un choc sans lésion corporelle importante, la « symptomatologie combine la régression narcissique (abandon d'une partie des investissements d'objet) et les symptômes de l'hystérie de conversion ou d'angoisse que nous classons, comme on sait, dans les névroses de transfert »[1].

Dans les troubles psychiques consécutifs à une maladie organique, il observe qu'il y a une érotisation de la partie lésée, une « génitalisation », écrit-il, comme dans l'hystérie. Ces exemples « nous montrent qu'une maladie organique peut entraîner un trouble de la libido, non seulement narcissique mais éventuellement "transférentiel" (hystérique), la relation d'objet libidinale étant préservée. J'appellerai cet état *hystérie de maladie* (pathohystérie), en opposition avec la *névrose sexuelle* de Freud où le trouble de la libido est primaire et le trouble fonctionnel organique secondaire (cécité hystérique, asthme nerveux) »[2]. Il se demande alors dans quel cas va se déclencher un « narcissisme de maladie » qui semble désigner là l'hypocondrie ou une authentique névrose narcissique (plus proche de la psychose). S'il émet l'hypothèse que la concentration libidinale sur les zones malades peut contribuer à la guérison, les mécanismes de défense mis en jeu dessinent le destin différent de ces troubles. Car « si le Moi se défend contre cet accroissement libidinal au moyen du refoulement, la blessure ou la maladie peuvent conduire à une *pathonévrose hystérique* ; s'il s'identifie entièrement avec lui, à une *pathonévrose narcissique*, éventuellement à un simple *narcissisme de maladie* »[3].

La combinaison de certains de ces éléments est très explicitement mise en valeur dans un de ses articles cliniques « Psychanalyse d'un cas d'hypocondrie hystérique » (1919) dans lequel il tente de comprendre les conditions de résolution relativement rapides d'un cas très difficile « à l'allure de schizophrénie »[4]... Néanmoins, grâce au travail analytique peut s'instaurer une situation de transfert, peuvent se travailler différentes formes d'identification. La coexistence clinique, et l'élaboration dans la cure, de symptômes purement hypocondriaques et d'autres nettement hystériques semblent avoir permis une hystérisation des symptômes hypocondriaques « en tant que symbole mnésique d'un traumatisme psychique »[5]. « Notre cas présentait apparemment une combinaison des deux possibilités et la face hystérique de la névrose a permis le transfert et l'élimination des sensations hypocondriaques par la psychanalyse. »[6]

1. S. Ferenczi (1917), Les pathonévroses, t. II, p. 272.
2. *Ibid.*
3. *Ibid.*, p. 276.
4. S. Ferenczi (1919), Psychanalyse d'un cas d'hypocondrie hystérique, t. III, p. 77.
5. *Ibid.*
6. *Ibid.*, p. 78.

Dans « Phénomènes de matérialisation hystérique » dont le sous-titre est « Un essai d'explication de la conversion et du symbolisme hystérique », Ferenczi non seulement s'interroge à nouveau sur le saut mystérieux du psychique dans le somatique mais souligne la parenté profonde des processus de symbolisation hystérique et de ceux du rêve qu'il travaille à l'aide de la conceptualisation du chapitre VII de *L'Interprétation des rêves.* S'il reprend l'affirmation freudienne de la fixation génitale (phallique), il y insiste à la fois sur l'ampleur de la génitalisation de toutes les zones érogènes et sur la fixation à un stade précoce du développement du Moi.

La « matérialisation hystérique » désigne la prodigieuse faculté hystérique de donner corps à des fantasmes inconscients, dans une « hyperproduction » d'influx nerveux provoquant des « performances dont l'appareil neuropsychique normal est incapable »[1] (concernant tous les organes et tous les tissus), potentialités que l'enfant a pu privilégier mais que l'éducation a éradiquées. Ce phénomène ne correspond ni à des hallucinations, ni à des illusions, mais « il consiste essentiellement à réaliser un désir, comme par magie, à partir de la matière dont le sujet dispose dans son corps et à lui donner une représentation plastique – si primitive soit-elle – à la manière d'un artiste qui modèle un matériau à son idée (...) »[2]. Pour approfondir ce phénomène, il utilise l'analogie avec « l'hallucination du rêve », mais la régression est encore plus profonde : car « le désir inconscient et incapable d'accéder à la conscience, ne se borne plus dans ce cas à l'excitation sensorielle de l'organe psychique de la perception mais passe à la motricité inconsciente. Ce qui signifie une régression *topique* à une profondeur de l'appareil psychique où les états d'excitation ne se liquident plus par un investissement psychique – fût-il hallucinatoire – mais simplement par la décharge motrice »[3].

La régression, sur le plan temporel, se ferait vers le stade « autoplastique », c'est-à-dire comme il l'avait précédemment formulé vers la prédominance d'une tentative de modifier le corps propre et non le monde extérieur.

Pour Ferenczi, sur le plan *formel,* « il s'agit simplement de la régression à la "protopsyché" »[4], c'est-à-dire comme il l'explicite plus loin, fonctionnement dans lequel principe de plaisir et principe de réalité ne sont pas suffisamment différenciés ». Cependant, les forces pulsionnelles génitales, qui concentrent tous les érotismes précédents (amphimixie des auto-érotismes, idée qu'il développera dans *Thalassa*), ont été modifiées par les couches psychiques supérieures qui les ont soumises à une élaboration sélective et elles en restent mar-

1. S. Ferenczi (1919), Phénomènes de matérialisation hystérique, t. III, p. 54.
2. *Ibid.,* p. 59.
3. *Ibid.*
4. *Ibid.,* p. 60.

quées. L'énergie pulsionnelle « a cessé d'être un simple *quantum,* elle a subi une différenciation qualitative qui en fait une expression symbolique de contenus psychiques complexes »[1].

A la suite de ces réflexions sur la parfaite concordance entre le symbolisme dans le rêve et l'hystérie, Ferenczi revient à la question des déplacements symboliques régressifs dans l'hystérie, selon une voie inverse à celle du développement qui va de l'auto-érotisme à la génitalité en passant par le narcissisme et voit là « une régression qui amène l'excitation à investir ces étapes antérieures et leurs points de localisation au lieu des organes génitaux »[2] ; mais il insiste sur le fait que dans l'hystérie il n'y a pas de décomposition de la génitalité en ses éléments premiers : « Ces étapes antérieures servent uniquement de zones conductrices à l'excitation et cette excitation elle-même conserve, même après déplacement, son caractère génital pour ce qui est de sa nature et de son intensité. (...) dans la conversion hystérique, les auto-érotismes anciens sont investis de sexualité génitale, les zones érogènes et les pulsions partielles sont *génitalisées.* »[3]

Il termine son texte en appelant à la théorisation d'une physiologie du plaisir tant il a été frappé par la soumission profonde et entière chez l'hystérique des organes d'importance vitale au principe de plaisir. « Il n'y a aucun organe, aucune partie du corps qui soit à l'abri de cette mise au service du plaisir. »[4]

Dans un texte plus tardif (1921), « Réflexions psychanalytiques sur les tics », Ferenczi revient aux symptômes corporels pour établir une différenciation entre les tics, les symptômes catatoniques et les conversions hystériques dont le point commun resterait « la génitalisation des auto-érotismes »[5]. Il propose un complément métapsychologique à la conceptualisation freudienne de la pluralité des systèmes mnésiques, en émettant l'hypothèse d'un « *système mnésique du Moi* (...) auquel reviendrait la tâche d'enregistrer constamment les processus psychiques ou somatiques du sujet lui-même »[6] : « Dans l'hystérie, névrose de transfert, le matériel pathogène refoulé appartient aux traces mnésiques de choses inscrites dans l'inconscient, relatives aux objets de la libido (personnes). Par suite du lien associatif constant et réciproque entre le *système mnésique de choses* et le *système mnésique du Moi* (du corps), le matériel psychique pathogène de l'hystérique peut utiliser le matériel mnésique somatique

1. *Ibid.,* p. 62.
2. *Ibid.,* p. 64.
3. *Ibid.*
4. *Ibid.,* p. 65
5. S. Ferenczi (1921), Réflexions psychanalytiques sur les tics, t. III, p. 111.
6. *Ibid.,* p. 97.

associé à ce matériel comme *moyen d'expression.* »[1]. S'appuyant sur les travaux de Nunberg, il conclut que si les symptômes hystériques sont des expressions de l'amour objectal génital qui revêt la forme d'auto-érotismes, les tics et la catatonie sont des auto-érotismes qui ont adopté des qualités génitales.

On peut noter que tous ces textes, bien que suggérant de multiples pistes de recherche, en particulier sur les déformations au niveau du Moi, restent dans l'ensemble fidèles aux conceptions freudiennes et soulignent toujours l'organisation génitale dans l'hystérie. Dix ans plus tard, les accents sont quelque peu différents quand Ferenczi retrouve la question du traumatisme et insiste sur les dysfonctionnements relationnels primaires.

Ferenczi avait toujours été soucieux d'explorer les possibilités de l'analyse pour des patients atteints de névroses graves, ce qui l'avait amené à polariser sa réflexion sur les modalités de régression pendant la cure et sur la position contre-transférentielle de l'analyste à cet égard. Dans son texte célèbre, « Confusion de langue entre les adultes et l'enfant. Le langage de la tendresse et de la passion », c'est bien à propos de patients hystériques qu'il en vient à critiquer sa propre technique active incitant à la régression et l'abréaction, tendant à favoriser la répétition des événements traumatiques en cure. « La séance d'analyse dégénérait chaque fois en une crise d'angoisse hystérique »[2]...

Il y écrit, à propos des accès hystériques : « Nous parlons beaucoup en analyse de régression à l'infantile, mais manifestement nous ne croyons pas nous-même à quel point nous avons raison. Nous parlons beaucoup de clivage de personnalité, mais il semble que nous n'estimons pas à sa juste valeur la profondeur de ce clivage. Si nous gardons une attitude froide et pédagogique en présence d'un patient en opisthotonos, nous brisons le tout dernier lien qui nous rattache à lui. Le patient sans connaissance est effectivement dans sa transe, comme un enfant qui n'est plus sensible au raisonnement, mais tout au plus à la bienveillance maternelle. »[3]

Ferenczi, au cours de sa réflexion sur les traumatismes précoces et leur reviviscence dans la cure, revient sur la séduction incestueuse, réelle et pathogène d'un enfant par un adulte qui, sous le « masque de la tendresse », va satisfaire ses propres tendances incestueuses. Déjà dans « Principe de relaxation et néocatharsis » (1929), il insistait sur la différence entre le désir de l'enfant quant à la satisfaction sexuelle, de l'ordre du « jeu et de la tendresse », et la « passion » adulte dans toute la potentialité violente de sa manifestation. Dans « Confusion de langue entre les adultes et l'enfant », il va rattacher cette

1. *Ibid.*, p. 111.
2. S. Ferenczi (1932), Confusion de langue entre les adultes et l'enfant. Le langage de la tendresse et de la passion, t. IV, p. 126.
3. *Ibid.*, p. 129.

différence à la distinction entre un stade d'identification, qu'il qualifie de stade d'amour objectal passif ou « stade de la tendresse », et une phase ultérieure permettant d'éprouver un amour objectal adulte qu'il relie à l'élément passionnel de la sexualité mature et à la possibilité de réalisation génitale. Il remet alors au premier plan l'importance des traumatismes sexuels dans certaines hystéries graves. Ces traumatismes comportent deux temps, l'acte de violence sexuelle même puis l'indifférence et le déni de celui à qui il est demandé de l'aide (la mère avec laquelle, déjà, il n'y avait ni intimité ni réelle confiance[1]). Les développements qu'il fait sur l'identification à l'agresseur avec introjection du sentiment de culpabilité de l'adulte et le clivage de la personnalité qui en résulte, avec désorganisation puis progression de certaines parties de la personnalité, sont implicitement reliés à ces pathologies hystériques, même s'il ne veut pas les y réduire.

II – L'HYSTÉRIE ET LE JEU DES LIMITES ENTRE NÉVROSE ET PSYCHOSE

Karl Abraham

Si K. Abraham a consacré relativement peu d'écrits à l'hystérie, on peut cependant constater que, d'une part ses échanges avec Freud sur le sujet sont importants et apparaissent, par exemple, dans *Introduction à la psychanalyse*[2] et que, d'autre part, tout comme Ferenczi, il continue de travailler sur les limites nosographiques de cette affection, en reprenant ressemblances et différences entre celle-ci et la démence précoce, ou en s'attachant aux troubles de la conscience chez les hystériques. Il va également tenter de modéliser les particularités de la relation à l'objet chez l'hystérique.

Dans « Les différences psychosexuelles entre l'hystérie et la démence précoce » (1908), tout en soulignant qu'il y a une analogie des modes d'expression dans les deux pathologies, il en démontre les différences essentielles qui tiennent au fait que dans l'hystérie, il y a maintien de l'amour objectal, même avec subordination imparfaite des pulsions partielles à la pulsion hétérosexuelle et en dépit de l'excès du désir et du refus, alors que, dans la démence précoce, il y a repli auto-érotique. « C'est l'auto-érotisme qui distingue la démence précoce

1. *Ibid.*, p. 131.
2. S. Freud (1916), *Introduction à la psychanalyse*, p. 308 et 392, par exemple. Cf. également la correspondance.

de l'hystérie. Ici le détachement de la libido, là l'investissement excessif de l'objet ; ici la perte de la capacité de sublimer, là une sublimation accrue. »[1] Notons qu'ici, Abraham emploie sublimation dans une acception parente de celle de formation réactionnelle comme Freud le faisait dans les *Trois essais*... Pour lui, le facteur constitutionnel est essentiel et détermine la sensibilité au traumatisme sexuel : « La signification étiologique du traumatisme sexuel est remplacée par sa signification structurante. »[2]

Dans le deuxième texte qu'il consacre explicitement à l'hystérie[3], « Les états oniriques hystériques », Abraham s'attache, à travers l'analyse de plusieurs cas cliniques, à la compréhension psychanalytique des états oniriques (de la rêverie diurne aux états seconds) selon lui injustement délaissés et qui montrent l'ampleur de l'investissement fantasmatique chez l'hystérique. Il démontre le parallélisme de ces états avec les crises hystériques, qui tout en poursuivant les mêmes buts, c'est-à-dire essentiellement une satisfaction auto-érotique abandonnée, en diffèrent par leur mode de représentation (fantasme et non conversion) et l'état de conscience altéré. Sa préoccupation de psychiatre pour les différenciations et parallèles nosographiques et son intérêt pour les franges des états névrotiques y sont sensibles.

Après 1915, l'hystérie n'apparaît plus qu'en filigrane et l'on peut même se poser la question des raisons d'une telle « disparition » nominale. En effet, dans « L'examen de l'étape prégénitale la plus précoce du développement de la libido »[4], décrivant la phase orale, il marque les différences entre les fixations orales des démences précoces, des mélancoliques et celles des « névrosés », mais sans précision aucune. Or, d'une part il y évoque des symptômes de nausées, vomissements, dégoût, etc. et d'autre part il se réfère au texte de Freud sur les troubles hystériques de la vision. Certes, pour sa démonstration de l'importance du stade oral, il s'appuie sur l'analyse d'un cas de démence précoce, mais la plupart des autres cas cités évoquent irrésistiblement des hystéries[5], avec une symptomatologie orale prédominante, mais l'hystérie n'est jamais nommée. On peut se demander si, après l'insistance freudienne sur la fixation œdipienne et l'absence de régression libidinale chez l'hystérique, il contourne ainsi la question, tout en laissant sous-entendre qu'il y a bien des fixations orales importantes mais sans régression massive, ou si, comme Freud dans le chapitre XXIII de *Introduction à la psychanalyse*, il emploie névrosé,

1. K. Abraham (1908), Les différences psychosexuelles entre l'hystérie et la démence précoce, t. I, p. 50.
2. *Ibid.*, p. 40.
3. K. Abraham (1910), Les états oniriques hystériques, t. I, p. 118-146.
4. K. Abraham (1916), L'examen de l'étape prégénitale la plus précoce du développement de la libido, *OC*, t. II, p. 11-34.
5. *Ibid.*, p. 21.

sans spécification, comme équivalent d'hystérique, attentif avant tout à la diversité des symptômes et des histoires individuelles.

Cette même absence nominale de l'hystérie est sensible dans son texte de 1920, « Manifestation du complexe de castration chez la femme », pourtant d'une grande richesse clinique sur le sujet. En effet, après avoir développé les idées freudiennes sur l'envie du pénis dans le développement normal de la petite fille et son complexe de castration, il en vient à évaluer les conséquences névrotiques d'une envie du pénis ni déplacée, ni sublimée. Il évoque alors tout une série de cas « névrotiques », sans jamais les spécifier précisément nosologiquement mais en évoquant des symptômes hystériques tels une atteinte de la vision ou des « contractures hystériques des cuisses » lors du coït. Il met l'accent sur deux versants pathologiques du complexe de castration féminin, qu'une lecture attentive permet de considérer comme très typiques d'un fonctionnement hystérique, lié à la fixation phallique, avec son cortège de symptômes sexuels dont frigidité ou vaginisme. La première tendance se traduit par l'intensification de l'envie du pénis et se manifeste dans des symptômes ou des rêves dans lesquels l'accomplissement de désir se trouve exprimé. « Dans ces cas les fantasmes inconscients de la femme affirment : je suis l'heureux possesseur d'un organe viril et j'exerce la fonction masculine. »[1] L'autre tendance exprime un violent désir de revanche contre le détenteur de l'objet convoité et Abraham énumère à loisir les fantasmes de castration de l'homme, à travers des symptômes de vol, le vaginisme, ou l'intérêt pour les hommes amputés par la guerre... La tendance à décevoir montre un aspect plus subtil de cette tendance castratrice, dont Abraham repère de multiples variantes, la frigidité étant une de ses formes les plus manifestes en tant qu'humiliation de l'homme. Il résume ainsi l'évolution de la tendance à décevoir « Premier stade : je te vole ce que tu as parce que je ne l'ai pas. Deuxième stade : je ne te vole rien ; je te promets même ce que j'ai à te donner. Troisième stade : je ne te donnerai pas ce que j'ai promis. »[2]

Abraham continue en insistant sur la surdétermination de tous les symptômes, et donc sur les tendances passives féminines intenses qui peuvent être masquées par la violence du complexe de castration. Il conclut son travail par des notations cliniques assez rares pour l'époque : l'influence du complexe de castration de la mère sur l'évolution psychosexuelle de ses enfants, soulignant alors l'influence chronique que peut jouer le complexe de castration maternel, minant l'hétérosexualité d'une fille ou contribuant à la genèse de l'angoisse de castration du garçon.

1. K. Abraham (1920), Manifestation du complexe de castration chez la femme, t. II, p. 124.
2. *Ibid.*, p. 132.

Dans « Esquisse d'une histoire du développement de la libido fondée sur la psychanalyse des troubles mentaux », à propos du développement de l'amour objectal il reprend la question des fixations dans l'hystérie, en spécifiant les modalités d'une incorporation *partielle* de l'objet sur le mode oral ambivalent, étudiées dans des névroses graves, là encore hystériques probables[1]. Mais, fidèle à Freud, il souligne néanmoins bien la fixation phallique dans l'hystérie : s'il y a bien accession à un amour objectal, celui-ci est ambivalent et s'organise autour d'une exclusion des organes génitaux. « Il semble bien que l'acceptation érotique de l'objet sous réserve d'exclusion des organes génitaux soit l'expression typique de l'interdit de l'inceste dans l'hystérie. »[2]

Dans ce dernier texte, il précise les frontières entre les troubles maniaco-dépressifs et les états névrotiques hystériques, tout en restant dans une certaine ambiguïté quant à l'importance des fixations sadiques-orales qu'il signale cliniquement mais ne théorise pas au sujet de l'hystérie.

On peut remarquer chez Wilhem Reich, dans « Le caractère hystérique » (1933), une interrogation similaire à propos des rapports existant entre dépression et hystérie. Sur la base de sa réaffirmation du caractère génital de l'hystérique, il fait la distinction entre les modalités régressives orales d'expression de la génitalité et des mécanismes non génitaux, fixations orales plus en lien avec une problématique de dépression. « Si des mécanismes dépressifs, régressifs ou autistiques interviennent, nous n'avons pas affaire à une forme spécifiquement hystérique. Il est néanmoins légitime de parler de dépressions hystériques pour les distinguer des dépressions mélancoliques. La différence réside dans la proportion de libido génitale et de relation d'objet à laquelle se trouvent mêlées des attitudes orales. »[3]

Melanie Klein

Melanie Klein, dans la lignée des travaux d'Abraham et de Ferenczi, ses analystes, va s'intéresser aux phases précoces du développement et affirmer des conceptions personnelles, en opposition à Freud, sur la sexualité féminine, mais ses remaniements théoriques ne vont pas concerner l'hystérie directement. Si elle s'intéresse aux phobies et aux troubles obsessionnels, l'hystérie de conversion est rarement présente dans son œuvre. Néanmoins, certaines de ses

1. K. Abraham (1924), Esquisse d'une histoire du développement de la libido fondée sur la psychanalyse des troubles mentaux, seconde partie : débuts et développements de l'amour objectal, t. II, p. 214.

2. *Ibid.*, p. 221.

3. W. Reich (1933), Le caractère hystérique, in *L'analyse caractérielle* (cet article de 1933 est paru dans les versions successives de *L'analyse caractérielle*), p. 187.

conceptions auront des échos importants dans les travaux sur l'hystérie de Fairbairn, par exemple.

Cependant dans « L'analyse des jeunes enfants » en 1923, il est intéressant de constater que l'hystérie, dans une comparaison avec la création artistique, lui sert à interroger, dans une grande fidélité à la théorie freudienne, différentes solutions pulsionnelles dans leurs analogies et différences : inhibition, formation de symptôme et sublimation. S'appuyant sur le texte de Freud consacré à Léonard et sur son analyse du fantasme du vautour, elle se demande pourquoi Léonard a échappé à l'hystérie. « Le noyau de l'hystérie me paraît en effet reconnaissable dans l'élément condensé de la queue du vautour, élément que l'on rencontre souvent chez les hystériques comme fantasme de fellation, exprimé par exemple dans la sensation de boule hystérique. »[1] Les analogies consistent en un même parcours de l'identification à la formation du symbole, comme l'avait théorisé Ferenczi, à travers la relation du corps propre de l'enfant au monde extérieur jusqu'à la fixation libidinale. La divergence se situe au moment de la fixation, plus labile dans le cas de la sublimation. En effet, dans le cas de la sublimation, les fixations sont absorbées par les tendances du moi, ne subissent pas alors de refoulement et agissent comme stimulant. Dans l'hystérie, le fantasme reste attaché à la situation de plaisir et le refoulement intervient trop tôt pour que l'énergie libidinale soit transférée aux tendances du moi. S'il y a des inhibitions primaires, liées au refoulement du puissant plaisir d'une activité, des inhibitions particulières, secondes, dérivent du refoulement de fortes sublimations, « mais la formation des symptômes est évitée car l'angoisse est déchargée ainsi comme dans la formation du symptôme hystérique »[2].

Ses textes de 1932 marquent ses divergences avec Freud, mais cependant on peut constater que, à propos de l'angoisse, dans une comparaison des phobies d'animaux du petit Hans et de l'homme aux loups, elle tente plus de compléter la théorie freudienne que de la récuser. En effet, tout en affirmant que « la crainte d'être dévoré par le Surmoi, plus primitive que la peur de la castration, montrerait que la phobie est en fait une modification de l'angoisse propre aux stades les plus précoces du développement »[3], Melanie Klein souligne que la grande différence entre les phobies de Hans et de l'homme aux loups tient au fait que Hans avait dépassé le stade sado-anal et atteint le stade génital. Sa névrose infantile peut être considérée comme sans gravité, « je dirais même normale », ajoute-t-elle. Est-ce pour cela que l'hystérie chez l'enfant, hystérie d'angoisse ou avec des symptômes conversionnels, n'apparaît pas explicitement dans son œuvre ?

1. M. Klein (1923), L'analyse des jeunes enfants, *Essais de psychanalyse*, p. 121.
2. *Ibid.*, p. 124.
3. M. Klein (1932), *La psychanalyse des enfants*, p. 172.

Si l'évolution des théories analytiques sur l'hystérie se fera autour des conceptions des premières phases du développement psycho-sexuel féminin, les remaniements profonds qu'elle fait subir à la théorie freudienne de la sexualité féminine n'entraînent pas de remarques sur l'hystérie. Elle se situe en deçà de la problématique de la génitalisation œdipienne[1]. Sa théorie se recentre sur un investissement précoce du vagin comme organe récepteur dérivant de l'investissement oral premier, l'envie du pénis étant une défense contre ces désirs féminins précoces, mais elle-même n'en tire pas des conséquences particulières pour l'hystérie même quand elle évoque envie du pénis, complexe de castration ou identification paternelle chez la petite fille à la lumière de la théorisation d'une forme de féminin primaire. Dans ses œuvres plus tardives, elle cite l'hystérie, sans développer ces notations, pour l'articuler avec l'hypocondrie en mettant en relief le fond commun d'angoisses liées aux craintes de persécution de l'intérieur du corps[2] ou dire son accord avec Fairbairn sur la relation intrinsèque entre l'hystérie et la schizophrénie[3].

Ronald Fairbairn

Melanie Klein se référait là aux travaux de R. Fairbairn sur l'importance des phénomènes schizoïdes dans le développement de la personnalité, exposés en particulier dans « Pathologie révisée des névroses et des psychoses » (1941). Dans « Facteurs schizoïdes de la personnalité » (1940), Fairbairn avait en effet déjà développé sa conception d'une « position de base dans la psyché (qui) est toujours une position schizoïde »[4] marquée par l'incorporation d'objets et le clivage du moi qui en résulte. « Je pense, écrit-il, que de toute façon un certain degré de clivage du moi existe toujours au niveau le plus profond. »[5] Fairbairn sent la nécessité de remanier la théorie classique de la libido par une théorie du développement basée essentiellement sur les relations d'objet, dans la mesure où le « but final de la libido est l'objet »[6] et « l'entière évolution du développement libidinal dépend de la mesure avec laquelle les objets sont incorporés et de la nature des techniques utilisées pour traiter les objets incorporés »[7]. Cela

1. Cf. *ibid.*, p. 226-231.
2. M. Klein (1935), Quelques conclusions théoriques au sujet de la vie émotionnelle des bébés, *Développements de la psychanalyse*, PUF, 1966, p. 213.
3. M. Klein (1946), Notes sur quelques mécanismes schizoïdes, in *Développements de la psychanalyse*, PUF, p. 277.
4. W. R. D. Fairbairn (1940), Facteurs schizoïdes de la personnalité, *Études psychanalytiques de la personnalité*, p. 8.
5. *Ibid.*
6. *Ibid.*, p. 32.
7. *Ibid.*, p. 35

l'amène aussi à modifier tant la deuxième topique que le concept freudien de refoulement qui, pour lui, porte sur des « objets internalisés atrocement mauvais »[1]. Dans l'ensemble, le conflit oral est absolument central et les états pathologiques, dont l'hystérie, ne sont pas tant « les produits de fixation à des stades libidinaux particuliers, que simplement un ensemble de techniques utilisées pour protéger le moi des conflits d'origine orale »[2].

Tout en s'appuyant sur les travaux de K. Abraham, notamment sur les processus d'incorporation orale, de rejet anal, sur leur ambivalence, et sans nier la fixation phallique, il montre, pour l'hystérie, des aspects préœdipiens prégénitaux particuliers. Pour lui l'état hystérique se caractérise par un apparent conflit œdipien dérivant du fait « que l'hystérique confond les organes génitaux en tant qu'objets partiels avec l'objet partiel primitif du stade de dépendance infantile, à savoir le sein »[3]. Cet objet, en raison de l'ambivalence, avait été clivé en deux objets, « l'un étant un objet accepté identifié à l'un des parents, l'autre un objet rejeté identifié à l'autre parent »[4]. « *L'état hystérique* est caractérisé par l'extériorisation de l'objet accepté et l'intériorisation de l'objet rejeté »[5] d'où la dissociation hystérique typique. Cette triangulation précoce, soubassement de l'Œdipe, sera ultérieurement développée dans une conceptualisation qui porte alors l'accent sur les clivages du moi entre des objets libidinaux excessivement excitants et excessivement rejetants[6].

III – L'HYSTÉRIE AUX LIMITES DE L'ŒDIPE

Quand Freud dans ces deux derniers textes sur la féminité élabore l'importance de la phase préœdipienne chez la fille, il insiste sur la « relation particulièrement étroite » de ce lien précoce avec l'étiologie de l'hystérie « ce qui n'a rien de surprenant si l'on considère que l'une et l'autre, la phase comme la névrose appartiennent aux caractères particuliers de la féminité »[7]. Il reconnaît que dans la recherche analytique, la position transférentielle de la femme analyste lui permet de mieux percevoir les enjeux de ce « lien exclusif à la mère du début »[8].

1. W. R. D. Fairbairn (1943), Le refoulement et le retour des mauvais objets, p. 64.
2. *Ibid.*, p. 31.
3. *Ibid.*, p. 39.
4. *Ibid.*, p. 38.
5. *Ibid.*, p. 46.
6. W. R. D. Fairbairn (1954), Observations on the nature of hysterical states, *British Journal of Medical Psychology*, 27, p. 105-125, trad. franç. : Observations sur la nature des états hystériques, *Revue française de psychanalyse*, 61, 2, 1997, p. 575-603.
7. S. Freud (1931), Sur la sexualité féminine, *La vie sexuelle*, p. 141.
8. *Ibid.*, p. 152.

Si c'est à partir d'un cas de paranoïa féminine dont elle discute le diagnostic différentiel d'avec l'hystérie[1], que Ruth Mack Brunswick théorise la phase préœdipienne dans une collaboration étroite avec Freud[2], les autres analystes femmes sur lesquelles s'appuie Freud (Jeanne Lampl de Groot et Hélène Deutsch... et Otto Fenichel !), vont développer leurs théorisations sur la féminité à partir de cas d'hystériques et ainsi réévaluer les fondements prégénitaux de l'hystérie. Leurs difficultés vont être de concilier leur fidélité à la théorie freudienne de l'hystérie de problématique œdipienne à fixation génitale et leur découverte de l'ampleur des conflits préœdipiens mis à jour dans les cures.

Jeanne Lampl de Groot ne fait pas de déductions théoriques spécifiques sur l'hystérie dans son texte « Histoire du développement du complexe d'Œdipe chez la femme »[3] mais c'est toutefois bien deux cas d'hystérie féminine qui vont l'amener à mettre en évidence le désir premier « d'être un homme pour pouvoir posséder la mère » à différencier d'un repli homosexuel par déception vis-à-vis du père[4].

Hélène Deutsch

Hélène Deutsch, dans une série de conférences en 1930, va reprendre les théories en cours sur l'hystérie et montrer la pertinence de la pratique et la théorie analytique à partir de cas d'analyse d'une grande richesse clinique dont elle dégage progressivement des axes théoriques et des vues plus personnels. Dans le premier de ces textes, « La névrose hystérique de destinée », tout en réaffirmant l'étiologie de l'hystérie féminine dans la fixation œdipienne au père, elle délimite une catégorie particulière de névrose hystérique, asymptomatique, dont les conflits sont agis à travers « les coups du destin ».

La multiplicité et la diversité des symptômes de conversion (terreurs noctures, énurésie, impuissance, paralysie, aphonie, etc.) sont étudiées à partir d'un cas d'hystérie *masculine* dont elle souligne l'importance de l'identification féminine à la mère et à la sœur. Elle étudie la genèse de ce mouvement identificatoire défensif et régressif : le conflit œdipien proprement dit, avec angoisse face aux fantasmes masturbatoires, avait été précédé par une forte fixation

1. Ruth Mack Brunswick (1928), L'analyse d'un délire de jalousie. Cf. p. 190 de *Féminité/Mascarade.*

2. Son travail ne sera publié qu'en 1940 dans La phase préœdipienne du développement de la libido, in *The Psychoanalytical Quaterly,* vol. IX, New York, 1940, p. 293-319.

3. J. Lampl de Groot (1927), Histoire du développement du complexe d'Œdipe chez la femme, in *Féminité/Mascarade*, p. 113-132.

4. Il faut noter dans les textes de cette époque, une certaine indétermination à propos de la phase phallique tantôt qualifiée de préœdipienne, tantôt appartenant de plein droit à l'organisation génitale œdipienne, qui dérive des ambiguïtés de Freud, entre L'organisation génitale infantile (1923) et ses textes sur la féminité.

préœdipienne à la mère[1]. Il y a « auto-castration » en tant qu'auto-punition des désirs tant érotiques qu'agressifs envers la mère, qui entraîne une relation féminine passive masochiste envers le père dans une identification hystérique à la mère et à la sœur[2]. Hélène Deutsch montre avec une grande acuité l'importance des motions agressives contre-investies dans le devenir de l'hystérie de son patient. Le refoulement du sentiment de culpabilité chez l'hystérique est un élément bien distinctif entre hystérie et névrose obsessionnelle[3]. Il y a un réinvestissement intense de toutes les pulsions partielles prégénitales dont en particulier, l'érotisme oral avec une avidité cannibalique qui s'exprime à travers des symptômes de dyspepsie, vomissements, gloutonnerie, etc. « Cette gloutonnerie réapparut à un certain stade du traitement, montrant que dans le chaos de ses fantasmes ce n'étaient pas seulement les pulsions passives qui avaient investi les organes oraux mais que des tendances profondément refoulées d'un caractère très infantile et activement agressives y avaient trouvé aussi leur chemin. »[4] Elle montre aussi comment, chez les hystériques, des angoisses hyponcondriaques transitoires expriment l'angoisse de castration avant que l'organe érotisé, objet d'un investissement tant érotique que narcissique, soit l'objet d'un symptôme de conversion.

Au niveau des mécanismes de défense mis en jeu, on peut noter qu'à plusieurs reprises, à propos des terreurs nocturnes de son patient, elle évoque une « forclusion » accompagnant le refoulement[5], qui semble désigner, de manière incidente, une projection et un recours au monde extérieur de par l'échec du refoulement.

Tout en maintenant bien que le refoulement est le principal mécanisme de défense dans l'hystérie et qu'il porte sur une libido qui a atteint le stade génital, elle affirme que « des tendances régressives peuvent s'exprimer de différentes façons comme résultat de ce refoulement »[6] sur fond d'investissements prégénitaux excessifs antérieurs.

A la différence de la névrose obsessionnelle, le refoulement concerne non seulement les exigences libidinales mais aussi le sentiment de culpabilité[7]. Dans le symptôme de conversion peuvent se maintenir à la fois les éléments libidi-

1. H. Deutsch, *La psychanalyse des névroses,* chap. 4 : « Symptômes hystériques de conversion : paralysies, défauts d'élocution, gloutonnerie » (1930), p. 48-49.

2. H. Deutsch, *ibid.,* chap. 3 : « Symptômes hystériques de conversion : terreurs nocturnes, énurésie, impuissance » (1930), p. 42-43.

3. H. Deutsch, *ibid.,* chap. 5 : « Symptômes hystériques de conversion, crises, états cataleptiques », p. 64.

4. *Ibid,* chap. 4, p. 54.

5. Cf. p. 48-52. Forclusion est ici la traduction française de *Zurückweisung,* mais le plus souvent H. Deutsch a employé la conjugaison de la forme verbale *zurückweisen* (renvoyer, refuser, récuser, repousser), en conjonction avec *verdrängen.*

6. *Ibid.,* chap. 5 : « Symptômes hystériques de conversion : crises, états cataleptiques » (1930), p. 60.

7. *Ibid.,* p. 64.

naux et les éléments punitifs, dans la mesure où le conflit ambivalentiel est moins prononcé.

Au cours du chapitre V, dans lequel elle traite aussi de deux autres cas d'hystérie grave avec états crépusculaires et crises aiguës, elle aborde plus directement la question de la liaison-déliaison des pulsions qu'elle va approfondir dans les sections consacrées à la phobie, à la mélancolie, et à la névrose obsessionnelle. Dans un parallèle entre crise d'hystérie, coït et accouchement, elle montre que la crise d'hystérie est une « symbiose » des tendances destructrices et des pulsions libidinales. « La crise d'hystérie est peut-être la meilleure démonstration d'une telle combinaison de tendances destructives et de pulsions libidinales, une symbiose que l'hystérie, avec ses pulsions génitales envers l'acte sexuel et l'accouchement, semble le mieux capable de produire. »[1] Ces possibilités de liaison libidinale sont un trait bien distinctif de l'hystérie de conversion par rapport à la névrose obsessionnelle et à l'hystérie d'angoisse (phobie) qu'elle étudie dans la deuxième partie de son ouvrage. H. Deutsch marque la position de pivot de la phobie entre hystérie de conversion et névrose obsessionnelle. « Au contraire des symptômes de conversion hystérique, la phobie est caractérisée par une tendance plus fortement régressive dans le sens des pulsions sadiques-agressives. »[2]

On peut voir dans le cas d'une forme particulière d'hystérie d'angoisse, un cas féminin d'agoraphobie, l'importance de l'analyse du transfert maternel par H. Deutsch, en particulier dans la position d'un Œdipe inversé, mais qui ne fait qu'amplifier une « fixation morbide à la mère »[3] préalable, dans une terreur intense de perte de l'objet. Cette agoraphobie au cours du processus analytique se transforme progressivement en hystérie de conversion et Hélène Deutsch constate que, « par l'ajustement de ses tendances agressives dans l'analyse, la sévérité de son surmoi était réduite, les tendances génitales pouvaient s'exprimer et au lieu de l'angoisse inhibitrice, la décharge motrice dans la crise d'hystérie était rendue possible »[4].

Les processus régressifs dans la phobie sont liés au fait que « la décomposition instinctuelle est nettement plus large que dans l'hystérie de conversion »[5] ; néanmoins « les pulsions libidinales semblent avoir réalisé un compromis avec l'agressivité du surmoi dans l'objet projeté, de sorte que le sentiment de culpabilité ne sévit pas de manière aussi implacable contre le moi que dans la névrose obsessionnelle »[6].

1. *Ibid.*, p. 67.
2. *Ibid.*, section II : Les phobies, p. 88.
3. *Ibid.*, chap. 8 : « Agoraphobie » (1928), p. 100.
4. *Ibid.*, p. 99.
5. Décomposition = désintrication.
6. *Ibid.*, chap. 9 : « Rites et actes obsessionnels », p. 118.

Dans les chapitres consacrés à la mélancolie, Hélène Deutsch évoque la question de la dépressivité chez l'hystérique et montre que si la perte d'un objet réel peut provoquer une dépression chez l'hystérique, c'est dans la mesure où elle réactive la réaction à la perte de l'objet œdipien, cependant que certaines pertes ont aussi un contenu plus narcissique comme la dépression menstruelle liée aux fantasmes de castration ou de grossesse[1].

Tous ces textes montrent avec acuité comment l'auteur maintient à la fois la référence constante à la fixation œdipienne, tout en travaillant de façon serrée sur les aspects préœdipiens de la pathologie hystérique. Par exemple, dans son long travail consacré à l'homosexualité féminine, elle développe les avatars de la relation préœdipienne à la mère, tout en affirmant que dans les cas d'homosexualité analysés, elle n'en a « trouvé aucun où la lumière ou l'ombre jetées par le père sur cette relation primitive ne joue un rôle important et essentiel »[2]. Cependant, elle évoque tout de même le fait que certaines hystéries puissent être expliquées par la fixation primitive exclusive à la mère.

Dans ce texte elle reprend ses idées principales sur le masochisme libidinal féminin constitutif de son développement psychosexuel, idées préalablement exposées dans « Le masochisme féminin et sa relation à la frigidité »[3]. En effet, en contrepoint des développements sur le complexe de masculinité chez la femme, H. Deutsch s'était proposé d'étudier la genèse de la féminité, autrement dit la transformation de la position phallique active, sadique, en position féminine, passive, masochiste caractérisée par la triade de désir « je veux être châtrée, violée par le père et avoir un enfant »[4]. Or à propos de la frigidité de l'hystérique, elle note que la permanence de « la fixation de ces fantasmes de désir sur l'objet infantile devient (...) le moteur de la maladie névrotique ».

Là encore on peut voir que le souci constant d'Hélène Deutsch d'analyser de manière rigoureuse le complexe d'Œdipe dans ses deux versants et la complexité des identifications bisexuelles chez l'hystérique ne l'empêche pas d'approfondir l'analyse des relations préœdipiennes à la mère et les modalités de satisfactions pulsionnelles régressives.

Otto Fenichel

Cette harmonie théorique et clinique quant à l'équilibre entre versant œdipien et préœdipien se retrouve chez Otto Fenichel dans son étude sur « La

1. *Ibid.,* chap. 11 : « États mélancoliques et dépressifs », p. 136
2. *Ibid..* (1932), L'homosexualité chez les femmes, p. 164.
3. H. Deutsch (1930), Le masochisme féminin et sa relation à la frigidité, in *Féminité/Mascarade,* p. 215-231.
4. *Ibid.,* p. 223.

préhistoire prégénitale du complexe d'Œdipe », texte dans lequel il fait l'état des lieux des accords et divergences entre analystes quant à la question de savoir « comment des relations d'objets de l'époque prégénitale se reflètent de façon typique dans le complexe d'Œdipe »[1]. Là encore, deux cas d'hystérie féminine longuement analysés pour l'époque (deux à trois ans) vont servir à sa démonstration.

Dans ces cas le complexe d'Œdipe est « influencé par le lien prégénital à la mère ; et son échec est influencé par l'échec préalable de cette relation d'objet »[2]. Il y a une spécificité de ces relations prégénitales marquées d'un excès érotique et d'une ambivalence extrême : « C'est bien le plaisir sensuel avec la mère qui rend malade, incontinent, châtré – "j'aurais mieux fait d'obéir à mon père qui a toujours désapprouvé ça". La mère est la sorcière, elle séduit et donne du plaisir comme une sirène ; mais elle vous tue par ce plaisir. »[3]

Il y a report sur l'objet paternel de l'intensité haineuse et sensuelle de la relation primitive déçue et condamnée à laquelle le père pourra difficilement faire face. L'angoisse de castration est infiltrée de ses précurseurs oraux et anaux, et les fantasmes d'incorporation des objets partiels restent prédominants. Fenichel confirme là son accord avec Hélène Deutsch et Jones sur le rapport entre oralité et génitalité, « passage direct (...) des désirs d'incorporation de l'oral au vaginal en passant par l'anal »[4].

Tout en ayant développé ses conceptions personnelles sur la féminité et l'hystérie, fort de ses vingt années d'enseignement de la psychanalyse dans divers Instituts, Fenichel dès 1932 accomplit une synthèse méthodique des doctrines psychanalytiques de l'époque, avec plus de mille six cents références... Ses chapitres sur l'hystérie d'angoisse et la conversion font l'état de la question jusqu'en 1943. Tout en reprenant les conceptions classiques de Freud, il intègre par exemple les notations d'Abraham concernant l'incorporation partielle chez l'hystérique et se réfère beaucoup aux écrits de Ferenczi dont celui sur la matérialisation.

Il s'appuie sur l'ensemble des travaux publiés jusqu'alors pour distinguer les traits spécifiques de l'hystérie de conversion de ceux des « conversions prégénitales » ou des « névroses d'organe » auxquels des chapitres particuliers sont consacrés. Les premières se réfèrent à certaines névroses dans lesquelles « la symptomatologie est de la nature d'une conversion, la structure mentale du patient correspond à celle d'un obsédé »[5] avec une régression libidinale et

1. O. Fenichel (1930), La préhistoire prégénitale du complexe d'Œdipe, in *Féminité/Mascarade*, p. 237.
2. *Ibid.*, p. 263.
3. *Ibid.*, p. 252.
4. *Ibid.*, p. 266.
5. O. Fenichel (1945), *La théorie psychanalytique des névroses*, t. I, p. 378.

des impulsions inconscientes prégénitales se traduisant par des symptômes tels le bégaiement ou les tics.

Les secondes, les névroses d'organe, regroupent les troubles somatiques de nature psychogène mais qui « ne peuvent être appelés "de conversion" n'étant pas tous des traductions de fantasmes particuliers en langage "corporel"[1] ». Fenichel se fonde sur le texte de Freud à propos des troubles psychogéniques de la vision pour distinguer les symptômes de conversion des phénomènes qu'il qualifie « d'organo-névrotiques » ou « psychosomatiques » dans lesquels « certaines attitudes instinctuelles inconscientes peuvent influencer de façon physiologique des fonctions organiques sans que les modifications apportées par ces actions aient un sens psychique défini »[2]. Si ce cadre nosologique est très large, se référant à la fois aux névroses actuelles freudiennes, aux recherches d'Alexander sur les troubles de tractus gastro-intestinal ou de T. French sur le système respiratoire, il permet surtout de cerner différentiellement la conception des symptômes de conversion, comme des « représentations très spécifiques qui peuvent être retraduites de leur langage somatique en langage humain »[3] et qui ne sont pas simplement des expressions somatiques d'affects. Si ces dernières partagent avec les symptômes de conversion le fait de submerger la maîtrise de la motricité du Moi et d'être des décharges involontaires, elles ne sont pas spécifiques d'un individu ni historiquement déterminées par des expériences ou des fantasmes refoulés, traits majeurs des symptômes hystériques.

Ceux-ci reposent avant tout sur la double potentialité de l'érogénéisation générale du corps et d'une forme de régression à la « pensée magique des rêveries »[4]. Si la grande crise hystérique est particulièrement apte à être analysée comme un rêve, avec tous les mécanismes de déformation qu'il comporte, cette possibilité se retrouve dans les autres symptômes hystériques et montre leur caractère symbolique. Dans sa synthèse, Fenichel reprend donc les affirmations les plus connues de Freud caractérisant la névrose hystérique (sur les identifications, le refoulement, le contenu symbolique), mais il tente également de résoudre les contradictions, ou tout au moins de clarifier les ambiguïtés précédemment évoquées, en soulignant tout à la fois la prégnance du conflit œdipien et l'importance des fixations prégénitales.

« Dans les symptômes de conversion, la régression à des points de fixation est limitée au choix de l'organe ; ce qui est exprimé dans une zone prégénitale sont des fantasmes génitaux »[5] et s'il y a bien, chez la femme en particu-

1. *Ibid.*, p. 290.
2. *Ibid.*
3. *Ibid.*, p. 267.
4. *Ibid.*, p. 268.
5. *Ibid.*, p. 280.

lier, une régression aux buts pulsionnels d'incorporation, il ne s'agit jamais de régression complète de la personnalité à la prégénitalité, et cela s'exprime par des fantasmes surdéterminés dans lesquels peuvent se condenser, comme par exemple pour le fantasme de fellation, « déplacement vers le haut de souhaits génitaux », « idée de grossesse », « tendance activement castratrice », et « une incorporation du pénis castré et une identification avec l'homme »[1]. Il insiste alors sur l'importance technique de l'analyse des « constructions intermédiaires », c'est-à-dire « idées provenant d'instincts partiels ou d'autres zones érogènes »[2] servant de chaînons intermédiaires entre le complexe d'Œdipe et les rêveries, qui peut nécessiter plus de temps que le fondamental complexe d'Œdipe, dans la mesure où il a été largement déformé par celles-ci.

Conclusion

Dans ce parcours des travaux des contemporains et proches successeurs de Freud, l'hystérie peut apparaître comme un champ de délimitation, dans lequel sont interrogées les limites entre névrose et psychose, entre pathologie et modèle d'un fonctionnement psychique. Des axes de recherche s'y dessinent qui trouveront leur prolongement après guerre dans des approches où s'opposeront, par exemple, tenants d'une psychanalyse centrée sur le moi et ses défenses et tenants d'une conception structurale[3].

Au risque d'une schématisation, on peut néanmoins constater que les questions principales porteront encore souvent sur la nature des fixations et la profondeur des régressions, comme dans les travaux de Maurice Bouvet qui conceptualise une hystérie prégénitale[4] ou encore ceux de Bela Gunberger qui porte l'accent sur le conflit oral chez l'hystérique[5]. La question des modalités de défense, en particulier du clivage, n'est pas écartée par l'affirmation consacrée de l'affinité particulière de l'hystérie avec le refoulement, chez ceux qui gardent en mémoire l'initiale « dissociation » hystérique. Une autre ligne de recherche s'attache à approfondir la délimitation entre conversion et troubles psychosomatiques, que ce soit dans l'école américaine de psychosomatique dans les années 1940-1960 ou ladite école de Paris dans la lignée des travaux de Pierre Marty depuis 1960.

1. *Ibid.*, p. 283.
2. *Ibid.*, p. 285.
3. Cf. à ce sujet, A. Green (1964), Névrose obsessionnelle et hystérie, leurs relations chez Freud et depuis, *Revue française de psychanalyse*, p. 679-716.
4. Cf. M. Bouvet (1956), La clinique psychanalytique. La relation d'objet, in *OC*, t. I : *La relation d'objet*, Payot, 1967, p. 161-225.
5. Cf. B. Grunberger (1953), Conflit oral et hystérie, *Revue française de psychanalyse*, 17, 3, p. 250-265.

Que cela soit dans les positions théoriques de Lacan sur la question hystérique au sujet de la réalisation symbolique de la femme et « la dialectique de l'Imaginaire et du Symbolique dans le complexe d'Œdipe »[1], ou, sans vouloir assimiler les uns aux autres, dans les propositions de M. Fain et D. Braunschweig sur une structure hystérique de la sexualité humaine[2], on peut percevoir, dans ces différentes approches, le maintien de la valeur heuristique du modèle de l'hystérie qui reste bien le creuset d'une recherche sur le fonctionnement psychique.

Ainsi, entre les approfondissements d'une nosographie authentiquement psychanalytique, l'accent porté sur des processus ou l'interrogation sur la valeur et le sens de symptômes « hystériques », les questionnements oscillent-ils entre l'hystérique, qualificatif progressivement dépouillé de ces accents péjoratifs, et l'Hystérie dans sa version substantivée[3], dans la continuation de ce mouvement même qui fut celui de Freud lors de sa construction de l'hystérie, à travers l'invention de la psychanalyse.

Mais les sources des travaux des années d'après guerre, aussi obscurcies soient-elles par le temps, le travail de refoulement ou l'ombre portée de Freud..., sont peut-être à reconsidérer et ce texte n'aura eu d'autre but que d'inviter à une lecture ou relecture d'auteurs, pour certains mal connus, mais qu'on ne saurait trop vite réduire à un statut d'épigones.

1. J. Lacan (1956), chap. XII : « La question hystérique : qu'est-ce qu'une femme ? », in *Les psychoses, Le séminaire, livre III*, p. 197. Cf. également J. Lacan (1956-1957), Dora et la jeune homosexuelle, in *La relation d'objet. Le séminaire, livre IV* ou (1969-1970), *L'envers de la psychanalyse, Le séminaire, livre XVII.*

2. Cf. D. Braunschweig et M. Fain (1975), *La nuit et le jour. (Essai psychanalytique sur le fonctionnement mental)*, Paris, PUF.

3. Cf. à ce sujet le rapport de A. Jeanneau (1985), L'hystérie, unité et diversité, *Revue française de psychanalyse,* 49, 1, et les discussions du Colloque de Deauville, Encore l'hystérie, *Revue française de psychanalyse*, 50, 3.

Petite histoire des idées de Lacan sur l'hystérie

Marie-Christine LAZNIK

> « Le chemin de l'inconscient proprement freudien, ce sont les hystériques qui l'ont appris à Freud. C'est là que j'ai fait jouer le désir de l'hystérique. »[1]
>
> Lacan, *Le Séminaire, XI.*

I – COMMENT LACAN ABORDE LA QUESTION DE L'HYSTÉRIE A LA SPP

Le cas Dora vu par Lacan en 1951

Les premières avancées sur la question, dont nous ayons la trace, se trouvent dans une intervention au Congrès de Langues romanes de 1951[2]. Lacan y soutient que le patient est un sujet à entendre, plutôt que d'observer les traits muets de son comportement. « Freud prit la responsabilité de nous montrer qu'il y a des maladies qui parlent et de nous faire entendre la vérité de ce qu'elles disent... Il semble que cette vérité inspire aux praticiens une crainte grandissante. » Il propose de repenser l'œuvre de Freud pour retrouver le sens authentique de son initiative. Il fondera sa démonstration sur le cas Dora.

Pour lui, la psychanalyse est une *expérience dialectique*, et ce cas exposé par Freud opère par une série de renversements dialectiques[3].

Premier développement : après s'être assurée qu'elle peut lui faire confiance, Dora raconte à Freud la liaison entre son père et Mme K..., elle-

1. J. Lacan, *Le séminaire, livre XI : Les quatre concepts fondamentaux de la psychanalyse* (1964), Paris, Le Seuil, 1973, p. 17.

2. Intervention sur le rapport de Lagache sur le transfert (1951). Paru dans la *Revue française de psychanalyse*, t. XVI, n° 1-2, janvier-juin 1952, p. 154 à 163, reproduite dans J. Lacan, *Les Écrits*, Paris, Le Seuil, 1966, p. 215 à 225.

3. Ceci ne serait pas un artifice de Freud mais bien une scansion des structures où se transmute pour le sujet sa position même en tant que sujet, dont ses « objets » seraient des fonctions.

même étant offerte en monnaie d'échange à M. K... *Et à cela, que voulez-vous changer ?* lance-t-elle à Freud. Premier renversement dialectique, Freud lui demande de regarder la part qu'elle prend au désordre dont elle se plaint.

Deuxième développement : Dora reconnaît que sa complicité a permis que la relation des deux amants se poursuive, et elle décrit la circulation des cadeaux. Quant à la relation œdipienne, elle se révèle constituée chez Dora d'une identification à son père, identification dont Lacan se demande, dès ce premier texte, si elle ne serait pas favorisée par l'impuissance sexuelle du père. Il ajoute même que cette impuissance serait éprouvée par Dora comme identique à la prévalence de sa position de fortune et souligne une allusion inconsciente permise par la sémantique du mot *fortune* en allemand : *Vermögen*[1]. Cette identification au père se traduit par des symptômes de conversion et son interprétation amorce la levée d'un grand nombre d'entre eux. Mais alors, que signifierait la soudaine jalousie de Dora à l'égard de son père ? Deuxième renversement dialectique : Freud remarque que cette jalousie en masque une autre, celle pour le sujet rival.

Troisième développement : l'attachement fasciné de Dora pour Mme K... dont elle vante la blancheur ravissante du corps, et leurs confidences réciproques. Freud se serait alors aperçu d'un problème : comment se fait-il que Dora ne semble pas en vouloir à Mme K..., qui pourtant l'a trahie, qui a dénoncé ses lectures ? Troisième renversement dialectique : ce n'est qu'à ce moment-là qu'aurait été livrée la valeur réelle de l' « objet » Mme K..., qui, pour Dora, incarnerait le mystère de la féminité corporelle. Pour soutenir cette hypothèse, Lacan fait une brève allusion au rêve de Dora.

C'est ensuite à un souvenir de la toute petite enfance qu'il va attribuer une importance majeure : Dora suçote son doigt en tirant sur l'oreille de son frère de 18 mois son puîné. Cela signifierait que son image spéculaire – celle issue du stade du miroir, image aliénante par excellence mais néanmoins indispensable en tant que soubassement de l'image du corps – s'est constituée sur ce petit autre qui est le frère. Dès lors, c'est cette image masculine qui lui servira de *moi idéal*, c'est-à-dire de *moi* dans l'acception lacanienne du moi en tant qu'image aliénante[2].

Dora aura donc une image masculine en tant que *moi*, ce qui ne veut pas dire que l'être de son sujet sera masculin[3]. Une des richesses de l'apport laca-

1. *Vermögen* signifie tout d'abord « capacité, pouvoir » et peut s'employer dans une forme négative comme « Es ist nicht in meine Vermögen », ce n'est pas en mon pouvoir. Ce même mot signifie aussi fortune, biens, richesse. Mais la remarque de Lacan ne nous semble pas, pour autant, claire.

2. Il ne faut pas oublier le cadre du débat psychanalytique de l'époque : la montée en flèche de l'ego psychologie, contre laquelle Lacan va partir en guerre. C'est dans ce but que, trois ans plus tard, il consacrera tout son séminaire à la question du moi dans la théorie de Freud.

3. Lacan ne reviendra sur cette identification au frère que dix-huit ans plus tard. Elle sera entre-temps remplacée par une identification aux insignes du père, préalable à sa propre féminité. La division sera donc maintenue.

nien tient dans cette distinction – élaborée dans les années suivant immédiatement ce texte – entre le *moi* et le *je, sujet de l'inconscient*[1] la véritable révolution de la pensée moderne n'a pas consisté dans le remplacement de la terre par le soleil au centre du système planétaire, mais par l'introduction du théorème de Kepler qui permit de savoir qu'il n'y avait pas un foyer central, mais deux. Pour le sujet humain il en va de même : il y a le *moi* et le *je*, sujet de l'inconscient.

Que Dora se retrouve avec un sujet masculin pour image de son moi pose néanmoins un problème : comment accéder à l'assomption d'un corps propre en tant que femme ? C'est là qu'interviendrait la valeur de Mme K... pour elle. Valeur d'autant plus grande que de ne pas avoir un accès à son image corporelle féminine dans le stade du miroir, la laisse ouverte au morcellement fonctionnel dont les symptômes de conversion seraient la traduction.

Mais, pour avoir accès à l'objet Mme K..., figure du mystère de sa propre féminité, Dora doit emprunter une identification imaginaire ; son *moi*, son *image spéculaire*, c'est M. K... Cette identification prend la suite de celle avec son frère dans la petite enfance. Toute l'agressivité de Dora envers M. K... est typique du rapport narcissique à l'image du petit semblable, rapport nécessaire mais aliénant. On voit bien, dès lors, comment les interprétations normativantes de Freud concernant son désir pour M. K... ne peuvent trouver aucun écho chez Dora.

Dans cette cure, Freud fait l'expérience encore neuve du transfert, c'est la première dans laquelle il reconnaît que l'analyste y a sa part. Lacan parle du transfert dit « négatif » de Dora comme étant l'opération de l'analyste qui interprète, mais il n'en dit alors pas plus sur ce qu'il entend par là. Dans les années suivantes, il développera l'idée que la résistance dans le transfert est à situer du côté de l'analyste et dénoncera la psychanalyse de l'époque qui, assez oublieuse de Freud, tendait à se réduire à une analyse des résistances.

Freud a pensé que les manifestations sincères du désir de M. K... envers elle auraient pu lui être salutaires. Encore eut-il fallu que Dora puisse s'envisager en place d'un objet de désir pour un homme, ce qui renvoie à la place d'objet dans l'ordre des échanges (déjà décrite par Lévi-Strauss dans *Les structures élémentaires de la parenté*). Dora pressent quelque chose de cet ordre dans l'accord tacite entre son père et M. K... et elle s'insurge.

Pour toute femme, accepter d'occuper cette place d'objet de désir, cela ne va pas de soi. Comment ne pas s'y sentir déchet ? Voilà un des secrets de la féminité que semble détenir Mme K... De là la fascination qu'elle exerce sur Dora. La Madone de la Sixtine, qui l'arrête aussi longtemps, porte en elle la

1. Pour la clarté du propos, nous devançons ici les concepts qui ne verront le jour que deux ans plus tard.

solution préconisée par le christianisme à cette impasse subjective : faire de la femme l'objet d'un désir divin ou un objet transcendant le désir. Lacan reprendra longuement ce point précis... vingt ans plus tard[1] ! Mais il est étonnant de voir que ces remarques, il les fait dès cette première intervention.

Dans la scène du lac, ce qui d'une situation somme toute satisfaisante fait basculer Dora vers la maladie, ce sont les mots prononcés par M. K... : « Ma femme n'est rien pour moi. » Mais, dès lors que serait-il pour elle ?, demande Lacan, en 1951. Il faudra attendre encore quelques années, et son travail autour de l'au-delà de l'amour, pour qu'il puisse articuler que c'est la place même de Dora dans l'amour de son père qui bascule là de façon catastrophique.

On peut remarquer, dès maintenant le renversement que sa lecture opère sur le texte de Freud. Ce dernier s'interrogeait sur l'objet du désir de Dora : s'était-il trompé ? Aurait-il dû lui interpréter son désir homosexuel pour Mme K... d'emblée[2] ? Lacan se demande quelle est la valeur structurale de Mme K... pour Dora, en termes des diverses identifications dans lesquelles elle est prise. Ses symptômes sont autant de tentatives d'apporter une réponse aux impasses dans lesquelles elle se trouve. Il parie que si Freud avait présenté les choses de cette façon à Dora, il aurait bénéficié d'un prestige certain à ses yeux, et déjà d'un transfert positif assuré[3].

Après coup, on a parfois le sentiment que, lors du premier entretien en vue d'une psychanalyse, le sujet a livré tous les éléments essentiels autour desquels opérera son travail analytique pendant les années suivantes. De même, nous trouvons, en germe, dans cette intervention, un grand nombre de points que Lacan développera au fil des années : celui de la division propre au sujet humain entre son moi et le sujet de son inconscient, celui du désir hystérique et du désir en général, celui de la différence entre les registres des identifications imaginaires et de l'identification à un trait du père, support de l'Idéal du moi, et temps logique antérieur à l'accès pour une fille à sa féminité. Nous y trouvons même celui de la difficile division pour une femme entre son identification au père en tant qu'Idéal et le fait d'avoir à se prêter au rôle d'objet, cause du désir pour un homme. Nous voyons d'emblée que les questions du désir, des identifications d'une femme, de sa féminité vont devenir indissociables de la clinique de l'hystérie et du cas Dora.

1. Dans son *Séminaire, livre XX : Encore* (1972-1973), Paris, Le Seuil, 1975.

2. De même que nous sommes dans l'après-coup de la suite de l'œuvre de Lacan, lui aussi est dans ce même après-coup par rapport à Freud. Il sait toutes ses découvertes concernant la place de la mère comme objet d'amour de la fille dans la période préœdipienne, et les changements non seulement d'objet mais encore d'identification.

3. Transfert positif que Lacan ne manquait pas de susciter chez ses analysants, ce qui lui valait parfois de se faire traiter de séducteur. Il devait théoriser cette question, plusieurs années plus tard, dans son séminaire sur le transfert.

Ce ne sont là que les amorces des réflexions futures, qui engendreront de nouveaux concepts dont Lacan ne dispose pas encore. Nous pourrions néanmoins dire que – contrairement à l'idée admise qui donne à son étude sur la psychose un rôle prééminent – c'est cette clinique de l'hystérie qui guida ses interrogations, ses remaniements, ses relectures de l'œuvre de Freud et ses propres inventions dans les années suivantes[1]. C'est ce que nous allons essayer de démontrer.

II – LA QUESTION DE L'HYSTÉRIE CHEZ LACAN, PENDANT LES DIX ANNÉES DE LA SFP

1953-1954 : son séminaire sur les écrits techniques de Freud

Lacan ne fait que de brèves allusions à la question qui nous intéresse. Le débat propre à ce séminaire est d'empêcher que toute la psychanalyse ne se réduise à une analyse des résistances. Il souligne, qu'il n'y a pas chez Freud, dans ses *Études sur l'hystérie*, de quoi affirmer que la résistance vienne du moi. Il en retient surtout l'idée que le centre de gravité du sujet[2] « est cette synthèse présente du passé qu'on appelle histoire »[3]. Que se passe-t-il quand Freud répète à une patiente hystérique une histoire racontée par sa mère ? La patiente répond par une petite crise d'hystérie, c'est une réponse par le symptôme. Freud (dans ses *Études sur l'hystérie*) affirme que ce qui est recherché est le noyau pathogène, et que ce dernier repousse le discours. Qu'est-ce alors que la résistance ? Elle est cette inflexion que prend le discours à l'approche du noyau ; son sens est historique. Dans l'hypnose, aussi, le sujet tient ce discours historique, même si, lorsqu'il en sort, il ne s'en souvient pas.

C'est là, dit Lacan, que débute la technique analytique parce que la reviviscence du trauma se montre thérapeutique. Et d'emblée il prend parti : « Il est ambigu de parler du caractère vécu, revécu du traumatisme dans l'état second hystérique. Ce n'est pas parce que le discours est dramatisé, représenté sous un aspect pathétique que le mot revécu peut nous satisfaire. » Et de

1. Nous ne disposons malheureusement pas de notes concernant le séminaire de l'année 1952-1953, le dernier qu'il fit à la SPP avant la scission dans laquelle il devait partir. Nous pensons néanmoins, par les allusions qu'il y fit plus tard, qu'il y parla du cas Dora.

2. N'oublions pas qu'il oppose le sujet au moi.

3. J. Lacan, *Le séminaire, livre I : Les écrits techniques de Freud (1953-1954)*, Paris, Le Seuil, 1975, p. 46.

s'insurger : « Qu'est-ce que cela veut dire : l'assomption par le sujet de son propre vécu ? »[1]

La question pour lui est de savoir qui est le sujet du discours. C'est exactement là-dessus qu'il se penchera, deux ans après, en affirmant que dans la névrose, l'élément déterminant, c'est l'Autre de la parole, en tant que le sujet se reconnaît et s'y fait reconnaître.

1955-1956 : la question de l'hystérie dans le séminaire sur les psychoses

Lacan fait une parenthèse à son étude sur la psychose pour la comparer à la question de l'hystérie ; il y consacre deux leçons.

Un cas d'hystérie masculine

Il va longuement discuter une observation d'hystérie traumatique décrite par J. Eisler en 1921. A notre connaissance, il s'agit là d'un des rares cas d'hystérie masculine qu'il ait commenté[2]. Il vaut donc la peine de s'y arrêter, même si pour cela nous quittons un moment le fil qui est le sien de façon pratiquement permanente à propos de l'hystérie : « Relire Freud ».

Il s'agit d'un homme âgé de 33 ans, conducteur de tramway, dont la maladie débute après un accident qui l'avait fait tomber de son véhicule. Il est emmené à l'hôpital, il n'a rien. Ce n'est que plus tard que vont débuter les crises de douleurs à la première côte et les pertes de connaissance. Ne trouvant rien, on parle d'hystérie traumatique et on l'envoie à Eisler. Lacan souligne que déjà, en 1921, Eisler s'intéresse trop à l'analyse des résistances et au moi de son patient ; il cherche des traits d'analité et lui interprète ses tendances homosexuelles, mais rien ne bouge. Pour Eisler le déclenchement de la névrose est dû au trauma, mais Lacan fait remarquer que, dans l'enfance de tout sujet, des traumas il y en a à la pelle ! Ce qui a déclenché la décompensation de la névrose ce n'est pas l'accident, mais les radios qu'on lui a fait passer après. Les crises, par leur mode, leur périodicité, font penser à un fantasme de grossesse. La question que pose ce sujet est alors la suivante : « Suis-je ou non quelqu'un capable de procréer ? » Cette question se situe au niveau de l'Autre, pour autant que l'intégration de la sexualité est liée à la reconnaissance symbolique.

Nous voyons là déjà se distinguer le « petit autre imaginaire » (le petit semblable, sur lequel repose mon image spéculaire et auquel mon moi peut

1. J. Lacan, *op. cit.*, p. 47.
2. J. Lacan, *Le séminaire, livre III : Les Psychoses (1955-1956)*, Paris, Le Seuil, 1981, p. 189 et s.

venir s'identifier) du « grand Autre », lieu symbolique, lieu auquel tout discours s'adresse. Cet Autre est ce lieu où les vagissements du bébé avaient été traduits en mots, et reconnus en tant que demande d'un sujet. A ce propos, Lacan prend une position radicale : « Si la reconnaissance de la position sexuelle du sujet n'est pas liée à l'appareil symbolique, l'analyse n'a qu'à disparaître. » Et il ajoute que le sujet trouve sa place dans un appareil symbolique préformé qui instaure la loi de la sexualité. Cette loi ne permet plus au sujet de réaliser sa sexualité sinon sur ce plan symbolique.

Le médecin qui suivait ce patient de Eisler, avait dit à sa femme : « Je n'arrive pas à me rendre compte de ce qu'il a. Il semble que s'il était une femme, je comprendrais beaucoup mieux. » Dans son enfance, ce patient avait été témoin d'une scène d'accouchement effroyable. Une voisine, après de longues périodes de contorsions, de jambes en l'air et de gémissements, avait accouché d'un enfant que l'on avait dû couper en morceaux. Lacan repère chez lui non seulement un fantasme de grossesse mais aussi un fantasme de morcellement anatomique. Il insiste sur la question du fantasme, pour bien distinguer la question de la névrose de celle de la psychose, en particulier d'avec le cas Schreber (dont il est longuement question dans ce séminaire).

Pour ce patient, il s'agit d'un phénomène hystérique ; l'anatomie fantasmatique, imaginaire y est structurale ; les paralysies ou anesthésies ne suivent pas les voies nerveuses[1]. La question de ce sujet se situe au niveau de l'être ; il se demande qui il est, homme ou femme ? D'ailleurs ses intérêts, que ce soient les poules ou la botanique, tournent tous autour de la question de la germination. Quand il tombe du tramway, il choit, il s'accouche lui-même. C'est ce que les radios de l'intérieur de son corps vont venir confirmer. Là encore, il ne s'agit pas d'un problème de choix d'objet, mais d'une difficulté d'identification symbolique. Si le symbolique donne une forme dans laquelle s'insère le sujet au niveau de son être, il y a quelque chose qui échappe à sa trame, c'est la procréation. La question de l'hystérique mâle, quand elle se pose, traite en fait de la position féminine. Il convient alors de la comparer à l'hystérie féminine en reprenant le cas Dora.

Le cas Dora (deuxième reprise)

Pour elle aussi, la question est : Qu'est-ce qu'être une femme[2] ? Qu'est-ce qu'un organe féminin ? Lacan dit que les deux rêves de Dora seraient transparents à cet égard.

Il rappelle alors la dissymétrie dans le complexe d'Œdipe, toujours soulignée par Freud. Pour la femme, la réalisation de son sexe ne se fait pas par

1. J. Lacan, *op. cit.*, p. 201.
2. J. Lacan, *op. cit.*, p. 193.

identification à la mère, mais par identification à l'objet paternel, ce qui lui assigne un détour supplémentaire. Mais, ajoute-t-il : « Le désavantage où se trouve la femme quant à l'accès à l'identité de son propre sexe se retourne dans l'hystérie en un avantage, grâce à son identification imaginaire au père, qui lui est parfaitement accessible, en raison spécialement de sa place dans la composition de l'Œdipe. »

L'erreur de Freud à propos de Dora a été de commencer par la question de l'objet ; il n'a pas fait intervenir la foncière duplicité subjective qui y est impliquée. Et d'ajouter : « Il se demande ce que Dora désire avant de se demander qui désire dans Dora. »[1]

Il y a comme un ballet à quatre (Dora, le père, M. K..., Mme K...), dans lequel Freud aurait fini par s'apercevoir que c'est Mme K... l'objet qui intéresse vraiment Dora, en tant qu'elle-même est identifiée à M. K...

Ceci lui permet de poser une troisième forme d'identification, différente des deux premières. Non pas une identification au père à travers le symptôme hystérique, mais à un petit autre, petit semblable, à travers le lien imaginaire spéculaire, c'est celle qui spécifie le lien de Dora à M. K... (il en avait déjà été question en 1951 lors du premier texte sur Dora).

Lacan la reprend avec d'autant plus d'intérêt qu'elle lui permet d'aborder longuement sa conception du moi. Il résume là ce qu'il a développé, dans son séminaire toute l'année précédente, sur le caractère imaginaire du moi. En s'appuyant sur les textes de Freud de 1922 à 1925, il affirme que la théorie du moi autonome n'est pas freudienne. L'*ego psychologie* est un danger pour la psychanalyse, et il faut le dénoncer. Le cas Dora lui sert merveilleusement bien : si le moi de Dora, c'est M. K... quelle analyse peut-on appuyer là-dessus ? Pour Lacan le moi est un mirage, ce que Freud appelle le Moi Idéal. Sa fonction n'est pas d'objectivité mais d'illusion. Il va montrer que c'est parce que le moi de Dora est M. K... que l'on peut entendre ses symptômes.

Son aphonie se produit pendant les absences de M. K... Freud se dit que c'est peut-être parce qu'elle n'a plus besoin de lui parler et qu'il suffit de lui écrire. Lacan répond que l'aphonie survient parce qu'elle est laissée seule devant Mme K... Tout ce qu'elle a pu entendre des relations de son père avec Mme K... tourne autour de la fellation, ce qui apparaît bien plus significatif pour comprendre l'intervention des symptômes oraux. L'identification de Dora à M. K... fait tenir cette situation jusqu'au moment de la décompensation névrotique.

Se pose la *question de l'hystérique* : interroger ce qu'est la femme. Partant de *quelques conséquences psychiques à propos de la différence anatomique entre*

1. J. Lacan, *op. cit.*, p. 197.

les sexes, Lacan fait un long développement à propos de la dissymétrie de l'Œdipe qui lui paraît bien plus prévalente que le changement d'objet d'amour à laquelle la fille est contrainte. Cette dissymétrie, il va la situer au niveau symbolique. Il n'y a pas de symbolisation du sexe de la femme. Par rapport au sexe de l'homme, l'imaginaire n'en fournit qu'une absence. C'est une Gestalt phallique qui force la fille à suivre pendant un certain temps le même chemin que le garçon, et non pas la prévalence de l'objet maternel.

Nous voyons là poindre le début de sa théorie du phallus. Par cette prévalence du phallus, il pose une identification imaginaire au père, chez la fille comme chez le garçon. Ce phallus est posé là dans sa valeur signifiante, symbolique. Au niveau de l'expérience vécue, de la sympathie des *ego* (égaux ?), la petite fille aurait dû avoir un accès direct à sa féminité. Tel n'est pas le cas. Pour Dora, c'est son identification à l'homme porteur de pénis qui lui sert d'instrument imaginaire pour appréhender ce qu'elle n'arrive pas à symboliser ce que serait une femme.

Cette leçon du séminaire appelle plusieurs remarques. Tout d'abord la plus simple : Lacan dit que Freud a toujours souligné la dissymétrie entre garçon et fille dans l'Œdipe ; ce qui est faux. Dans son chapitre sur l'Identification, dans *Psychologie des Masses* (1921), après avoir décrit la première identification au père, concomitante au premier investissement d'objet libidinal sur la mère, Freud écrit : « La même chose vaut avec les remplacements correspondants pour la petite fille. »[1] Dans ces remplacements correspondants il faut bien mettre la mère à la place du père et *vice versa.* Nous savons que ce n'est qu'à partir de son texte *De quelques conséquences psychiques des différences anatomiques entre les sexes* (1925) que cette dissymétrie est étudiée. Lacan sauve donc le père, entreprise qu'il qualifiera plus tard d'hystérique et à laquelle nous sommes chacun enclins, face à un auteur qui est le père fondateur d'un champ du savoir. Nous n'en sommes sûrement pas exempts dans notre rapport à Lacan.

Par ailleurs, dans son texte sur la différence anatomique, Freud précise que le père n'est pas le premier objet d'investissement libidinal de la petite fille ; tout comme pour le garçon, c'est sa mère. Quant à cette première identification au père, il n'en reparle pas. Lacan, dans son séminaire sur l'identification (1961-1962), dira qu'elle est valable pour tout sujet, garçon ou fille. Il est vrai que ce n'est que dans un deuxième temps, au moment de la découverte de sa castration et de celle de sa mère, que la petite fille change d'objet. Freud prend là parti contre une conception plus naturaliste de l'identification, telle que Jones la défendra, et qui prône une connaissance

1. S. Freud, *OC,* v. XVI, p. 43.

innée du vagin chez la petite fille et donc son identification première à la mère. Freud, lui, affirme la prééminence du phallus pour les deux sexes et Lacan le suivra là-dessus. Il n'en reste pas moins que cette première identification, mythique, au père n'est pas évidente et ne doit pas se confondre avec l'identification imaginaire au père, dans l'hystérie, dont Lacan ne cesse de parler[1]. A ce point de son élaboration la question des identifications reste encore obscure. Ce qui est évident, c'est qu'on a tout intérêt à aborder ce cas par le biais, même complexe, des identifications que de le prendre par le biais de la relation d'objet. Biais somme toute trompeur, et c'est à cela que sera consacré le séminaire suivant, où il reprend encore le cas de Dora.

1956-1957 : Dora dans le séminaire de la relation d'objet (troisième reprise)

Signalant avoir déjà fait une première approche de cette observation cinq ans auparavant[2], il précise avoir alors indiqué que :

L'hystérique aime par procuration ; elle est quelqu'un dont l'objet est homosexuel ; elle l'aborde, cet objet homosexuel, par identification avec quelqu'un de l'autre sexe. Travaillant sur la relation narcissique en tant que fondatrice du moi, *Urbild* de la constitution de cette fonction imaginaire qui s'appelle le moi, Lacan avait montré qu'il y en avait des traces dans cette observation : le moi de Dora a fait une identification à un personnage viril, M. K... et les hommes sont pour elle autant de cristallisations possibles de son moi. Pourquoi Mme K... est-elle si importante ? Non pas seulement parce qu'elle fait l'objet d'un choix parmi d'autres objets, non pas seulement parce qu'elle est investie de la fonction narcissique, fondement de toute énamoration *(Verliebheit)*, mais comme les rêves l'indiquent : Mme K..., c'est la question de Dora[3].

Comment Dora se situe-t-elle par rapport à l'Œdipe ? Toute l'observation repose sur la notion centrale de l'impuissance du père, et c'est celle-ci qui aurait fait que Dora n'ait pu franchir l'Œdipe. Selon Lacan, la frustration primitive dans laquelle la fille se retrouve par rapport à la mère tient à l'objet dont la fille est frustrée ; le désir de cet objet subsiste néanmoins chez elle et il

1. Comme nous le verrons dans le séminaire sur les formations de l'inconscient, deux ans plus tard, il parlera d'une identification à un trait du père. Cette identification sera pour Lacan fondatrice de l'Idéal du moi, identification symbolique et permanente.

2. Fait-il allusion à un séminaire à la SPP ; dont nous n'avons pas la trace, ou s'agit-il simplement de son intervention faite au Congrès de langue romane en 1951 ?

3. J. Lacan, *Le séminaire, livre IV : La relation d'objet (1956-1957)*, Paris, Le Seuil, 1994, p. 138 et s.

va devenir signe d'amour. La fille va aller le demander au père, qui peut le donner symboliquement. Mais à Dora, il ne peut pas le donner, parce qu'il ne l'a pas.

Le don d'amour

Qu'est-ce donner ? s'interroge Lacan. Au degré symbolique de la relation d'objet, l'objet peut être donné ou pas. Dora reste très attachée à ce père dont elle ne peut pas recevoir le don viril. Si attachée, rappelle Lacan, que son histoire commence par une série d'accidents hystériques à l'âge de l'issue de l'Œdipe[1], liés à des manifestations d'amour pour ce père blessé, malade, frappé dans ses puissances vitales. « L'amour qu'elle a pour ce père est corrélatif et coextensif de la diminution de celui-ci. »[2] Donc, ce qui est demandé dans la relation d'amour, ce qui vaut comme signe d'amour et ne vaut que comme signe, c'est ce qu'on n'a pas. « Il n'y a pas de plus grand don possible que de ce qu'on n'a pas. »

Le don implique la loi, et Lacan reprend la question au plan sociologique : le don est quelque chose qui circule, le don que vous faites est le don que vous avez reçu. Alors qu'au niveau du sujet, le cycle du don vient d'ailleurs. La relation d'amour s'établit parce que le don est donné pour rien. Derrière ce que le sujet donne, il y a tout ce qui lui manque ; il sacrifie au-delà de ce qu'il a. Si un sujet est comblé de biens, un don venant de lui n'est pas signe d'amour. On ne peut aimer l'autre que pour ce qui lui manque. Même l'Autre, le grand, Dieu, ne peut être aimé que pour la seule chose qui lui manque : l'existence. « Ce qui est aimé dans un être est au-delà de ce qu'il est, ce qui lui manque. »

Comment Dora se croit aimée par son père

Dora aime son père, et elle l'aime pour ce qu'il ne lui donne pas. Le père s'engage devant Dora dans quelque chose qu'elle n'est pas sans avoir induit : sa relation avec Mme K... qui viendrait alors constituer un « au-delà » de Dora, qui serait justement ce qui manquerait à Dora et pour lequel elle serait aimée de son père. Mme K... incarne la fonction féminine, et Dora se situe donc entre son père et Mme K... Pour autant que son père aime Mme K..., Dora se sent satis-

1. Ce n'est pas la première fois dans ce séminaire, et cela se reproduira encore pendant le début du suivant, où l'on remarque que Lacan parle de *franchissement*, d'*issue* de l'Œdipe pour la fille. Malgré le fait qu'il a déjà cité en vrac les trois travaux de Freud sur la question de l'Œdipe chez la fille : *Le déclin du complexe d'Œdipe* (1924), *Quelques conséquences psychiques des différences anatomiques* (1925) et *La sexualité féminine* (1931), il ne semble pas avoir remarqué un changement de nomenclature chez Freud. En effet, si ce dernier parle de *sortie du complexe d'Œdipe pour la fille* dans le premier de ces textes, il n'en parle plus dès le second. Il s'agit alors, pour la fille, d'entrer dans l'Œdipe et non plus d'en sortir. Il n'est pas facile de remarquer chez un maître à penser ses tergiversations, ses contradictions, ses retours en arrière, dont sont faites toutes les avancées. Même à Lacan, qui pourtant a essayé de le faire avec Freud, cela peut échapper. Pour un lecteur de Lacan, la tâche est rude. Faire de même avec son œuvre, cela veut dire s'attacher à l'esprit de Lacan et non pas à la lettre.

2. J. Lacan, *op. cit.*, p. 140.

faite. Cette position est symbolisée de mille façons : le père impuissant supplée par tous les moyens au don symbolique – y compris par des dons matériels – à ce qu'il ne réalise pas comme présence virile. Il fait, au passage, bénéficier Dora des munificences qui se répartissent également entre la fille et la maîtresse, ce qui la fait participer à une certaine position symbolique.

Comme si tout cela ne suffisait pas, Dora essaye de rétablir cette même relation, mais par un accès inversé. C'est vis-à-vis de Mme K... qu'elle établit une situation triangulaire avec M. K... Mme K..., semblable à la Madone de Dresde, serait l'objet d'adoration et, au-delà de Mme K... adorée, il y aurait Dora. Mme K... occuperait ainsi, dans ce nouveau triangle, la place que Dora occupe dans celui formé avec son père.

On se représente alors la catastrophe pour Dora lorsqu'elle entend M. K... lui dire que sa femme n'est rien pour lui *(Ich habe nichts an meiner Frau)*. Cela voudrait dire qu'elle, Dora, n'est rien pour son père.

Ce que Lacan apporte ainsi sur le don d'amour lui permettra, plus tard, d'établir l'importance fondatrice de la notion de *manque dans l'Autre*, qui peut seule permettre que l'Autre parental, l'Autre réel soit en mesure d'investir libidinalement le bébé, de le « phalliciser ». Quand manque ce manque, le résultat peut être catastrophique pour l'enfant[1]. Mais déjà Lacan est conduit à avancer ses premières hypothèses sur ce qu'il va appeler l'objet phallique.

L'objet phallique et le désir

Le sujet féminin n'entre dans la dialectique de l'ordre symbolique que par le don du phallus. Quant au besoin de l'organe féminin comme tel, à la physiologie de la femme, Freud ne l'a pas nié mais il ne l'a jamais fait entrer comme tel dans la position de désir. Pour Lacan, le désir vise le phallus en tant qu'il doit être reçu comme don, et c'est en tant qu'objet du don qu'il fait entrer le sujet dans la dialectique de l'échange. C'est à l'intérieur de cela que le besoin réel – dont Freud n'a jamais songé à nier l'existence – lié à l'organe féminin, se trouvera avoir sa place et pourra se satisfaire latéralement. Mais il n'est jamais repéré symboliquement comme quelque chose qui ait un sens, il reste toujours problématique[2]. Voilà introduite, à propos de l'hystérique, la question du désir.

1. A ce propos, voir M. C. Laznik-Penot, *Vers la parole, trois enfants autistes en psychanalyse,* Paris, Denoël, 1995, p. 68-69, 113-114, 155-156.

2. Nous allons nous permettre ici un petit aparté clinique sur ce qui vient d'être dit. On peut se demander si le tabou, voire même l'effroi, qui entoure la question du désir sexuel féminin après la ménopause ne pourrait pas être attribué à cette impossibilité de repérer symboliquement le désir sexuel de la femme quand il n'est plus pris dans une promesse d'échange symbolique, c'est-à-dire quand il ne peut plus y avoir don du phallus, l'enfant en étant une représentation tout à fait concrète. Même si cette promesse peut ne pas aboutir pendant des années, elle permet de garder ce caractère d'échange symbolique potentielle à l'acte sexuel.

1957-1958 : le désir et l'hystérique dans le séminaire des formations de l'inconscient

Lacan écoute le symptôme hystérique : Elizabeth von R...[1]

Elisabeth von R... fut la première analyse complète d'une hystérie, nous rappelle Lacan. Ce qui l'intéresse c'est la façon dont Freud y pose le symptôme comme un masque : « Ce petit masque là qui fait augurer un sens caché. »[2] Le symptôme se présente sous un masque, sous une forme paradoxale et Lacan décide d'appeler *symptôme* tout ce qui est analysable. Cette notion de *masque* figure la forme ambiguë sous laquelle se présente le désir chez l'hystérique, qui ne permet pas de pouvoir l'orienter par rapport à tel ou tel objet. Ainsi, Freud s'est fourvoyé non seulement avec Dora, mais aussi avec la jeune homosexuelle.

La douleur, chez Elizabeth, se présente d'abord de façon fermée, mais, peu à peu, Freud va pouvoir la rapporter à sa longue présence auprès du père malade. Dans une sorte de brume, Freud entrevoit le désir qui pouvait la lier alors à un de ses amis d'enfance avec qui elle aurait espéré se marier. Il y a ensuite ses relations avec ses beaux-frères. Il semble que le symptôme se soit précipité autour de sa relation à l'un d'eux, celui qui avait constitué avec la sœur d'Elizabeth un couple particulièrement heureux. Nous sommes alors au tout début de la psychanalyse, ce qui justifie la gaucherie de Freud à vouloir interpréter à Elizabeth son symptôme (nommément la douleur à la jambe) comme un désir réprimé pour ce beau-frère. Lacan considère que, chez une hystérique, ce type d'interprétation est un forçage, tout comme dire à Dora qu'elle était amoureuse de M. K...

Dans le matériel apporté par Freud, il y a pourtant tous les éléments qui permettent de lire autrement, et de façon plus convaincante, son observation. Tout d'abord, la rude et longue dévotion d'Elizabeth auprès du père malade. Ce rôle d'infirmière, vis-à-vis de l'un de ses proches, semble être en soi une situation hystérogène dans la mesure où elle réduit le sujet à être en posture d'avoir, en permanence, à satisfaire à la demande. Il y a ensuite l'intérêt que le sujet prend dans une situation de désir. Lacan met en garde contre le danger de vouloir trop vite impliquer le sujet dans cette situation. Sachant ce qu'est une hystérique, il est tout autant risqué d'affirmer qu'elle s'intéresse au beau-frère du point de vue de sa sœur, qu'à la sœur du point de vue du beau-frère :

1. J. Lacan, *Le séminaire, livre V : Les formations de l'inconscient (1957-1958)*, Paris, Le Seuil, 1998, p. 324 et s.
2. S. Freud, *Études sur l'hystérie*, 1895.

« L'identification de l'hystérique peut parfaitement subsister d'une façon corrélative dans plusieurs directions. »[1]

Pour Lacan, l'hystérique est impliquée dans une situation de désir inconscient et c'est cela que le symptôme masque. Freud dit que le symptôme, *ça parle* dans la séance ; les douleurs, les borborygmes, font partie du discours du sujet et ne sont que des indicateurs de la portée de ce que le sujet est en train d'avouer dans la séance. Le symptôme hystérique n'est donc que le masque de ce désir inconscient. D'ailleurs, à la fin de son observation, Freud décrit chez sa patiente une véritable salve de symptômes physiques qu'il va prendre, à la lettre, comme des énoncés. Son mal à la gorge est la traduction de ce qu'elle n'a pas pu avaler de l'offense qui lui a été faite ; sa douleur sur le visage est la gifle à la figure de la blessure morale ressentie, tandis que la tête lui pèse sous le poids des pensées inconscientes. Elle a mal au cœur ? Il faut chercher l'événement qui la peine.

Monique David-Ménard, dans son livre sur l'hystérie, rappelle qu'à partir de 1908, Freud décide de se désintéresser du symptôme dans sa spécificité. C'est-à-dire que, dans son écoute des patients, il se met à ne plus tenir compte de la différence entre un symptôme hystérique et un autre. Selon elle, cela inaugure une ligne de partage entre deux courants. D'un côté, les analystes tentés par la psychosomatique : Felix Deutsch, Franz Alexander qui auraient continué à s'intéresser au corps dans l'hystérie. De l'autre Freud, Melanie Klein et Lacan qui « s'intéressent à la structure du fantasme hystérique sans plus céder à la fascination de ce corps que l'hystérique donne à voir et que l'analyste ne considère plus, puisqu'il écoute »[2].

Le rêve de la Belle Bouchère : Le désir du sujet est le désir de l'Autre

C'est à propos de ce rêve que, pour la première fois, Freud parle de désir.

« Je veux donner un dîner, mais je n'ai pour toute provision qu'un peu de saumon fumé. Je voudrais aller faire des achats, mais je me souviens que c'est dimanche après-midi et que toutes les boutiques sont fermées. Je veux téléphoner à quelques fournisseurs, mais le téléphone est détraqué. Je dois donc renoncer au désir de donner un dîner. »[3]

1. J. Lacan, *op. cit.*, p. 326.

2. Monique David-Ménard, *L'hystérique entre Freud et Lacan : corps et langage en psychanalyse*, Éd. Universitaires, Paris, 1983, p. 19 et 20.

3. S. Freud (1899), *L'interprétation des rêves*, Paris, PUF, 1980, p. 133 et s.

Pour pouvoir suivre pas à pas les articulations de ce rêve, il convient d'en avoir la suite sous les yeux : comme nous savons, la malade fait remarquer à Freud que ce rêve n'est pas la réalisation d'un désir, mais la difficulté à le réaliser. Freud écrit : « Le mari de ma malade est boucher en gros, c'est un brave homme très actif. Il lui a dit, il y a quelques jours, qu'il engraissait trop et voulait faire une cure d'amaigrissement (...), il n'accepterait plus d'invitation à dîner. Elle raconte encore, en riant, que son mari a fait (...) la connaissance d'un peintre qui voulait à tout prix faire son portrait (...) mais son mari avait répondu, avec sa rudesse ordinaire, qu'il le remerciait très vivement mais était persuadé que le peintre préférerait à toute sa figure un morceau du derrière d'une belle jeune fille. Ma malade est actuellement très éprise de son mari et le taquine sans

Cette patiente désirerait avoir du caviar tous les matins, ce que son mari lui offrirait volontiers, mais elle le prie de ne pas le faire. Freud parle alors de désir insatisfait et se demande quelle est la fonction d'un tel désir. Elle associe sur une demande d'invitation à dîner que lui a faite une amie qui plaît à son mari, cette amie est un peu maigre et son mari aime les grosses. Freud lui interprète son rêve comme le désir de ne pas faire grossir l'amie qui pourrait alors plaire encore plus à son mari. Mais il est toujours intrigué : « A quoi *saumon fumé* répond dans le rêve ? C'est, répond-elle, le plat de prédilection de mon amie. » Par hasard Freud connaît cette amie et sait qu'elle a vis-à-vis du saumon fumé la même conduite que la malade vis-à-vis du caviar.

La première interprétation de Freud vise l'identification : c'est parce qu'elle s'est identifiée à cette amie qu'elle se donne un souhait non réalisé ; il distingue alors l'identification hystérique d'une simple contagion, d'une imitation. Lacan souligne à ce propos que le désir, dès sa première apparition, surgit comme désir insatisfait. Quelle en est la fonction ?

Distinguer la demande du désir

Là encore, Lacan va nous dire que l'hystérie est la voie royale par laquelle on peut entendre quelque chose de fondamental pour l'homme en général. Ici, il s'agit de la distinction à faire entre la question du désir et celle de la demande. Cette distinction, capitale pour la suite de la théorie lacanienne, va être introduite par le biais de la clinique de la Belle Bouchère. Que demande-t-elle ? Elle demande l'amour de son mari. Que désire-t-elle ? Du caviar. Et que veut-elle ? Qu'on ne lui en donne pas. Pour qu'une hystérique puisse supporter une relation d'amour, il est nécessaire qu'elle puisse désirer autre chose que ce qui lui est offert par l'Autre. Le désir est pour Lacan ce qui reste de la demande après la satisfaction du besoin. Si un objet capable de combler un besoin alimentaire venait répondre à la demande, il ne resterait pas d'au-delà de la satisfaction de ce besoin. Ainsi, le désir de l'hystérique se cons-

cesse. Elle lui a également demandé de ne pas lui donner de caviar. Qu'est-ce que cela peut vouloir dire, en réalité elle souhaite depuis longtemps avoir chaque matin un sandwich de caviar, mais elle se refuse cette dépense. Naturellement, elle aurait aussitôt ce caviar si elle en parlait à son mari. Mais elle l'a prié au contraire de ne pas le lui donner, de manière à pouvoir le taquiner plus longtemps avec cela. (....) Je remarque qu'elle est obligée de se créer un désir insatisfait. Son rêve lui montre ce désir comme réellement non comblé. Mais pourquoi lui fallait-il un tel désir. » ? Ce qui lui est venu à l'esprit jusqu'à présent n'a pu servir à interpréter le rêve. J'insiste. Au bout d'un moment (...) elle me dit qu'elle a rendu visite hier à une de ses amies ; elle en est fort jalouse parce que son mari en dit toujours beaucoup de bien. Fort heureusement, l'amie est mince et maigre et son mari aime les formes pleines. De quoi parlait donc cette personne maigre ? Naturellement de son désir d'engraisser. Elle lui a demandé : Quand nous inviterez-vous à nouveau ? On mange toujours si bien chez vous. Le sens du rêve est clair maintenant. Je peux dire à ma malade : C'est exactement comme si vous aviez répondu mentalement : Oui, da ! Je vais t'inviter pour que tu manges bien, que tu engraisses et que tu plaises encore plus à mon mari ! J'aimerais mieux ne plus donner de dîner de ma vie ! Le rêve vous dit que vous ne pourrez pas donner de dîner, il accomplit ainsi votre vœu de ne point contribuer à rendre plus belle votre amie. (...)

titue presque tout entier à partir du désir de l'Autre. Plus tard, Lacan généralisera cette remarque au désir en général, la structure même du désir gardant une certaine affinité avec le désir hystérique.

Mais il y a une autre piste : chez une femme hystérique un désir insatisfait lui permettrait de se représenter un Autre non complet, non pourvu de tout, puisque incapable de la satisfaire. Un Autre non barré serait terrible pour elle puisque, de par sa suggestibilité, elle disparaîtrait devant lui en tant que sujet. Est ainsi abordée la question de la nécessité de la castration, du manque dans l'Autre. Bientôt, Lacan s'apercevra que cette incomplétude de l'Autre réel est toujours nécessaire pour qu'un sujet puisse se constituer et que ce n'est que si l'Autre est manquant qu'il pourra lui-même être désirant de quoi que ce soit. Cette incomplétude de l'Autre, il l'écrit S(Ⱥ).

La Belle Bouchère dans les Écrits[1] *: le désir et le langage*

En juillet de cette même année de 1958, Lacan reprendra l'essentiel de ses développements sur l'hystérie dans un écrit sur la direction de la cure[2],où il fait remarquer que le rêve de l'hystérique résume ce que Freud, dans *La science des rêves,* explique sur les mécanismes inconscients de condensation et de déplacement, attestant de la relation du désir au langage. Le rêve de la Belle Bouchère, lui permet d'exemplifier ce qu'il entend par *métaphore* et *métonymie*, c'est-à-dire l'automatisme des lois qui régissent la *chaîne signifiante.*

L'effet de métaphore *: la substitution d'un terme à un autre*

Le saumon fumé, objet de désir de son amie, est tout ce qu'elle a à offrir ; le saumon fumé vient là se substituer au caviar que Freud tient pour le signifiant du désir de la patiente : le rêve serait donc une métaphore du désir de la patiente. Il y a là comme un effet de sens positif. Mais ici le désir se présente dans son registre préconscient. Ce désir, son mari est prêt à le satisfaire. Mais de cela, elle ne veut pas. Si Freud articule alors son désir comme désir d'avoir un désir insatisfait, Lacan ajoute qu'elle ne veut pas être satisfaite sur ses seuls besoins. Elle en veut d'autres, gratuits, et pour être bien sûr qu'ils le sont, elle ne veut pas les satisfaire[3].

1. J. Lacan, La direction de la cure et les principes de son pouvoir. Paru tout d'abord dans *La Psychanalyse,* vol. 6, PUF, 1961 ; puis repris dans les *Écrits,* Paris, Le Seuil, 1966, p. 620 et s.

2. Ses développements sur l'hystérie lui servent aussi à critiquer, de façon assez vive, les propositions faites dans un livre qui vient alors de paraître : *La Psychanalyse d'aujourd'hui,* ouvrage collectif, écrits par des membres de la SPP.

3. En 1964, dans son séminaire sur les quatre concepts fondamentaux, Lacan reprendra cette question, à propos de la pulsion qu'il distinguera de façon radicale de la satisfaction du besoin.

L'effet de la métonymie : la combinaison d'un terme à un autre

La métonymie est cet effet rendu possible par le fait qu'il n'est nulle signification qui ne renvoie à une autre signification. Dans le cas de la Belle Bouchère, si le désir est signifié comme insatisfait, il l'est par le signifiant *caviar.* Il faut encore « que le signifiant le symbolise comme inaccessible, mais dès lors qu'il se glisse comme désir dans le caviar, le désir du caviar est sa métonymie »[1].

On voit là que ces significations, qui se renvoient les unes aux autres, ont comme commun dénominateur le peu de sens qui est au fondement du désir et lui confère un certain accent de perversion ; cela est dû au fait que le désir est la métonymie du manque à être. Et voilà réintroduite la question du manque qui jouera un rôle important dans sa théorie.

Retour au séminaire des formations de l'inconscient

Le rêve de l'eau qui dort : le signifiant phallus, le sujet peut l'avoir ou peut l'être

Pour continuer à interroger la question du désir de l'hystérique, Lacan va prendre un autre exemple dans la *Traumdeutung.* Il concerne encore une patiente hystérique. Freud compare cette jeune femme intelligente, fine et réservée, à l' « eau qui dort »[2]. Son premier rêve est très court : « J'ai rêvé que j'arrivais trop tard au marché et que je ne trouvais plus rien chez le boucher et chez le marchand de légumes. » Ses associations portent Freud vers ce que Lacan appelle le *signifiant du phallus.* Tout d'abord la boucherie fermée fait associer Freud sur une expression grivoise propre à la Vienne de l'époque où la boucherie ouverte signifiait la braguette laissant entrevoir quelque chose. L'élément phallique caché dans le rêve est clairement analysé par Freud à propos des légumes proposés à la rêveuse : un mixte de radis noir et d'asperge dont le caractère sexuel est mis en avant. Mais le boucher du rêve a une expression allemande qui renvoie à l'absence de quelque chose, à un il n'y en a plus : « Das ist nicht mehr zu haben. » Cet énoncé, Freud le reconnaît comme quelque chose qu'il a dit lui-même à la patiente. Si Freud essaye de comprendre là l'origine des phrases entendues dans les rêves, Lacan va s'intéresser à cet énoncé en tant qu'il est le constat d'un manque d'objet. Et il ajoute qu'il ne s'agit pas là d'une expérience frustrante, mais d'une signification en tant

1. J. Lacan, La direction de la cure et les principes de son pouvoir, *op. cit.,* p. 622.
2. S. Freud, *L'interprétation des rêves,* Paris, PUF, 1967, p. 164 et s.

que telle[1]. Ce qu'il veut mettre au premier plan, c'est le phallus en tant que signifiant de ce que l'Autre n'a pas. Ce n'est qu'en tant que manquant à l'Autre qu'il peut être signifiant du désir de l'Autre[2].

Un deuxième rêve, de la même patiente : « Son mari lui demande s'il ne faut pas accorder le piano. Elle répond que ce n'est pas la peine *(Es lhont nicht).* » Cette phrase, elle l'a dite la veille quand elle était en visite chez une amie. On lui demandait d'enlever sa jaquette et elle a répondu que ce n'était pas la peine, qu'elle devait s'en aller. Freud pense alors que ce même jour, pendant la séance, elle avait brusquement porté la main à sa jaquette dont un bouton venait de s'ouvrir. « C'était comme si elle avait dit : Je vous en prie ne regardez pas de ce côté, ce n'est pas la peine. » Il y a eu substitution dans le rêve entre la boîte du piano *Kasten* et la poitrine, *Brust* ; Freud y voit la trace des difficultés éprouvées par la patiente au moment de la constitution de son corps de jeune fille. Lacan ne récuse pas ce niveau de lecture, mais il va plus loin.

Si le phallus est le signifiant du désir, et du désir de l'Autre, alors un nouveau versant du problème va pouvoir se poser au sujet : être ou ne pas être ce phallus. Mais l'être d'une femme ne peut pas se réduire à être le phallus. Alors elle va repousser ce qu'elle est dans le paraître. Lacan dit en 1958, que c'est exactement la position de la femme dans l'hystérie. En tant que femme elle se fait masque. « Elle se fait masque pour, derrière ce masque, être le phallus » : tout le comportement de l'hystérique se manifeste par le geste de cette main portée au bouton, accompagnée par la phrase « Ce n'est pas la peine ». Ce n'est pas la peine, parce qu'il ne s'agit pas qu'on regarde derrière, car derrière, il s'agit que le phallus y soit. Mais ce n'est justement pas la peine d'y aller voir, puisque justement on ne l'y trouvera pas. Il y a provocation hystérique : quelque chose qui est présenté au désir, présenté derrière un voile mais qui, d'autre part, ne saurait y être trouvé. Lacan résume cette provocation ainsi : « Ce n'est pas la peine que vous ouvriez mon corsage, parce que vous n'y trouveriez pas le phallus, mais si je porte ma main à mon corsage, c'est pour vous désigner derrière mon corsage, le phallus, c'est-à-dire le signifiant du désir. »[3]

Le *corsage de l'hystérique* devient la condition fondamentale de la femme par rapport à l'homme concernant le désir. « Derrière la chemisette, n'y allez surtout pas voir, parce que, bien entendu, il n'y a rien, il n'y a rien que le signifiant. Mais ce n'est pas rien, justement, que le signifiant du désir. »[4] Après

1. Dans ce séminaire, Lacan tisse ce qu'il élabore sur l'hystérie avec ce qu'il essaye d'aborder sur la sexualité féminine, ces thèmes étant toujours intriqués dans son œuvre. Il y discute, en particulier, des concepts de Jones à propos des rapports de la fille au phallus.

2. J. Lacan, *Le séminaire, livre V : Les formations de l'inconscient (1957-1958),* Paris, Le Seuil, 1998, p. 379.

3. J. Lacan, *op. cit.*, p. 380.

4. J. Lacan, *op. cit.*, p. 383-384.

avoir rappelé que telle était la structure du dévoilement du phallus dans les Mystères antiques, Lacan associe sur la pudeur. Si chez l'homme ce n'est que le phallus qui doit rester couvert, chez la femme, c'est la totalité de son être qui doit rester voilée, condition pour qu'il puisse être tout entier en place de phallus. Le dévoilement qui ne montrerait rien sinon l'absence est ce que Freud a appelé l'effroi ; l'*Abscheu*, l'horreur qui répond à l'absence en tant que telle, la tête de méduse : « En accédant à la place du désir, l'autre ne devient pas du tout l'objet total, mais le problème est au contraire qu'il devient totalement objet, en tant qu'instrument du désir. »

Je souhaite faire ici quelques remarques à propos de cette place de la femme en tant qu'objet du désir. Nous avions vu, dès les premières interventions sur Dora, que cette place était ce qui faisait le plus problème. Notre clinique psychanalytique quotidienne n'a pas attendu le discours féministe pour savoir combien cette place peut être, pour certains sujets féminins, tout à fait intolérable. Cette possibilité d'une division du sujet féminin, qui se réfugierait dans la mascarade pour pouvoir tenir par derrière une place phallique, est assurément non seulement une solution élégante, mais peut être la seule possible pour lui permettre d'accéder à la *féminité*. *La féminité en tant que mascarade* est le sujet d'un article de Joan Rivière[1] que Lacan cite au début de ce séminaire et qui ne cesse de le travailler dans les leçons suivantes, même s'il n'y fait plus explicitement allusion. J. Rivière décrit, chez certaines femmes, une apparente fragilité féminine ainsi que la capacité de séduire qui lui est corrélative. Ceci ne serait qu'une mascarade qui occulterait une position phallique, virile, de réussite socioprofessionnelle qu'elle ne peut interpréter qu'en termes d'*envie du pénis* et des inquiétudes concernant les rétorsions qui, selon la théorie à laquelle elle se réfère, ne pourraient qu'en découler[2]. Il s'agit là, pour elle, d'une situation de clivage, nécessairement pathologique. Elle nomme néanmoins cette mascarade du nom de *féminité*.

Nous n'avons pas pu travailler ici la façon dont Lacan, dans ce séminaire, en arrive à penser que toute fille doit faire une identification à un trait du père. Il s'agit de l'identification à l'objet d'amour, décrite par Freud dans *Psychologie des masses et analyse du moi*, qu'il nomme régressive, par dépit amoureux. Ce n'est que parce que la fille peut se soutenir sur cette identifica-

1. Joan Rivière, La féminité en tant que mascarade, *Int. Jour. of Psycho-analysis*, X, p. 303-313, 1929 ; trad. franç. de l'original anglais établie en 1964 par Victor Smirnoff pour la revue *La Psychanalyse*, vol. VII, Paris, PUF.

2. Elle est une élève de Jones pour lequel l'envie du pénis n'est pas un élément de toute féminité mais une régression pathologique accompagnée d'une haine destructrice à l'adresse du porteur. La coloration péjorative que l'*envie du pénis* revêt encore dans notre milieu vient probablement des influences de l'école anglaise, car pour Freud, dans son texte sur la féminité, il s'agit d'un phénomène de structure, sans lequel aucune femme peut se construire.

tion aux insignes de son père, base de son Idéal du moi, qu'elle pourra ensuite se prêter à la mascarade de la féminité sans craindre, dans ce paraître, dans « se faire l'objet du désir d'un Autre » d'y perdre son être. Nous voyons là que cette *Spalltung*, ce clivage, loin d'être un élément pathologique devient, dès lors, la structure même d'accès à la féminité pour une femme. Lacan fait de la *Ich Spalltung* de Freud une condition de structure du sujet névrosé, c'est-à-dire de celui qui n'est pas psychotique.

Mais le sujet ne peut se soutenir comme divisé que parce qu'il aura fait l'expérience du manque dans l'Autre primordial, de sa division, marque de sa décomplétude. C'est en tant que le phallus y est barré, qu'il peut s'inscrire S(Ⱥ). La *Spalltung*, il la connaît : il est même structuré par elle, car il en a déjà subi les effets[1].

Dora, quatrième reprise : c'est l'hystérique qui soutient le désir de l'Autre

Dans les séminaires précédents, Lacan considérait Mme K... comme incarnant la question de la féminité pour Dora. Maintenant, il dispose du concept de désir en tant que *désir de l'Autre*... Mme K... va donc être le désir de Dora dans la mesure même où elle est le désir du père et, qui plus est, désir barré. Dora n'a jamais méconnu l'impuissance de son père, ce qui permet à Mme K... de tenir cette place d'objet de désir insatisfait[2].

Lacan possède maintenant d'autres outils de lecture ; il reconnaît plusieurs types d'identifications : celle à un trait du père, constitutive de l'Idéal du Moi ; puis l'identification hystérique. Il en est enfin une troisième[3], proprement spéculaire : l'identification au petit semblable, base de la constitution du moi, assez proche de sa notion de Moi Idéal. Pour Dora, c'est M. K... qui joue ce rôle, raison de son intérêt pour lui – et c'est ce que Freud a pris pour de l'amour. C'est en s'identifiant à lui que Dora désire Mme K... ; désir qui, là, n'a rien d'impuissant puisque M. K... est revêtu des insignes de virilité et de puissance. De ce point de vue, on a raison de dire que Dora est homosexuelle, mais pas plus que ne l'est une quelconque hystérique. Tant que son petit système tient Dora, dans cette position, peut s'imaginer soutenir le désir défaillant de l'Autre : en l'occurrence son père[4]. C'est elle qui en est l'appui[5]. Mais pour

1. J. Lacan, *op. cit.*, p. 394. Ce manque phallique deviendra, trois ans plus tard, l'*objet a*, objet cause du désir.

2. J. Lacan, *op. cit.*, p. 368 et s.

3. Ces trois identifications sont secondaires. J'ai laissé de côté, dans cette énumération, l'identification primaire au père par incorporation.

4. J. Lacan, *op. cit.*, p. 397.

5. Cette idée que le rôle de l'hystérique est de soutenir le désir défaillant de l'Autre restera présente jusqu'au bout de l'œuvre de Lacan.

que ce petit système tienne, il est indispensable que M. K... désire Mme K... Quand il dit à Dora que sa femme n'est rien pour lui, sans le savoir il ravit à Dora son existence même, en tant qu'elle existe pour soutenir le désir défaillant du père. La gifle donne la mesure de la violence déclenchée par l'effondrement de sa construction.

Lacan a aussi distingué la demande du désir. Mme K... est le désir de Dora, mais ce qu'elle demande, c'est l'amour de son père. Dès lors qu'elle ne peut plus soutenir le désir de l'Autre, elle ne peut que revenir à la demande pure et simple : la revendication de l'amour du père.

1958-1959 : le séminaire sur le désir et son interprétation

Dans le fantasme, l'hystérique se donne le rôle d'obstacle

Lacan apporte une première élaboration de son concept d'*objet « a »*, objet du fantasme du sujet[1]. Cet objet du fantasme, objet du désir, débouche sur le désir de l'Autre. Comment le désir du sujet peut-il se soutenir devant le désir de l'Autre ? En ne l'approchant pas trop. Pour cela, certaines solutions peuvent être envisagées. L'hystérique, par exemple, le soutient en tant que désir insatisfait. La Belle Bouchère désire manger du caviar mais ne veut pas que son mari le lui achète, il faut que ce désir reste insatisfait. L'hystérique se donne à elle-même comme fonction d'être l'obstacle, celle qui ne veut pas ; dans les situations qu'elle-même trame, sa jouissance consiste à empêcher la réalisation du désir. Dans le rapport du sujet à l'objet du fantasme – que Lacan écrit : $\$ \lozenge a$ – l'hystérique vient occuper cette place médiane, tierce, qui empêche la rencontre entre le sujet ($\$$) et l'objet *(a)*. Dans ce rapport dédoublé, l'hystérique s'institue comme le ressort de la machine qui les suspendrait l'un à l'autre comme des sortes de marionnettes ; c'est elle qui en est l'enjeu[2].

1960-1961 : le séminaire sur le transfert : cinquième reprise de Dora

*Comment Lacan est amené à modifier sa conception de l'*objet a *du fantasme*

Pour Dora, le semblable, le petit autre de l'identification spéculaire avait été le petit frère, objet du désir de la mère, objet ayant une valeur libidinale,

1. Dans cette première élaboration, l'*objet a* représente encore le petit autre.
2. J. Lacan, *Le séminaire sur le désir et son interprétation*, séminaire inédit, leçon du 10 juin 1959.

phallique, à ses yeux. En tant que tel, ce frère avait occupé la place de Moi Idéal, objet d'identification imaginaire pour Dora, place héritée ensuite par M. K...

Le concept d'*objet petit a* – apparu pour la première fois dans le séminaire sur *le désir* – désignait alors l'objet du moi, le « petit autre ». M. K... serait l'*objet petit a* du fantasme de Dora. Ainsi, le fantasme lui-même se retrouvait tributaire de ce petit autre.

Dora ne veut pas se contenter d'un fantasme qui viserait le petit autre, mais à beaucoup mieux ; elle vise le grand Autre, l'Autre absolu. Lacan pense d'abord que c'est parce qu'elle est hystérique que Dora n'aura pas le même rapport fantasmatique au *petit a*... Puis, dans un deuxième temps (démarche qui lui est habituelle), ce sont les concepts même d'*objet petit a* et de *fantasme* qu'il sera conduit à remanier, parce qu'il en aura éprouvé les limites.

L'hystérique se veut pourvoyeuse du phallus imaginaire ; elle veut faire tenir l'Autre

Pour Dora, Mme K... est l'incarnation de la question : qu'est-ce qu'une femme ? Ce « qui suis-je ? » a chez elle un sens plein et absolu. Et à chaque fois y répond, de façon close et voilée la question du phallus symbolique. C'est pour cela qu'elle tente, de « subtiliser » la situation, comme toute autre hystérique d'ailleurs, en y glissant la question du phallus imaginaire. Voyons comment.

Dora, elle, y croit dans le grand Autre. Son père est impuissant avec Mme K... ? Qu'importe ? C'est elle qui fera la copule, qui soutiendra cette relation en payant de sa personne, en faisant intervenir l'image, substituée à elle, de M. K... Et c'est lui « qu'elle précipite aux abîmes, qu'elle rejette dans les ténèbres extérieures, au moment où cet animal lui dira la seule chose qu'il ne fallait pas lui dire : *ma femme n'est rien pour moi.* A savoir, elle ne me fait pas bander. Si elle ne te fait pas bander, a donc, à quoi est-ce que tu sers ? »[1]. Il s'agit donc pour Dora, comme pour toute hystérique, d'être pourvoyeuse du phallus imaginaire. Si, dans les drames sentimentaux, elle est toujours là, dévouée, soutenant en coulisse tout se qui se présente de passionnant et qui n'est pourtant pas son affaire, c'est qu'il y a une chose qu'elle préfère à son désir : que l'Autre garde la clef de son mystère. Et pour cela elle s'efforce « de le réanimer, de le réassurer de le recompléter, de le réparer »[2].

Lacan va alors reprendre la formule du fantasme pour y intégrer le rapport au grand Autre en tant que marqué par la castration ($\not{A}$) et le phallus

1. J. Lacan, *Le séminaire, livre VIII : Le Transfert (1960-1961)*, Paris, Le Seuil, 1991, p. 289.

2. Lacan en profite pour attirer l'attention sur le danger de cette même pente hystérique réparatrice chez l'analyste dans ses souhaits thérapeutiques.

imaginaire, occulté dans sa dimension manquante ($-\varphi$). Ces éléments vont ensuite être intégrés dans la nouvelle conceptualisation de l'*objet petit a* qui, dès lors, supportera le manque à être du sujet du désir ainsi que le manque dans l'Autre et impliquera la question du phallus dans sa forme négative. Il le formulera l'année suivante ainsi : « L'objet petit *a,* nous le voyons surgir au point de la défaillance de l'Autre. » Ce qui le fera associer sur le membre à jamais retrouvé d'Horus démembré et, bien sûr, sur l'impuissance du père de Dora[1] ! Cet *objet petit a* deviendra alors l'*objet cause du désir.*

III – LACAN PARLE DE L'HYSTÉRIE A L'ÉCOLE FREUDIENNE DE PARIS

Une fois consommée la rupture définitive avec l'IPA, Lacan imprime une accélération importante à ses conceptualisations. S'il reste un lecteur de Freud assidu, il devient encore plus novateur et, de ce fait, plus difficile à suivre pour ceux qui n'ont pas accompli tout le trajet préalable. Quelques psychanalystes lacaniens iront même jusqu'à y voir une rupture épistémologique d'avec l'œuvre de Freud[2], mais une telle opinion est loin de faire le consensus, et ce n'est pas la nôtre.

1969-1970 : l'hystérie dans le séminaire XVII : l'envers de la psychanalyse

L'impossible de la jouissance phallique : la revendication pénienne

Ici, Lacan commence par poser l'impossibilité de la jouissance phallique comme un fait général. Si rien, selon Freud, ne peut approcher la jouissance plus parfaitement que l'organe masculin, le problème, c'est qu'il n'y a que l'organe à être heureux, pas le porteur de l'organe. Et quand, en désespoir de cause, ce porteur vient l'offrir à sa partenaire, il doit s'escrimer pour le lui faire accepter. Car l'accepter du partenaire masculin, c'est reconnaître qu'elle en est privée, et là les choses se gâtent. Le partenaire masculin, malgré ses efforts d'amour, ses soins et sa tendresse, ne fait que raviver la blessure de privation. « Cette blessure, donc, ne peut être compensée par la satisfaction qui pourrait

1. *Séminaire sur l'Identification,* inédit, leçon du 27 juin 1962.
2. Cette position a été défendue par la revue *Littoral.*

l'apaiser elle est, bien au contraire, ravivée de sa présence même, de la présence dont le regret cause la blessure. »[1]

Lacan va montrer par quel subterfuge l'hystérique échappe à la revendication pénienne ; comment elle réussit à symboliser cette insatisfaction première.

La Belle Bouchère méconnaît le plus de jouir

La Belle Bouchère montre à son « baiseur » de mari « qu'elle ne tient pas à ce dont il veut la combler de surcroît, ce qui veut dire que ça n'arrangera rien à l'essentiel »[2], et pourtant, cet essentiel, il le lui offre. Ce que la Belle Bouchère ne voit pas, malgré les indications qui se trouvent dans son rêve, c'est que ce serait en laissant cet « essentiel » de son mari à une autre qu'elle pourrait atteindre *le plus de jouir*. Dora, elle, le voit. Elle est heureuse de laisser cet « essentiel » à Mme K... – Madone de Dresde qu'elle adore. Nous avons là une solution à la revendication pénienne, même si c'est la plus scandaleuse.

Une jouissance phallique provenant du lien œdipien n'aurait pas à affronter la revendication pénienne[3]. Mais cette jouissance-là est interdite par l'appareil du social.

Quand le plaisir cède au déplaisir, c'est la jouissance

L'investigation psychanalytique découvre une suppléance, d'origine tout à fait autre, à cette jouissance phallique interdite : le *plus de jouir*. Pour saisir cette *autre origine*, il faut, tout d'abord, prendre en compte que le désir provient d'*Éros,* la présentification du manque. Ensuite, il convient de bien distinguer entre *jouissance* et *principe de plaisir* ; ce dernier étant à entendre comme principe de moindre déplaisir... Cette jouissance est propre à l'homme, un animal ira se déplacer pour obtenir surtout le moins de jouissance. Comme elle peut commencer à la chatouille et finir à la grillade, personne n'a envie de trop en user, même si la tentation est grande[4]. En 1920, Freud découvre l'*Au-delà du principe de plaisir*, qu'il appelle *répétition.* Cette répétition est une dénotation précise d'un trait[5], en tant qu'il commémore une irruption de la jouis-

1. J. Lacan, *Le séminaire, livre XVII : L'envers de la psychanalyse (1969-1970),* Paris, Le Seuil, 1991, p. 84 et s.

2. J. Lacan, *op. cit.*, p. 85.

3. Il semble que Lacan englobe ici, dans ses allusions au « penis neid », ce que Freud appelait le *roc du féminin.*

4. Sauf les femmes mystiques, mais cela Lacan le développera trois ans plus tard. Voir à ce propos M. C. Laznik-Penot, La mise en place du concept de jouissance chez Lacan, in *Revue française de psychanalyse*, 1990-I. Nous avions, à l'époque, laissé volontairement de côté la notion de *plus de jouir*, que Lacan introduit à partir de l'hystérie.

5. Lacan rappelle qu'il a dégagé ce trait de l'œuvre de Freud en tant que *trait unaire.* Il l'a fait à partir de sa lecture du chapitre sur « Identification et état amoureux », dans *Psychologie des Masses.*

sance. Le chasseur de la préhistoire, quand il trace un trait supplémentaire sur son arme, inscrit sûrement la jouissance d'un événement. Mais la répétition du symptôme hystérique commémore, elle aussi, une jouissance. Ainsi, les douleurs sur la jambe de Elizabeth von R... étaient d'autant plus vives que les scènes commémorées avaient été l'occasion d'irruptions de jouissance. Nous voyons là que le plaisir est « violé dans sa règle et son principe, pourquoi il cède au déplaisir – pas à la douleur, forcément »[1]. Ceci n'est rien d'autre que la jouissance.

Elizabeth von R... et le plus de jouir

La dimension du *plus de jouir* est bien présente dans ce matériel clinique. Elizabeth von R... dit elle-même combien la vision de la scène où son beau-frère s'occupait du bonheur de sa sœur avait le don de l'émouvoir. Nous savons combien Freud s'était préoccupé de savoir quel pouvait alors être l'objet de son désir et avait cru qu'elle se trouvait identifiée à cette sœur dont elle aurait voulu prendre la place. Du coup, il interprétait le symptôme douloureux comme effet de la culpabilité. Mais inverser les identifications, et croire qu'elle vise la sœur comme objet de désir, ne semble pas plus judicieux à Lacan. Ce qui est à souligner, c'est son intérêt pour la scène de désir en tant que telle. Dans cette scène, tel le capitaliste qui tire profit de la plus-value dégagée par ses ouvriers, elle en tire *le plus de jouir*, en bonne hystérique qu'elle est[2].

Lacan soutient son concept de *plus de jouir* sur une analogie avec celui de *plus-value* chez Marx. Certes, nous sommes un an après 68, mais il est surtout empreint de ses réflexions sur la place de la jouissance dans la dialectique du maître et de l'esclave chez Hegel[3]. L'hystérique, en sacrifiant la jouissance phallique à d'autres, peut avoir l'illusion d'être dans un rapport particulier au maître. C'est le cas de Dora.

Dora et le père châtré

Ce père, point pivot de son histoire, est un homme châtré quant à sa puissance sexuelle, un homme malade, à bout de course. Mais même un malade ou un mourant est ce qu'il est ; il a, comme un ancien combattant, une affectation symbolique ; c'est un ancien géniteur. Il est père jusqu'à la fin de sa

1. J. Lacan, *Le séminaire, livre XVII : L'envers de la psychanalyse (1969-1970)*, Paris, Le Seuil, 1991, p. 87 et s.

2. Si les conversions hystériques se font plus rares de nos jours, il est de clinique courante de retrouver certaines analysantes littéralement collées à telle scène qui les fait plutôt souffrir. Penser ces scènes en tant que productrices de *plus de jouir* permet souvent de l'en dégager.

3. C'est dans ce séminaire que Lacan dégage les quatre discours : du maître, de l'universitaire, de l'analyste et de l'hystérique.

vie. Dans le mot *père*, quelque chose est toujours en puissance. C'est dans le champ symbolique que le père, en tant qu'il joue ce rôle de maître, peut – dans le discours de l'hystérique – « soutenir sa position par rapport à la femme tout en étant hors d'état »[1]. C'est le père idéalisé.

En quoi M. K... convient-il à Dora ? C'est parce que lui a l'organe et cela, elle le sait depuis leur premier accrochage à 14 ans quand il l'avait coincée dans une embrasure de fenêtre. C'est l'organe qui fait le prix de ce troisième personnage ; non pas pour que Dora en fasse son bonheur mais pour qu'une autre l'en prive.

Analyse des rêves de Dora

Il y a dix-neuf ans que Lacan parle de ce cas et, s'il y a parfois fait allusion, c'est à ma connaissance[2], la première fois qu'il analyse les deux rêves de Dora.

A propos du premier, il fait remarquer que ce n'est pas le bijou qui intéresse Dora, mais la boîte, cadeau de M. K... Ce n'est que de la boîte, de l'enveloppe du précieux organe, qu'elle jouit. « Elle sait très bien en jouir pour elle-même, comme en témoigne l'importance décisive chez elle de la masturbation infantile (...) il est probable qu'elle aurait quelque rapport avec le rythme fluide, coulant, dont le modèle est l'énurésie[3]. » Dans son histoire, il est dit que celle-ci a été induite tardivement en identification avec celle du frère, son aînée d'un an et demi. Il avait été énurétique jusqu'à l'âge de 8 ans ; puis elle avait pris la suite. L'énurésie serait le stigmate du fait que Dora, enfant, se serait imaginairement substitué au père, mais au père impuissant[4].

Mme K..., que Dora contemple à travers la Madone de Dresde, est celle qui est capable et de soutenir le désir de son père et aussi de contenir celui de M. K... De ces jouissances-là, Dora est doublement exclue. Si elle le supporte si bien, c'est probablement en identification à un autre type de jouissance, propre au maître : le plus-de-jouir. Lacan rappelle alors le lien entre énurésie et ambition. De M. K..., elle ne veut recevoir que la boîte, car son bijou indiscret à lui, qu'il aille se le nicher ailleurs ! Du coup, comment aurait-elle pu trouver son compte dans l'offre faite dans l'énoncé : « Ma femme n'est rien pour moi » ? Dora ne veut pas de la jouissance qui s'offre là ; elle préférera « le savoir comme moyen de la jouissance pour faire servir à la vérité du maître qu'elle, Dora, incarne »[5]. Et la vérité, c'est que le maître est châtré. Lacan rap-

1. J. Lacan, *op. cit.*, p. 108.
2. En aurait-il parlé lors de son dernier séminaire à la SPP, en 1952 ?
3. J. Lacan, *op. cit.*, p. 109.
4. Lacan pense que c'est généralement le cas chez les petites filles énurétiques.
5. J. Lacan, *op. cit.*, p. 110.

pelle alors que, s'il veut dominer l'esclave, le maître doit exclure la jouissance phallique pour lui-même. C'est la condition pour en tirer le bénéfice du plus-de-jouir.

Freud dit qu'il ne faut pas oublier que, pour qu'un rêve tienne sur ses deux pieds, il ne suffit pas qu'il représente un vif désir du sujet quand au présent ; il faut qu'un désir de l'enfance lui donne son appui. « Et là, il prend la référence – on la tient d'habitude pour une élégance – de l'entrepreneur dans son rapport au capitaliste dont les ressources accumulées, le capital de libido, permettront à la décision de passer à l'acte. »[1] Simple métaphore ? Elle amuse en tout cas Lacan qui a travaillé les rapports entre le capitalisme et la fonction du maître et qui vient de dériver son plus-de-jouir du concept de plus-value. Le désir du petit enfant prendrait sa force dans le plus-de-jouir ; à savoir ce qui s'accumule comme capital de libido du fait même que l'enfant est exclu de la jouissance de copulation des adultes.

Le second rêve marque que le père symbolique est bien le père mort ; on n'y accède que d'un lieu vide et sans communication. Sa mère lui dit : « Viens si tu veux, ton père est mort et on l'enterre. » Ce *viens si tu veux* fait écho à la phrase de Mme K... l'invitant dans la maison au bord du lac. Dora va alors se retrouver dans la boîte vide de l'appartement déserté par ceux qui sont partis au cimetière. Elle y trouve aisément un substitut au père : le dictionnaire, ce gros livre où l'on apprend ce qui concerne le sexe. Ce qui lui importe – même au-delà de la mort de son père – c'est ce qu'il produit de savoir. Ce n'est pas n'importe lequel, c'est un savoir sur la vérité, cette vérité à laquelle Freud l'aide dans l'expérience analytique. Quand elle obtiendra la satisfaction de faire reconnaître par tout le monde la vérité des rapports entre son père et Mme K... et des siens avec M. K..., elle pourra alors clore son analyse, même si Freud ne paraît pas satisfait de son issue quant à sa destinée de femme.

Freud a constaté que tout ce qu'il a pu faire pour les hystériques n'aboutit à rien d'autre qu'au *Penisneid*, c'est-à-dire, au reproche de la fille à sa mère de ne pas l'avoir créée garçon. Ce qui est là reporté sur la mère, sous forme de frustration, pourrait, dans le discours de l'hystérique, se dédoubler ainsi : d'une part castration du père idéalisé et d'autre part assomption, ou non, par le sujet féminin, de la jouissance d'en être privée[2].

Comme d'habitude, Lacan va généraliser ce qu'il vient d'énoncer à propos de Dora. Il conclura sa leçon en disant que ce qu'il s'agit de dissimuler, c'est que le père est castré. Et il fera reproche à Freud de ne pas avoir, à ce

1. J. Lacan, *op. cit.*, p. 111.

2. Nous sommes là au registre de ce que traite Jacqueline Schaeffer dans son livre *Le refus du féminin*, Paris, PUF, 1997.

propos, assez bien écouté le discours des hystériques. C'est en effet dans ce séminaire que Lacan introduit les *quatre discours* : ceux de l'universitaire, du maître, de l'analyste et aussi celui de l'hystérique. Il serait intéressant de traiter le discours de l'hystérique mais, ces quatre discours se renvoyant les uns aux autres, aucun ne peut être pris séparément[1]. Il faudrait donc leur consacrer un autre article, qui outrepasserait la question de l'hystérie.

1. C'est par rapport au *discours du maître* que le père apparaît comme châtré. Cette question est tout à fait actuelle car on trouve chaque fois plus de petits maîtres prêts à se loger dans le défaut de la question paternelle et les hystériques ne manquent pas à se croire devoir soutenir ces nouveaux pères dans l'occultation de leur défaillance. Même la psychanalyse connaît ces groupies.

Hystérie et traumatisme

Françoise BRETTE

Dès le début de la psychanalyse, la question du traumatisme est intrinsèquement liée à la problématique de l'hystérie ; elle n'a cessé par la suite d'y être associée, ne serait-ce implicitement que dans l'importance donnée aux effets de l'après-coup ; mais ces vingt dernières années, elle retrouve toute son actualité avec la clinique d'aujourd'hui, et les interrogations qu'elle suscite : ainsi reprend-elle sur le plan théorique la place qui fut la sienne dans la découverte de la psychanalyse.

QUELQUES REPÈRES THÉORIQUES

A l'aube du XXe siècle

La notion de trauma était dans l'air du temps : notion d'abord utilisée en chirurgie et réservée alors aux atteintes corporelles, et qui s'est peu à peu « psychologisée » ; en effet, les médecins de la seconde moitié du XIXe s'intéressaient de plus en plus aux troubles survenus à la suite d'un choc émotionnel intense, tels qu'ils avaient pu en observer pendant ou à la suite de guerres, ou bien encore lors des premiers accidents de chemin de fer ; de telles observations étaient rapportées par leurs auteurs soit à l'hystérie, soit à la neurasthénie, suivant la nature des manifestations présentées. Mais c'est à H. Oppenheim que l'on doit d'avoir en 1882 introduit dans la nomenclature psychiatrique le terme de névrose traumatique. Quant à l'hystérie, elle était, avec l'hypnose, le centre d'intérêt privilégié des maîtres chez lesquels Freud était allé se former en France. Ainsi s'est-il inscrit dans ce double courant avec d'autant plus de facilité que Charcot venait d'assembler ces deux notions en décrivant une hystérie traumatique ; à la suite de ce dernier, il construisit sa première théorie des névroses sur le modèle de la névrose traumatique, assignant au trauma un rôle déterminant dans l'étiologie de l'hystérie.

Témoin des controverses entre l'école de la Salpêtrière et celle de Bernheim, et des impasses de chacune, il va peu à peu s'en dégager pour établir ses propres conceptions.

De la neurotica à la théorie des fantasmes : la découverte de la psychanalyse

Dans ses travaux avec Breuer, s'il insiste, il est vrai, sur l'efficacité de l'abréaction sur le plan thérapeutique, Freud évoque déjà l'éventualité d'un traumatisme par effet de sommation ; mais surtout, il introduit la notion de refoulement et énonce que « l'hystérique souffre de réminiscence » : formule qui contient en elle-même l'idée d'après-coup. Ainsi, de la notion de trauma réel et physique, la « vieille notion de choc », il en vient à celle de trauma psychique, en mettant l'accent, non plus sur l'événement, mais sur sa représentation, vécue comme un « corps étranger » interne, source d'excitation : différence radicale qui représente un saut épistémologique d'importance puisqu'elle est le fondement de la psychanalyse.

Mais très rapidement, devant la fréquence des scènes sexuelles invoquées dans l'anamnèse de ses patients, Freud met en cause la séduction dans l'enfance par un adulte et en déduit que le trauma est toujours sexuel. D'abord découverte clinique tirée de son expérience de thérapeute, la séduction devient dans les années 1895-1897, une théorie qui s'inscrit dans le prolongement de la théorie traumatique des névroses : c'est la fameuse « neurotica » dont on a pu dire qu'elle est à l'origine de la psychanalyse. Cette théorie peut schématiquement s'énoncer ainsi : le traumatisme se constitue en deux temps, le premier s'étant produit précocement chez un être immature et se trouvant dans un état de « passivité » et de « non-préparation » ; cet événement ne prend sens et effet que dans l'après-coup de la puberté à l'occasion d'un second temps qui vient raviver les traces mnésiques du premier « dont le refoulement avait effacé le souvenir ». Emma[1], la patiente de Freud de 1895, demeure le modèle métapsychologique de la théorie de la séduction : ce cas illustre particulièrement le processus de l'après-coup.

1. S. Freud, l'Esquisse (1895), in *Naissance de la psychanalyse*, Paris, PUF, p. 364-366.

Emma se plaint de ne pouvoir entrer seule dans une boutique ; elle relie cette phobie à un souvenir remontant à sa treizième année, où ayant pénétré dans un magasin, elle aperçut deux vendeurs qui s'esclaffaient ; prise de panique, elle sortit précipitamment avec l'idée qu'ils s'étaient moqués de sa toilette et que l'un d'eux avait exercé une attirance sexuelle. Le travail analytique met en lumière un autre souvenir refoulé jusque-là : à l'âge de 8 ans, elle était entrée à deux reprises chez un épicier qui avait procédé à des attouchements.

Le traumatisme s'explique dans ce cas par le fait qu'à l'âge de la période pubertaire, l'excitation sexuelle donne un sens rétrospectif à la deuxième visite du temps de ses 8 ans ; car, remarquons-le, la petite fille est retournée, malgré la séduction de l'adulte, une seconde fois, acheter des bonbons et par là, s'est mise en situation de subir mais aussi de provoquer cette séduction ; mais la honte, la culpabilité et la peur n'ont eu d'effet traumatique que dans la scène plus tardive. Cette patiente est un bel exemple de la constitution d'une névrose hystérique en deux temps : le temps de l'Œdipe et le temps de la puberté séparés par celui de la latence.

Lorsque Freud annonce solennellement à Fliess qu'il ne croit plus à sa « neurotica »[1], il admet qu'il convient de privilégier la théorie des fantasmes ; or, si cette remise en question a bien marqué un dégagement des théories antérieures, celles-ci ont été ultérieurement réélaborées, bien plus que réellement abandonnées. En lieu et place d'une scène traumatique de séduction effectivement advenue, jusque-là postulée dans l'étiologie de l'hystérie, Freud admet qu'il s'agit le plus souvent de fantasmes. Le premier fantasme originaire désigné est donc celui de séduction. Avec la découverte de la sexualité infantile, il va en déceler les premières sollicitations dans les soins corporels, à la fois innocents mais incontestablement excitants donnés aux nourrissons[2]. Ainsi, au père ou à l'image du père, censé être responsable de la séduction infantile, fait place la mère de la séduction précoce, séduction archétypique des fantasmes ultérieurs de ce type. Il en vient donc, au-delà des événements aléatoires, à l'universel, à l'inévitable, puisque la séduction dont il est alors question est inscrite dans toute relation primaire.

C'est la sexualité de l'enfant, en elle-même, qui est traumatique et de ce fait pathogène parce qu'elle est excessive et débordante pour son Moi en cours de constitution pour lequel elle représente un véritable « corps étranger interne ». Selon la *neurotica,* l'incident traumatique réel de l'hystérie consistait en l'action séductrice d'un adulte sur un enfant passif, non préparé et incapable, du fait de son immaturité, de métaboliser le trop d'excitation ainsi provoqué ; avec la théorie des fantasmes, c'est du propre corps érogène que naît le

1. Cf. Lettres à Fliess n° 69, in *Naissance de la psychanalyse,* Paris, PUF, p. 190.
2. Cf. S. Freud (1905), *Les trois essais sur la théorie sexuelle*, Paris, Gallimard, 1987.

trauma psychique ; en effet, le Moi infantile, tout au long de son développement se trouve être le siège de l'expression spontanée et violente d'une tension démesurée, inadéquate du fait de la prématuration de l'enfant.

Le terme de trauma, à ce moment-là pour Freud – mais aussi, à sa suite, pour tous les psychanalystes – ne se réfère plus essentiellement à l'idée d'un événement extérieur mais désigne un événement psychique chargé d'affect, véritable micro-trauma interne centré autour d'une région érogène du corps et consistant en une mise en scène imaginaire : construction fantasmatique donc, qui peut avoir le même impact traumatique qu'une scène réelle de séduction ; d'ailleurs, l'une et l'autre bien souvent combinent leurs effets. A ce propos, il convient de souligner que Freud, avec cette nouvelle théorie, prenant davantage en compte l'activité fantasmatique que le trauma réel dans l'étiologie de l'hystérie, ne s'est jamais résolu pour autant à voir dans le fantasme la simple expression de la vie sexuelle de l'enfant ; il n'a, en fait, jamais renoncé à chercher ce qui a pu le fonder dans la réalité, contrairement à ce que des générations de psychanalystes ont voulu déduire de l'abandon de sa *neurotica* : sans doute cette position quelque peu idéaliste explique-t-elle le désintérêt pendant des années pour la notion de traumatisme qui, avec l'accent mis sur la perte, qu'elle soit objectale ou narcissique, a repris comme nous le verrons toute son acuité.

De la séparation à la castration : le trauma de la perte

Freud nous en montre le chemin en 1926 dans *Inhibition, symptôme et angoisse* ; il revient sur le temps précoce de la relation primaire pour définir le trauma en lien non plus avec la séduction de l'objet, mais avec sa perte ; il relie la détresse du nouveau-né à sa prématuration et à sa totale dépendance à l'égard de l'objet. Ainsi, si la mère vient à manquer, l'enfant se trouve démuni, sans recours dans un état de tension qui va d'autant plus s'accroître qu'il éprouve un besoin qu'elle devrait satisfaire : c'est l'expérience traumatique primordiale que la disparition maternelle à chaque fois réactive. Face à cette situation prototypique dangereuse, l'angoisse, d'abord réaction originaire et automatique, sera reproduite par la suite comme signal d'alarme : elle devient alors « attente » mais aussi « répétition atténuée du trauma » ; encore faut-il pour cela que l'enfant ait pu réaliser que la présence maternelle puisse mettre fin à cet état traumatique ; il faudra, par conséquent, un nombre suffisant d'expériences rassurantes afin que le bébé fasse la distinction entre l'éloignement momentané et la perte durable, et qu'il puisse éprouver avec nostalgie, et non plus dans un vécu de catastrophe et de désespoir, le fait d'être séparé de sa mère. Le jeu du « coucou/voilà » en favorise l'apprentissage : il prépare et préfigure celui de la bobine où l'enfant, accédant à la fonction symbolique, met en jeu l'absence traumatique et par là s'en distancie. La symbolisation de l'absence se trouve bien souvent en défaut chez les hystériques, comme s'il leur fallait, faute d'avoir pu la constituer suffisamment au cours du premier développement, mettre sans arrêt à l'épreuve, dans un jeu relationnel qui s'apparente à celui du « fort-da », la présence de l'objet et sa permanence, à travers son éloignement et ses retrouvailles. « La perte d'amour joue dans l'hystérie comme condition déterminant l'angoisse, le même rôle que la menace de castration dans les phobies... », nous dit Freud[1] (1926). On peut faire l'hypothèse d'une fragilisation en relation probable avec des ruptures d'étayage, qui donnerait toute son importance à l'angoisse d'être laissé tomber, si prévalente chez les hystériques.

Le modèle initial de toutes les angoisses de séparation est bien celui de la naissance, mais si Freud le reconnaît comme le traumatisme originaire, il conteste le développement donné par Rank à cette théorie. Il maintient que toutes les expériences de séparation réelles ne trouvent véritablement leur efficacité inconsciente que si elles peuvent se révéler après coup comme des formes primaires de castration. Il insiste sur la place centrale du complexe de castration dont l'angoisse contient, rassemble et reprend toutes les angoisses de séparation qui le précèdent : sa constitution est illustrante du processus d'après-coup ; celui-ci se produit lorsque se conjugue un fantasme lié à l'entendu de la menace de castration, et un vu, celui du constat de la différence des sexes, qui vient lui donner sens. Le complexe de castration s'organise effectivement, comme un traumatisme en deux temps.

Freud, dans l'*Abrégé...* (1938), n'hésite pas à déclarer, lorsqu'il est question du deuxième temps, celui de la perception de l'absence de pénis, que le petit garçon subit alors « le plus fort traumatisme de sa jeune existence... »[2] ; et pourtant, ce traumatisme est bien indispensable à la formation du Surmoi dont la fonction protectrice par rapport au sentiment de perte narcissique est bien connue : en effet, mieux vaut être confronté à un interdit que d'avoir à éprouver un sentiment d'impuissance ; de même, par rapport à la détresse du Moi, la menace de castration propose de limiter les dégâts, pourrait-on dire, si on l'envisage dans une relation métonymique : la partie pour le tout ; on peut également considérer le scénario de la castration comme ayant une fonction métaphorique : il devient un fantasme originaire organisateur, en quelque sorte un drame pour penser, pour penser l'impensable des angoisses primaires et des

1. *Inhibition, symptôme et angoisse,* Paris, PUF, 1965, p. 68.
2. S. Freud (1938), *Abrégé de psychanalyse*, Paris, PUF, 1964, p. 62.

traumatismes précoces, et, en cela, il constitue un après-coup positif. Ainsi, « Les redoutables effets de la menace de castration sur la sexualité naissante », évoqués par Freud, s'ils provoquent effectivement de l'angoisse, permettent d'accéder à la période de latence et à ses acquisitions. Ce traumatisme s'avérerait par conséquent bénéfique puisqu'il a une fonction structurante ; encore faut-il qu'une réalité traumatique ne vienne donner corps au fantasme et le fixe avec toute sa charge excitante en une blessure inassumable.

A l'inverse, si l'angoisse de castration peut jouer son rôle de signal d'alarme, elle devient le meilleur garant contre le risque traumatique. Le libre jeu de représentations dont la fonction anticipatrice prévient la rencontre avec une conjonction défavorable, implique l'introjection d'une mère « messagère de prudence » : l'impact traumatique, dans ce cas atténué, n'entrave pas la constitution ou le maintien du fantasme originaire de castration et son action organisatrice.

Pour les filles, qu'en est-il du traumatisme que représente la perception de la différence des sexes ? C'est incontestablement une blessure narcissique qu'il leur faudra négocier : blessure non seulement de ne pas avoir les deux sexes à la fois, que l'on rencontre aussi chez les garçons, mais blessure du manque de pénis qui devient objet d'envie. Selon Freud, la castration étant accomplie, l'angoisse qu'elle suscite n'aurait aucune raison d'être ; de ce fait les filles seraient moins protégées des risques traumatiques, et notamment de la perte de l'objet d'amour qui reste l'expression privilégiée des vicissitudes de leur complexe de castration ; par conséquent, l'organisation en structures symbolisantes du fantasme originaire qui y est lié aura davantage de difficultés à se mettre en place : d'où la massivité des angoisses d'abandon et l'aptitude à régresser vers des états de détresse néantisante que l'on peut rencontrer à certains moments dans les hystéries graves, faute d'ancrage à un niveau œdipien solidement établi. Dans une clinique plus quotidienne – celle de nos patients en analyse – bien souvent demeure une fixation à ce moment traumatique qu'a été le constat de l'absence de pénis : tout se passe comme si, à leur insu, il y avait eu une sorte d'arrêt sur image ayant pour effet le maintien d'une hyperesthésie à la moindre perception d'un manque. La solution masochiste sera l'ultime recours qui les maintiendra dans un fonctionnement névrotique : cette solution, si elle exprime bien l'expérience traumatique, représente en fait une tentative de la maîtriser par le biais de la répétition à travers des conduites de type traumatophilique.

Les hystériques, conformément à la théorie de la coexcitation sexuelle, peuvent sexualiser la douleur, la déception, au risque qu'elles ne deviennent la principale source pulsionnelle ; mais aussi érotiser l'angoisse et la relation à l'autre, notamment dans le jeu de la séduction : comme s'il leur fallait entretenir en même temps que décharger l'excitation pour ne plus se laisser surprendre en maintenant ainsi un état traumatique *a minima*, relativement maîtrisable : exercice périlleux que nous donnent à voir les hystériques et qui met l'accent, quelle que soit l'origine du trauma, sur le facteur quantitatif.

L'économique et la répétition

On voit combien est essentielle la conception économique pour la compréhension du traumatisme, mais aussi pour éclairer la problématique de l'hystérie ; ce qui caractérise les hystériques, c'est bien l'excès d'excitation qui les déborde comme si leur Moi échouait dans ses fonctions de liaison : il y a à l'évidence un dysfonctionnement énergétique qui signe l'économie traumatique. Dès 1895, Freud reliait le trauma de l'hystérie à l'absence de décharge ; mais avec les réflexions suscitées par les névroses de guerre, il va reprendre et privilégier cette conception au point de déclarer en 1916 que *« Le terme de trauma n'a pas d'autre sens qu'économique »*[1]. Dans « Au-delà du principe de plaisir », il associe le trauma non plus à la réminiscence mais à l'automatisme de répétition, et le définit comme une effraction du pare-excitation. Il distingue pour la première fois la névrose traumatique qu'il classait jusque-là dans l'hystérie en la différenciant de celle-ci : le tableau clinique « s'en rapproche par sa richesse en symptômes moteurs », mais s'en éloigne « par les signes très nets de souffrance subjective [...] et par une désorganisation très prononcée de presque toutes les fonctions psychiques »[2].

Parfois, certains de nos patients présentent une pathologie caricaturalement hystérique qui évoque la névrose traumatique ; d'emblée, ils mettent en avant la réalité d'un traumatisme : véritable roc du réel vécu comme un irréparable auquel ils vont s'accrocher ; il s'agit d'un événement ponctuel, daté et cernable, situant un avant et un après dans leur histoire :

— un avant renvoyant à un temps mythique, sorte de paradis perdu, idéalisé ;
— un après, décrit comme un temps de désarroi et de bouleversement correspondant à la réaction post-traumatique.

Néanmoins, ces patients nous donnent à entendre, dans la façon d'exposer leur traumatisme, qu'ils sont capables d'en faire une histoire dont ils sont l'auteur et non plus le sujet agi, voire d'en « faire toute une histoire » : c'est pourquoi, reprenant la terminologie de la fin du XIXe, il me semble plus justifié de parler, en ce qui les concerne, d'hystérie traumatique plutôt que de

1. S. Freud (1916), *Introduction à la psychanalyse*, Paris, PBP, 1965, p. 256.
2. S. Freud (1920), Au-delà du principe de plaisir, in *Essais de Psychanalyse*, Paris, PBP, 1965, p. 13.

névrose traumatique ; ces deux entités cliniques, outre le paroxysme de leurs manifestations, se caractérisent l'une et l'autre par la répétition : celle-ci s'exprime par les rêves itératifs mais également dans toutes les situations, transférentielles ou non, où le patient revit le trauma initial qui, probablement en réactive d'autres... Les manifestations répétitives révèlent la fixation au trauma en même temps que la tentative de dissoudre peu à peu sur un mode fractionné les tensions excessives. Ce qui différencie la névrose traumatique, rencontrée dans les services de psychiatrie et dont on sait les difficultés à la mobiliser, de l'hystérie traumatique, c'est le devenir de cette répétition ; dans le premier cas, elle paraît être sous l'emprise de Thanatos, immuable, identique, tournant à vide, visant compulsionnellement à la pure décharge ; dans le second cas, la répétition semble davantage associée à Éros, s'efforçant d'atteindre peu à peu la maîtrise par un processus de liaison : le passage de ce mode de répétition mortifère à celui favorisant l'accès à la symbolisation est l'enjeu du travail difficile avec ces patients « traumatisés ». Par un effet de spirale, ces répétitions agies au cours de la situation analytique et à la faveur de la relation transférentielle, se décalent progressivement pour aboutir à la remémoration et permettre ainsi la transformation de cette hystérie traumatique en une hystérie que j'ai qualifiée de « bon aloi »[1] : celle où la réorganisation d'un fonctionnement mental sous le signe d'une efficience symbolique est alors possible.

La notion de trauma narcissique

De l'importance donnée par Freud en 1926 aux situations traumatiques liées à la détresse et à la perte – aussi bien de l'objet que d'une partie de soi ou de quelque chose investi comme tel – s'est dégagée une conception du traumatisme centrée essentiellement autour de la problématique du narcissisme et du temps de sa constitution : ainsi s'est peu à peu affirmée la notion de traumatisme narcissique, notion qui n'est pas chez Freud directement explicitée ; s'il parle de cicatrice narcissique, de frustration, de préjudice, on ne peut pour autant en inférer l'idée de trauma narcissique ; mais quand il précise (in *L'homme Moïse...*, 1939) à propos des événements traumatiques « qu'il s'agit d'impressions d'ordre sexuel ou agressif, et aussi certainement de blessures précoces faites au Moi », il emploie l'expression de « blessures narcissiques »[2] dans un sens équivalent. Ce concept, de ce fait, prend une extension que l'on peut discuter, car la spécificité que lui donnait Freud dans ses premiers travaux

1. Cf. F. Brette, Plaidoyer pour une certaine hystérie, in *Revue française de psychanalyse*, 1985, n° 1.
2. S. Freud (1939), *L'homme Moïse et la religion monothéiste*, Paris, Gallimard, 1987, p. 161.

risque de s'y diluer. Néanmoins, la problématique présentée par les patients nous y conduit : en effet, ce sont le plus souvent des situations d'abandon, de rupture qui s'imposent dans leur motivation à entreprendre une analyse. Tant et si bien que le mot traumatisme est souvent utilisé de nos jours dans le sens de perte objectale ou narcissique dont le deuil n'a pas été possible : la question est de savoir pourquoi... Qu'est-ce qui fait que le Moi se trouve débordé dans ses fonctions de liaison ? On est amené à se demander quelle « représentation du passé, remaniée par la pression de l'actuel, pourrait se prêter à "expliquer", à donner sens à l'état traumatique » de maintenant[1] (Botella 1988) ? ou encore, selon la théorie de l'après-coup, quel premier temps traumatique est alors réactualisé ?

— Est-ce le temps de l'originaire resté enclavé, si toutefois il a pu s'inscrire dans un lieu psychique ? Car la détresse peut-elle faire trace autrement que dans le corps ?

— Est-ce le temps de l'infantile maintenu clivé ou gardé par les processus de refoulement secondaire ?

La cure de nos patients nous confronte à un tel questionnement ; il est vrai que Freud, tout à sa découverte de l'Œdipe et du rôle des fantasmes qui le constituent dans le déclenchement de l'hystérie, n'a pas pris en compte le soubassement narcissique de cette névrose : en témoigne l'échec de l'analyse de Dora ; mais en introduisant le narcissisme (1914)[2] et en théorisant sur « Deuil et Mélancolie » (1915)[3], il a ouvert tout un champ que ses successeurs continuent à exploiter sur le plan de la clinique.

Pour en revenir au trauma narcissique, c'est Bela Grunberger qui, le premier en France, a défini cette notion comme l' « écroulement de l'illusion de la toute-puissance infantile » (1956)[4]. En effet, de la naissance à la problématique de la castration, c'est l'éprouvé du manque, de la perte, du sentiment de petitesse et de dépendance absolue liée à sa prématuration, que l'enfant aura à vivre. Se dégager de la fusion originaire, renoncer à l'illusion d'être un et omnipotent, expérimenter le sevrage et l'inadéquation de ses désirs par rapport à ses moyens, se confronter à l'altérité, à la différence des sexes et à celle des générations : autant de moments cruciaux dans la vie de l'enfant pouvant être traumatiques, d'où l'importance de la qualité de l'environnement primaire pour l'accompagner au mieux dans ces différentes étapes. Les travaux d'un Winnicott ont mis l'accent sur les effets des perturbations de cet environnement.

1. C. et S. Botella, Trauma et Topique, in *RFP*, 1988, n° 6.
2. S. Freud (1914), Pour introduire le narcissisme, in *La vie sexuelle*, Paris, PUF, 1969.
3. S. Freud (1915), Deuil et Mélancolie, in *Métapsychologie*, Paris, PUF.
4. B. Grunberger (1956), Essais sur la situation analytique et le processus de guérison, in *Le Narcissisme*, Paris, Payot, 1971, p. 82.

L'investissement narcissique et objectal du bébé, soit par insuffisance, soit par excès, soit, plus toxique encore, par distorsion, peut constituer un « traumatisme cumulatif » créé par des brèches successives et répétées dans la barrière protectrice que représente la mère. Il me paraît fondé de considérer ce vécu précoce, dont la valeur traumatisante dépend de la qualité des expériences interactionnelles et intrapsychiques de l'étayage, comme un avant-coup, en quelque sorte potentiel, de traumatismes futurs ; il est évident que la réactivité traumatique ultérieure dépendra de l'assise narcissique et de sa solidité. Si celle-ci se fonde essentiellement sur l'échange primaire avec la mère, la structure œdipienne des parents, et la qualité relationnelle de leur couple, la présence du père – et pour son enfant et dans le désir de la mère – auront assurément des incidences qui peuvent aggraver, ou, à l'inverse, atténuer les effets des éventuels et inévitables défaillances de l'investissement maternel.

Traumatismes organisateurs : ou de l'hystérie primaire à l'hystérie structurale

Le rôle essentiel que joue l'objet tiers, dans la construction de la psyché de l'enfant, a été souligné par bien des auteurs : je citerai Claude Le Guen qui, avec sa conception de *L'Œdipe originaire* (1974)[1] insiste sur le rôle fondateur de « non-mère » ou encore ce que Michel Fain a métaphorisé sous le nom de « la censure de l'amante » (1970)[2], soit la discontinuité de l'investissement maternel au profit d'un tiers et sa fonction structurante : le bébé ainsi désinvesti et confronté à la sexualité de sa mère désirante va automatiquement éprouver une intense excitation : c'est ce qu'il appelle avec Denise Braunschweig l' « hystérie primaire » (1975)[3] ; cette situation initiale, liée à la triangulation que la mère porte en elle, représente un premier *traumatisme nécessaire,* tout à fait décisif pour l'établissement à venir de la fantasmatique originaire. Tout va dépendre du devenir de l'excitation traumatique ressentie par l'enfant : si elle peut prendre la forme d'une identification hystérique au désir maternel, la scène primitive et la séduction pourront s'organiser en fantasmes et non plus agir comme traumas.

L'enfant construira ses fantasmes autour de la recherche d'un tiers absent – le père, désigné comme autre séducteur – et pourra peu à peu s'arracher à la fusion maternelle pour aller vers la différenciation, puis s'autonomiser.

1. C. Le Guen, *L'Œdipe originaire*, Paris, Payot, 1974.
2. M. Fain (1970), Prélude à la vie fantasmatique, in *Revue française de psychanalyse*, 1986, nº 14, p. 290-364.
3. D. Braunschweig et M. Fain, *La nuit, le jour. Essai psychanalytique sur le fonctionnement mental,* Paris, PUF, 1975, p. 172-176.

Ainsi inauguré, le fantasme de scène primitive témoignera d'une véritable introjection de l'érotisme adulte : il devient porteur de l'auto-érotisme secondaire objectal et non plus source pulsionnelle plus ou moins persécutoire, qui ne peut s'évacuer que dans des auto-érotismes primaires narcissiques de pure décharge.

Or ce fantasme, pour qu'il atteigne sa pleine efficience symbolisante, exige chez l'enfant, non seulement la reconnaissance véritablement traumatique d'un désir maternel qui l'exclut, mais la reconnaissance tout aussi traumatique de la différence des sexes : ce deuxième *traumatisme nécessaire* va l'organiser dans l'après-coup, lui donnant sa dimension maturante ; en effet, avec l'inscription de la double différence pourra se reprendre dans un registre symbolique ce qui était resté énigmatique et traumatique au cours de la relation précoce ; il est lui-même le temps second du complexe de castration, temps visuel qui vient donner signification et effet au premier, le temps de la menace : traumatisme lui-même indispensable, comme nous l'avons vu, pour qu'advienne le fantasme originaire de castration dont la fonction protectrice est tout aussi essentielle : en effet, dispositif de mise en garde face au danger potentiel, il représente l'assurance la plus sûre par rapport aux risques traumatiques.

L'effet positif de ces inévitables traumatismes de la petite enfance ne serait-il pas de fournir à l'inconscient matière à fantasmes ? encore faut-il que les adultes disposent pour l'enfant d'une « tendresse postœdipienne » ; sinon c'est la confusion des langues et ses effets perturbateurs décrits par Ferenczi (1933)[1].

Toutefois, si l'excitation produite se maintient à un seuil qui la rend négociable, leur vécu individuel est décisif pour qu'accèdent à la figuration les scènes typiques qui peu à peu vont s'organiser avec tout leur déploiement fantasmatique. Personnellement, je pense que les fantasmes originaires ne sont pas donnés d'emblée : ils se créent lentement ; en effet, s'ils s'inscrivent comme traces mnésiques dans le temps de la relation primaire, ils ne prennent leur efficacité véritable que dans le temps œdipien : la castration, la séduction et la scène primitive sont alors l'expression dramatisée des multiples composantes de l'Œdipe et contribuent à structurer le développement psychique en névrose infantile qui, comme on le sait[2], est bâtie sur le modèle de l'hystérie : modèle « structural », donc, que celui de l'organisation hystérique infantile et que révélera la névrose de transfert des patients sur nos divans, surtout chez ceux qui se sont maintenus dans le registre d'une hystérie bien tempérée ; or cette

1. S. Ferenczi, Confusion de langue entre les adultes et les enfants, in *Psychanalyse,* Paris, Payot, 1982, p. 139-147.

2. S. Lebovici, l'Expérience du psychanalyste chez l'enfant et chez l'adulte devant le modèle de la névrose infantile et de la névrose de transfert, in *Revue française de psychanalyse,* n° 5-6, 1980.

dernière suppose un ancrage œdipien lié à une fantasmatique originaire bien installée. Il est certain qu'un éprouvé traumatique, survenu précocement, empêche l'émergence des fantasmes originaires qui, de ce fait, n'offrent aucune possibilité représentative et contenante aux excitations et à leur variation quantitative : le Moi sera alors moins protégé de mouvements régressifs trop intenses et d'un effondrement éventuel ; mais, plus tardif, l'impact d'un fait traumatisant peut, s'ils ont pu se constituer, les désorganiser peu ou prou suivant l'intensité de l'excitation provoquée : ils perdront de ce fait, leur portée structurante. Avec chacun de nos patients, l'occasion nous est donnée d'explorer aussi bien les insuffisances ou les vicissitudes de leur organisation que d'apprécier dans certains cas son efficience. Ainsi pouvons-nous distinguer les fantasmes originaires bien construits des scènes qui y renvoient, mais qui sont perçues justement sans la médiation qu'ils apportent ; les souvenirs et les scénarios s'y référant, évoqués parfois par les patients, sont en fait des perceptions ayant gardé toute leur charge excitante.

Ceux qui présentent des fantasmes de jalousie en sont un bon exemple : ils se montrent à l'affût du moindre indice qui attesterait la présence d'un tiers en leur absence et viendrait justifier leurs craintes : ainsi ils demeurent les témoins traumatisés d'une relation sexuelle, façon d'en garder la maîtrise et de lier l'excitation par le biais du masochisme. Cet envahissement fantasmatique vécu dans l'angoisse, avec un investissement érotique très perceptible, traduit le manque d'intégration d'une scène primitive qui, faute d'avoir pu se structurer en fantasme, leur revient du dehors sur un mode plus ou moins persécutoire.

D'autres expriment des fantasmes d'une clarté trop aveuglante pour ne pas avoir valeur d'écran ; la situation analytique s'instaure sous le signe du trauma. La séduction, de et par l'analyste, apparaît d'emblée : bruits, téléphones, rencontres éventuelles, sont interprétés comme une exclusion insupportable, dans un télescopage du passé et du présent. Ainsi des vécus traumatiques d'autrefois sont réactualisés sur la scène transférentielle, dans une dramatisation qui, pendant tout un temps, en bloque toute élaboration.

A l'évidence pour les uns comme pour les autres, la fantasmatisation originaire est restée inachevée : leurs fantasmes sont fragmentés, mal organisés, et de ce fait, désorganisateurs par leur effet traumatique : apparaissent alors des condensations non liables où s'entremêlent séduction, castration et scène primitive. L'accrochage au perceptif, comme en témoigne la recherche incessante de preuves ou l'hypersensibilité à la plus minime modification du cadre, marque la fixation à ce qui demeure un trauma, faute d'une élaboration suffisante ; son actualisation dans la cure traduit la recherche d'une mise en sens. Ainsi peut-on espérer qu'à la faveur de ces répétitions dans la situation analytique, cette hystérie traumatique se manifestant aussi bruyamment puisse peu à peu devenir une hystérie banale pour ne pas dire normale : hystérie que j'appelle, structurellement parlant, celle de la bonne santé ; dans ce cas les fantasmes originaires n'apparaissent pas comme des perceptions traumatiques mais peuvent s'inscrire dans un fonctionnement mental hérité de l'hystérie infantile structurale, d'où leur efficacité dans la constitution de la névrose de transfert. Une cure qualifiée de « classique » – il en existe encore – est alors possible avec ces patients dont l'arrimage à la problématique œdipienne est suffisamment solide ; dans ces conditions, les difficultés qui les ont amenés à entreprendre une analyse n'ont pas compromis l'équilibre des fantasmes originaires et leur organisation ; par contre, celle-ci, si elle a pu se mettre en place dans la petite enfance, risque toujours d'être déstabilisée, voire atomisée : cette structure reste, en effet, fragile et peut, par conséquent, voler en éclats sous le coup d'une réalité traumatique. De tels patients présentent une pathologie hystérique attestant d'un trauma dont le déroulement de leur analyse portera la marque. La gravité de l'hystérie, me semble-t-il, dépend de la capacité médiatrice et symbolisante qu'auront pu garder les fantasmes originaires constitués dans le temps de la névrose infantile. De l'hystérie « bien tempérée » au cas limite[1], nous aurons ainsi dans un continuum tous les degrés de l'hystérie traumatique : c'est bien souvent à cette clinique que nous confronte notre pratique.

LES HYSTÉRIQUES, AUJOURD'HUI

Si « les hystériques souffrent (toujours) de réminiscences », comment va s'exprimer leur souffrance et par quelles manifestations vont se traduire les impressions traumatiques signant la fixation et la répétition ?

Il est bien évident que l'hystérie évolue en fonction de son temps et de son environnement : celle de conversion de la fin du XIXe, objet d'*Études...* de Freud, et point de départ de ses découvertes, n'est plus celle que traitent les psychanalystes ; elle n'a pas pour autant entièrement disparu, elle se rencontre dans des services de psychiatrie ou de médecine générale. L'hystérie qui nous concerne, si elle n'est pas d'angoisse, se révèle, de nos jours, à travers des troubles du caractère ou du comportement, mais surtout par la mise en avant de plaintes dépressives en relation avec un manque inassumable, vécu comme

1. Cf. André Green : « Le Chiasme... », chapitre de cette même monographie.

un trauma ; celui-ci renvoie toujours, en dernière analyse, à un autre temps traumatique : s'agit-il du temps primaire ou du temps infantile ? Les distinguer, sur le plan clinique, n'est pas toujours possible, et, somme toute, sans intérêt pour son élaboration ; d'autant plus que des traumatismes peuvent se trouver réactualisés à chacun des deux temps ; ce sont les vicissitudes du transfert / contre-transfert qui aideront à comprendre les conduites répétitives de nos patients ; car, s'il n'y a, par définition, qu'un avant-coup – responsable d'une fragilisation narcissique – il peut y avoir plusieurs après-coups qui s'enchaînent les uns après les autres : celui qui se produit au cours de la cure viendra leur donner sens ; le travail de l'analyse, ou plutôt de l'analyste, sera de le faire advenir. Nous verrons, à la lumière d'une histoire clinique où chaque traumatisme, par un effet d'emboîtement en cachait un autre, combien le processus de l'après-coup peut être générateur de symbolisation et permettre une évolution positive de l'analyse.

Auparavant, nous envisagerons quelques-uns des moyens mis en œuvre par les hystériques pour essayer de négocier l'excitation que la conjoncture actuelle motivant la demande d'analyse mobilise ; son vécu traumatique traduit l'insuffisance de l'organisation des fantasmes originaires ; celui de castration, notamment, ne peut contenir les angoisses ainsi ravivées en lien avec la séparation primaire. Les mises en scène, les mises en acte, ou encore les symptômes de conversion que ces patients nous rapportent en séance et qui seront à comprendre et à travailler dans l'analyse, apparaissent comme un essai de figuration d'un traumatisme en manque de représentation, faute de structures symbolisantes internes.

Le traitement hystérique de la perte traumatique

Voici quelques-unes des solutions trouvées par les hystériques pour résoudre les tensions excessives que suscite une situation pour eux traumatique ; les solutions ne s'excluent pas et, de plus, il en existe d'autres... tant il est vrai que ces patients peuvent « faire feu de tout bois », face à l'irruption pulsionnelle qui les envahit et les submerge.

Solution somatique

Les patients qui viennent consulter des analystes ne constituent pas aussi spectaculairement que du temps d'Anna O... un symptôme de conversion qui, en outre, leur donnerait la « belle indifférence » ; cependant, la « complaisance somatique » se retrouve toujours à un moment ou à un autre dans les cures d'hystériques, mais sur un mode mineur qui n'a rien à voir avec la grande hystérie des cas rapportés dans les *Études*...[1] ; à ce propos, il est intéressant de remarquer que l'on retrouve dans l'histoire des patientes de Freud la mort d'un proche semblant avoir joué un rôle déclenchant dans la maladie et, pour deux d'entre elles, il s'agit de leur père. On pourrait considérer la perte d'objet que ces patientes ont eue à vivre comme un deuxième temps venu raviver, dans un effet d'après coup, le deuil non fait des objets œdipiens. Dans cette perspective, leurs symptômes témoigneraient d'un lien avec un objet dont le deuil ne peut, ou ne veut, se faire, deuil réactivé par la perte actuelle. Mais devant la gravité des manifestations hystériques que présentent ces patientes, l'hypothèse d'un temps premier traumatique, bien en deçà d'une organisation œdipienne, ayant rendu celle-ci fragile, voire aléatoire, est maintenant admise.

Il est certain que toute séparation remet en question les deuils et les traumatismes antérieurs – y compris la situation originaire de la perte et la détresse qu'elle suscite – qui se trouvent repris et réélaborés dans le nouveau travail à faire ; celui-ci ne se fera pas sans vicissitudes : la nature du deuil sera fonction du rôle que jouait l'objet au moment de sa disparition, de l'investissement dont il était le porteur et enfin des liens qui ont existé avec l'objet primaire et les objets œdipiens dont il pouvait transférentiellement être le représentant. Le symptôme de conversion peut être une des expressions d'un deuil vécu sur un mode traumatique ; les manifestations somatiques en sont en tous les cas rarement absentes.

Pour Freud, les symptômes de conversion avaient valeur de « symboles mnésiques » qui commémoraient[2] certains événements traumatiques ; il les comparait à des monuments comme celui de Londres – The monument – érigé pour rappeler le grand incendie de 1666, et trouvait que ces malades se comportaient avec leurs symptômes d'une façon aussi singulière et incompréhensible qu'un Londonien hypothétique qui tous les matins irait se lamenter devant un tel monument[3].

La formation de compromis que constituent de tels symptômes est de nos jours trop lisible dans les milieux peu ou prou informés de la chose analytique ; on ne peut plus aussi innocemment convertir dans le somatique sans trahir le conflit sous-jacent, du moins là encore pour les patients qui viennent voir des psychanalystes : la pathologie du comportement est chez eux prévalente.

1. S. Freud et J. Breuer (1895), *Études sur l'hystérie*, Paris, PUF, 1956.

2. Cela évoque la notion de « traumatisme commémoratif » décrite par Claude Janin, in *Figures et destins du traumatisme*, Paris, PUF, 1996.

3. S. Freud (1909), *Sur la Psychanalyse, cinq Conférences,* Paris, NRF-Gallimard, coll. « Connaissance de l'inconscient », p. 42-43.

Solution comportementale

Les hystériques d'aujourd'hui ne sont plus indifférents quant à l'affect – c'est au contraire dans une exacerbation affective que se parle leur pathologie – mais ils continuent à ne pas laisser indifférents ; comme ceux d'antan, ils donnent à éprouver et donnent à voir, mais autrement... Ce que l'on voit alors, ce sont les mises en acte et les mises en scène caractérielles : tentatives coûteuses de réguler le trop d'excitation et de colmater – tout en la signalant – la brèche ainsi causée dans le Moi. Les effets traumatiques d'une blessure narcissique ou d'une séparation avec un objet se traduisent par l'activité répétitive des réactions qu'elle entraîne : c'est la prise de conscience de ces répétitions et de leur aspect préjudiciable qui conduit les patients à demander de l'aide. Leur comportement, bien souvent, témoigne d'une faillite des contre-investissements ; ils nous confrontent alors à un emballement des mécanismes d'hystérisation qui, à travers la maladie de l'agir, s'apparentent à la défense maniaque : en effet, l'excitation ainsi entretenue, en même temps que déchargée, laisse peu de place aux sentiments dépressifs liés à la perte, qu'elle soit narcissique ou objectale. Ces modalités comportementales à visée économique peuvent donner à penser que les patients par moments font les fous pour éviter de l'être ; sans doute nous trouvons-nous devant la résurgence, avec toute sa violence, d'un traumatisme précoce dont l'énergie n'aurait pu se symboliser en son temps. Cette stratégie est évidemment dommageable pour leur Moi dont elle menace la cohésion et le lien avec la réalité : le risque étant pour ces malades de se prendre à leur propre jeu ; tant il est vrai qu'il y a peu de la « folie hystérique »[1] à la manie.

Ainsi l'hystérie, dans sa forme la plus grave, peut revêtir le masque de la folie ; on peut faire l'hypothèse alors d'un fonctionnement en double secteur : l'un, névrotique, centré autour de l'Œdipe et de la castration, l'autre ayant régressé à une étape précédant l'organisation génitale où la censure n'est plus efficiente.

Néanmoins, dans la plupart des cas, l'hystérique, s'il est séduit par le déni, n'y croit pas vraiment : il ne parvient à faire que « comme si » ; le principe de réalité est toujours là. Tout au plus pourra-t-il enjoliver, et de ce fait rendre moins cruelles, une déception, une séparation, par la mise en avant d'une dramatisation qui, d'une certaine façon, et pour un temps seulement « tient chaud au cœur » ; ainsi *le trop* de l'outrance et du théâtralisme vient combler *le trou* du manque, dans un mouvement de renversement en son contraire : procédé pour surcompenser l'angoisse de castration remobilisée et

1. Notion remise à la mode par J.-Cl. Maleval, in *Folies hystériques et psychoses dissociatives*, Paris, Payot, 1981.

se soustraire un moment – celui du rêve et de l'illusion – au principe de réalité.

Pour certains patients, c'est la mise en jeu de la bobine, nous l'avons vu, qu'ils répètent inlassablement dans leur vie quotidienne, et qui va aussi se retrouver dans le transfert, mettant en danger le processus analytique au risque de le rompre ; ils ont tellement peur d'être abandonnés qu'ils sont toujours en train d'anticiper la séparation dans un maniement de l'objet pour espérer en avoir la maîtrise ; cette attitude que l'on peut qualifier de contraphobique risque d'avoir pour effet que le fil se casse et que la bobine ne soit plus rattrapable : survient alors la rupture tant redoutée ; c'est souvent dans ces circonstances, pour eux réellement traumatiques, qu'ils viennent nous voir. L'analyste n'échappera pas à ces modalités relationnelles marquées par une sensibilité exacerbée à toute modification de la distance ; la quête harassante de sa présence, la mise à l'épreuve parfois très vive de la qualité du « holding » donnent la mesure de la crainte vécue par ces patients d'être laissés tomber, en lien probable avec des discontinuités de l'étayage lors du premier développement : l'accès à la position dépressive que le scénario de la bobine prépare et préfigure en aurait été compromis. Cette répétition transférentielle d'un jeu dont la fonction symbolique n'avait pu s'établir efficacement dans la petite enfance, ou encore qui s'était trouvée détruite par la force d'un traumatisme, exprime l'échec d'un deuil en même temps qu'une exigence à le mettre en travail.

Le contre-transfert extrêmement sollicité permettra à l'analyste de comprendre, à partir de mécanismes d'identifications projectives, ce qu'a pu éprouver son patient ; et il faudra « laisser du temps au temps » avant que celui-ci puisse admettre un sentiment de manque sans immédiatement le sexualiser, et reconnaître, comme l'un d'eux a pu me le dire à sa dernière séance : « J'ai découvert ici quelque chose de fondamental, c'est la pensée de l'absence... »

Reproduire activement ce qui a été traumatique, tant que l'analyse n'en a pas permis l'élaboration, peut prendre une allure encore plus typiquement hystérique dans le jeu de la séduction ; séduire / laisser tomber, perdre/retrouver... : autant de mises en scène qui, à travers des comportements parfois très sexualisés, se succèdent : ne représentent-elles pas une tentative de symboliser l'impensable, et de la mort, et de la castration ?

Solution sexuelle

Les conduites donjuanesques, tout comme les histoires d'amour qui se font et se défont d'une manière répétitive, mais surtout la multiplicité des agirs sexuels, ne sont pas sans évoquer un système fétichique ; ils servent, en effet, de contre-investissements à l'angoisse de castration : il s'agit, en multipliant les objets de remplacement, de montrer la perte tout en la niant.

Par un mécanisme de retournement partiel qui lui est bien spécifique, l'hystérique transforme l'excitation liée à la douleur morale en excitation sexuelle qui doit trouver un mode de décharge visant à l'expulser : le passage à l'acte sexuel en est la voie la plus directe. Ainsi, pour un de mes patients, la surconsommation d'objets érotiques, à ses dires interchangeables, s'intensifiait à chaque séparation des vacances, du moins tant que le trauma ainsi réactualisé n'a pu, dans l'analyse, s'élaborer ; « *quand on agit à un certain rythme,* me disait-il, *on est dans un état second, le plaisir évite de penser... c'est une forme de toxicomanie* ». L'oralité, si caractéristique de l'hystérie, était ainsi mise en avant, en même temps que s'exprimait le désir d'éviter toute remémoration et de dénier ce qui peine sans entièrement y parvenir.

Cette érotisation frénétique, telle qu'elle se manifeste dans ces comportements de « sexualité addictive » (J. McDougall, 1978)[1] tendrait à combler une faille impossible à reconnaître et de ce fait à réduire : celle causée par une blessure narcissique fondamentale, liée à l'insuffisance de l'investissement maternel. Nous rejoignons là les théorisations de Masud Khan (1974)[2]. Pour cet auteur « s'il y a bien un traumatisme réel dans l'étiologie de l'hystérie, il n'est pas sexuel [...], il est plutôt en relation avec la défaillance de la mère » à pourvoir aux exigences narcissiques de son enfant ; celui-ci peut répondre à cette situation de détresse par une fuite en avant vers une sexualité prématurée. La *« solution sexuelle »* sera alors le recours privilégié, face à toute conjoncture pouvant rappeler ces impressions traumatiques précoces. La clinique nous montre aussi que dans l'enfance de certains patients hystériques, la libido trop sollicitée par des stimulations excessives liées à la promiscuité maternelle mais aussi à celle du couple, s'est trouvée en avance sur l'état de maturation du Moi ; celui-ci sera d'autant plus débordé dans ses fonctions de liaisons que n'a pu se construire de pare-excitation véritablement efficace. Dans ces conditions, l'organisation des fantasmes originaires de scène primitive et de séduction n'a pu vraiment se mettre en place et il faudra un long travail dans la cure pour les rendre opérants.

De telles conduites, diminuant ou disparaissant au cours de l'analyse, peuvent revenir dans les moments difficiles : il s'agit de mettre en acte, hors de la situation transférentielle, des tensions pulsionnelles induites par celle-ci et dont l'intensité nécessite l'épuisement momentané. Ces agirs sexuels prennent alors le sens d'*actings out,* mais dont le récit qui en est fait à la séance engage, à l'évidence, la participation imaginaire de trois personnes ; le patient qui donne à voir – et parfois non sans une recherche de complicité érotisée – n'aurait-il pas été autrefois le spectateur impuissant de la sexualité parentale ?

1. J. McDougall (1978), *Plaidoyer pour une certaine anormalité,* Paris, NRF-Gallimard, 222 p.
2. Masud Khan (1974), La rancune de l'hystérique, in *NRP,* 1974, n° 10, p. 151-159.

en tous les cas, il semble que ces agirs puissent être interprétés, d'un point de vue dynamique, comme des « actes-symptômes » hystériques : ils révèlent la persistance d'un lien avec un objet incestueux dont le deuil ne veut se faire. Malgré les lacunes du refoulement et l'insuffisance des contre-investissements que le fonctionnement de ces patients manifeste, leur problématique s'exprime avant tout par une resexualisation du conflit œdipien, indice d'une évolution en deux temps – temps de l'Œdipe / temps de la postpuberté ; de même, la répétition que traduit leur comportement ne paraît pas se produire « au-delà du principe de plaisir » (Freud 1920)[1] sinon, il ne s'agirait plus d'organisation hystérique...

Solution masochiste

Lorsque cette hyperactivité spectaculaire n'est pas possible ou s'épuise, les patients se présentent en ayant perdu ce qui fait la séméiologie de l'hystérie : plus de séduction, plus d'excitation, à la place la douleur morale, la détresse : ils sont des endeuillés d'un deuil réactualisant des séparations antérieures dont leur Moi n'est pas capable. Cette incapacité est ressentie comme une blessure narcissique éprouvée avec un profond sentiment de honte qui est ainsi au premier plan. C'est bien souvent à travers la quête d'un objet anaclitique représentant de l'image maternelle que va s'amorcer la relation analytique ; la culpabilité liée à une fixation œdipienne non dépassée et dont il ne faut rien savoir se trouve escamotée, non plus cette fois dans la tentative de mettre en place un déni dont on a vu qu'il ne pouvait réussir, mais dans un mouvement de retrait narcissique qui maintient le refoulement. L'instauration de la névrose de transfert, en remobilisant la névrose infantile, va ramener le conflit que le moment dépressif leur avait permis d'éviter. On assiste alors chez nos patients à une resexualisation de la relation et la protestation érotique se fait entendre à travers les plaintes incessantes qui prennent valeur de démonstration visant à les innocenter. Ils nous donnent l'impression d'éprouver le besoin d' « en rajouter », comme s'ils redoutaient sans cela que leur souffrance ne soit prise en compte. Ne cherchent-ils pas ainsi à maîtriser activement ce qu'ils ont subi passivement et qui leur rappelle leur impuissance d'enfant à intégrer une perte traumatique ? Au moins s'ils souffrent, ils y sont pour quelque chose. L'insistance, non démunie de complaisance, à montrer leurs blessures signe la réactivation, dans un effet d'après coup, d'un événement traumatisant qui n'avait pu se symboliser en son temps ; la surenchère de la douleur morale, objet pour eux de valorisation narcissique, est souvent pré-

1. S. Freud (1920), Au-delà du principe de Plaisir, in *Essais de Psychanalyse,* Paris, Payot, 1965.

sente : façon, semble-t-il, de se récupérer sur le mode de la mégalomanie infantile.

Devant le sentiment d'impuissance que ces patients nous font éprouver et le reproche vivant qu'ils incarnent, douloureuses victimes, c'est nous qui devrions nous sentir coupables ; mais lorsque la culpabilité n'est pas ainsi projetée, elle est exhibée dans une érotisation tout à fait perceptive où se reconnaît le déploiement du masochisme moral. Celui-ci opère sur un mode totalement inconscient une dramatisation hystérique des liens unissant le Moi et le Surmoi : il y a alors constitution d'une scène intérieure où s'établit un jeu sadomasochiste au moyen duquel se retrouve l'*objet du désir* qui est à la fois et dans le même temps l'*objet interdicteur* ; ainsi, par le biais du masochisme, les hystériques récupèrent une relation triangulaire que le repli dépressif leur avait momentanément fait perdre. Cette reviviscence œdipienne s'exprime à travers des fantasmes et des attitudes provocatrices liés à une relation passive au père, et cela quel que soit le sexe des patients. N'est-ce pas une manière de se réapproprier[1] ce qui a manqué dans l'organisation de l'analité en suscitant le sadisme de l'autre et d'obtenir ainsi régressivement une satisfaction libidinale ? De ce fait, on peut considérer, dans la ligne des travaux de Benno Rosenberg[2], le masochisme moral comme le « gardien » de la névrose de transfert ; l'hystérique y a recours lorsque ses défenses névrotiques ne suffisent plus à lui rendre sa culpabilité supportable. Mais lorsque la solution masochiste ne suffit plus à lier l'excitation, la sexualisation du manque, par la mise en jeu de la libido homosexuelle, peut amener un vécu de préjudice : s'ébauche alors un mouvement paranoïaque qui, si la dépression sous-jacente demeure non reconnue, risque de se cristalliser ; de tels mouvements ne sont pas absents de la clinique des hystéries graves, dernier rempart pour se protéger d'une régression quasi mélancolique et qui renvoient à des vécus traumatiques précoces. L'organisation du fantasme de castration, ici à l'évidence, ne constitue pas un palier défensif par rapport à des angoisses primitives et l'angoisse qui y est liée a perdu sa valeur protectrice de signal d'alarme.

Un traumatisme en cache toujours un autre

Il a été question jusque-là essentiellement de traumatismes narcissiques et de leur gestion ; il est vrai, et nous l'avons déjà vu, que ce sont surtout des déceptions et des frustrations impossibles à accepter qui conduisent les hystériques sur nos divans. Est-ce à dire que le trauma sexuel, celui de la *neurotica* de Freud n'existe plus ?

1. Cf. F. Brette, De la complaisance somatique à la complaisance dépressive, in *RFP*, 1986, n° 3.
2. B. Rosenberg, *Masochisme mortifère et masochisme, gardien de vie*, 1991, monographie de la *RFP*.

Le trauma sexuel

Bien des patientes nous font part d'expériences sexuelles traumatiques, mais ce n'est pas, habituellement ce qui justifie leur demande ; cependant, un trauma sexuel peut être présenté, parfois dès le premier entretien, comme théorie explicative par rapport aux difficultés actuelles ; le plus souvent, il faudra un long temps d'analyse, pour que des souvenirs de séduction infantile puissent être évoqués, surtout s'il s'agit de relations incestueuses : tant est grande la honte, toujours au premier plan, mais aussi la culpabilité qui généralement l'accompagne ; en effet, à la blessure de n'avoir pas été respectées dans leur qualité d'enfants, s'ajoute pour ces patientes la mise en cause d'objets porteurs de leurs investissements ; mise en cause d'autant plus coupable, que ces scènes de séduction se sont effectuées dans le déni familial et le chantage au non-dit de la part du séducteur : en parler signifiait le trahir et laissait entendre à l'analyste le lien incestueux jusque-là maintenu. Plus rarement peut se rencontrer un troisième cas de figure : c'est la levée du refoulement d'un trauma sexuel, au décours de l'analyse et à la faveur d'une reviviscence transférentielle, faisant fonction de deuxième temps traumatique, révélateur par effet d'après coup du premier ; l'histoire de la patiente que nous allons rapporter en est un exemple.

Ces traumatismes sexuels, qu'ils soient gardés secrets dans la honte et la culpabilité, ou utilisés comme *neurotica* ou encore objets de l'amnésie infantile, s'avèrent à l'analyse bien réels. Leur fréquence chez nos patientes hystériques interroge. Est-ce l'identification au désir de l'autre, mécanisme spécifiquement hystérique, qui a séduit le séducteur et l'a poussé à l'acte ? Ou encore, l'excitation permanente qu'elles éprouvent et font éprouver et qui aurait été contagieuse ?

On peut faire l'hypothèse qu'elles ont été des petites filles excitées et excitables, dont les attitudes, les exhibitions, voire les provocations séductrices, tout comme les modalités relationnelles, auraient exprimé une érotisation très perceptible, donc excitante. Se faire remarquer ne serait-il pas alors une nécessité pour attirer l'attention d'une mère déprimée, ou bien phobique, privant l'enfant des stimulations psychiques indispensables à la constitution du Moi ? Surtout si le père n'a pu pallier l'insuffisance maternelle ; il est certain que celui-ci peut compenser le défaut de confirmation narcissique et aussi que son rôle est fondamental dans la confirmation de l'identité sexuelle ; en effet, s'il accepte la séduction de sa petite fille œdipienne sans en avoir peur, en se montrant séduit, un peu mais pas trop, il reconnaît en elle la femme qu'elle sera et facilite ainsi l'évolution de sa psychosexualité. De même, sa non-intervention en tant que tiers aura des conséquences dans les situations opposées où une mère trop séductrice et envahissante peut induire un manque à représenter, un trouble dans la figuration, compromettant tout autant la « matrice originelle du fantasme »[1]. Dans le trop comme dans le pas assez de l'investissement maternel, la fonction pare-excitante est insuffisante, d'où le recours à la « solution sexuelle » telle que la décrit M. Khan. A la lumière de ces théorisations, l'appétence excessive aux excitations aussi bien internes qu'externes dont témoignent ces patientes peut se comprendre comme une façon de gérer un trauma narcissique : il s'agirait, pour en moins souffrir, de transformer cette blessure précoce faite au Moi en excitation sexuelle virtuellement capable de décharge. Dans cette perspective, les scènes de séduction fréquemment rencontrées chez les hystériques, provoquées activement ou non, ne sont-elles pas un moyen d'apporter une réponse qualitative à du quantitatif qui autrement ne pourrait ni se lier ni s'évacuer ?

Les événements traumatisants racontés par les hystériques peuvent s'entendre également comme une mise en forme d'un vécu traumatique précoce : tentative de maîtriser l'excès quantitatif irreprésentable. Autrement dit, mieux vaudrait un trauma dont on se souvient, dont on peut parler, que d'avoir à reconnaître, dans la déréliction et la honte, qu'il y a eu un manque de quelqu'un ou de quelque chose... Cette hypothèse un peu provocatrice demande à être nuancée ; « pour qu'un traumatisme puisse se jouer sur une scène intérieure et en plusieurs temps, encore faut-il qu'il ne soit ni trop prématuré ni trop intense ; sinon la violence de son impact risque de bouleverser tous les repères topiques et temporels » (C. Couvreur, 1988)[2].

La clinique nous permet de constater que des traumatismes survenus dans le temps de l'infantile confèrent rétroactivement du sens à ceux qui avaient été subis dans le temps primaire où le Moi en détresse, débordé ou annihilé, est bien incapable alors de contenir l'excitation traumatique.

Emma ou les effets d'après-coups

Ainsi pour une patiente que j'appellerai Emma, en souvenir de celle de 1895, le trauma sexuel de ses 5 ans représentait une *neurotica*, c'est-à-dire une théorie explicative qui, à la manière des théories sexuelles infantiles ou du roman familial avait une fonction soignante, évidente. Le souvenir de cette séduction infantile prendra tout un temps valeur de traumatisme-écran, écran au double sens du mot :

— celui sur lequel se projettent les expériences traumatiques précoces qui sont ainsi reprises et rassemblées ;
— celui qui fait qu'un traumatisme en cache toujours un autre...

1. M. Perron-Borelli et R. Perron, Rapport présenté au XLVIe Congrès PLFR, 1986, in *RFP*, 1987, n° 2.

2. C. Couvreur, Le trauma : les trois temps d'une valse, in *RFP*, n° 6, 1988.

Sa décompensation névrotique se situe vers l'âge de 16 ans, peu après sa puberté qu'elle a eue tardive et à partir de deux événements qui se seraient passés la même journée :

— la vue d'un exhibitionniste dont elle avait craint qu'il ne l'agresse ;
— une chute à la renverse avec perte de connaissance, en jouant au ballon durant la récréation à son collège.

Par la suite se serait installé tout un cortège de manifestations somatiques (maux de tête, vertiges, nausées...) ainsi que des périodes de boulimie entraînant une prise de poids excessive nécessitant de fréquentes visites chez des médecins ; et ceci jusqu'au moment où l'un d'eux, insistant sur l'inorganicité des troubles, l'adresse au neuropsychiatre de la ville où ils habitaient en vue d'une psychothérapie : elle a alors 21 ans.

Ses symptômes ne l'avaient pas empêchée par ailleurs de poursuivre brillamment ses études, sans pouvoir pour autant les mener jusqu'au terme où ses bons résultats lui auraient permis d'accéder : il aurait fallu pour cela qu'elle s'éloignât par trop du domicile de ses parents...

Cette psychothérapie – deux fois par semaine sur le divan – a duré quatre ans ; c'est durant la dernière année que lui serait revenu le souvenir d'une scène de séduction, par un grand oncle alors qu'elle avait 5 ans : cet homme était très estimé dans la famille, gloire locale du maquis, figure de patriarche d'autant plus investie par la mère qu'il représentait le père idéalisé dont le retour d'un camp de concentration avait été attendu en vain... cet oncle en séjour à la maison passait ses journées à bricoler ; elle l'aimait bien, il lui chantait des chansons et lui fabriquait des jouets en bois ; un matin il se serait masturbé contre elle, puis l'aurait repoussée en la maudissant ; le même jour, en traversant la rue pour aller à la maternelle, elle aurait roulé sous un camion. Il semble que par la suite, il y ait eu une période dont elle reste amnésique (alors qu'elle rappelle par ailleurs des souvenirs très précoces) et qu'elle ait présenté une sorte d'inhibition intellectuelle ; c'est du moins ce qui serait apparu dans les dires de sa grand-mère : « Petite, tu apprenais vite et puis à un moment tu n'as plus rien retenu », comme s'il avait fallu, en refoulant la scène traumatique, jeter l'enfant avec l'eau du bain : c'est-à-dire, ne rien garder en tête, pas plus le souvenir de l'oncle que les acquisitions nouvelles ; mais cela n'aurait été qu'un temps et sa scolarité se serait fort bien effectuée ; de même, elle n'aurait pas posé de problèmes majeurs au cours de son enfance : une période de latence donc, qui se serait déroulée somme toute sans incident.

Tout comme l'Emma de Freud, ce cas présente un exemple typique de refoulement hystérique, mais à la place de la constitution d'une phobie, nous

nous trouvons devant un tableau de symptômes somatiques, sortes de fantasmes incarnés dont le travail de l'analyse permettra la décondensation.

Il est certain que la décompensation névrotique liée à la scène de l'exhibitionniste ne devient compréhensible que lorsque l'on apprend l'histoire de la scène avec l'oncle, retrouvée grâce à la levée du refoulement ; en effet, les adolescentes de notre temps ne s'effraient plus à la vue d'un exhibitionniste et la plupart n'en tombent ni malades ni à la renverse ; on peut remarquer à ce propos la répétition, après la seconde scène, de la chute qui avait eu lieu sous le camion au temps premier : chute dont le sens est très surdéterminé certes, mais que l'on peut comprendre aussi comme une tentative de lier l'excitation par le biais du masochisme primaire.

C'est bien en raison « du souvenir refoulé transformé après coup en traumatisme » que se sont constitués des symptômes névrotiques chez cette patiente ; et c'est la réactualisation de la névrose infantile dans le vécu de la névrose de transfert établie avec son thérapeute qui a permis l'émergence du souvenir du premier temps ; le deuxième temps ayant été gardé en mémoire et présenté à celui-ci comme facteur déclenchant de ses troubles. Névrose de transfert et névrose infantile tout comme les deux temps du traumatisme ont été séparés par les effets du refoulement et de la période de latence. Voilà ce que j'ai pu reconstituer, *a posteriori*, à l'écoute de cette patiente sur mon divan.

Elle vint, en effet, cinq ans après l'arrêt de sa thérapie, me demander une analyse dont l'idée lui était venue à la suite de cauchemars répétés qui l'inquiètent : « J'ai l'impression d'étouffer, j'appelle au secours et personne ne vient... »

Dès le début du premier entretien, elle me parle du « traumatisme sexuel » de son enfance, dont la fonction de traumatisme-écran est évidente, et qu'elle relie aux manifestations somatiques qui l'ont conduite de médecins en médecins jusqu'à son thérapeute ; de l'exhibitionniste et des deux chutes, il n'est alors pas question.

Elle précise également que son père, souvent absent dans une ville voisine – en principe pour son travail – avait en fait une liaison avec une sœur de sa mère à qui il avait fait un enfant : enfant qui était à la fois la cousine et la demi-sœur de sept ans la cadette de ma patiente. Cela lui a été confirmé récemment par un membre de sa famille, mais elle a le sentiment, malgré le non-dit familial, de l'avoir toujours su, dès qu'elle avait vu la tante avec le bébé.

Ce qui apparaît d'emblée, c'est la répétition des traumatismes : la scène de l'exhibitionniste vient raviver celle de la séduction de l'oncle. Mais le travail de l'analyse va permettre de comprendre que l'histoire de l'oncle masquait la séduction paternelle ; en effet, accompagnés d'une fantasmatisation très riche, des souvenirs plus précoces liés à ce qui se passait dans la chambre des parents vont désigner le père comme l'exhibitionniste premier. La patiente s'est souvenue avoir insisté vers l'âge de 5-6 ans pour que son lit soit mis ailleurs que dans leur chambre, exprimant alors l'exigence d'une censure qui leur faisait défaut ; cela, après la scène avec l'oncle, rendant encore plus difficile à contenir l'excitation ainsi exacerbée par l'effet d'après-coup.

Par ailleurs, la relation transférentielle va mettre en évidence une problématique liée à une image de mère, intrusive et excitante, aussi bien par des manipulations corporelles (lavements, suppositoires) que par ses exigences morales (l'examen de conscience tous les soirs où il fallait tout dire) ; ainsi, la séduction paternelle renvoyait à celle de la mère avec ses lavements excitants et le besoin de mettre dans son lit un de ses enfants à chaque départ du père.

Mais c'est surtout d'une mère déprimée qu'il sera question, mère qu'il fallait distraire, réparer, consoler... Ma patiente réalisera avec beaucoup d'émotion et de culpabilité que c'est lorsque sa mère l'attendait qu'a débuté la liaison du père avec la tante. On peut donc faire l'hypothèse d'une mère dépressive qui n'a pu, par conséquent, donner à son enfant un investissement suffisant dans la continuité et un étayage permettant l'instauration d'un système pare-excitant adéquat. C'est peut-être là le premier traumatisme qui n'est pas sexuel à proprement parler, mais vient d'une défaillance maternelle à pourvoir aux besoins de son enfant dans ses toutes premières années : en témoignent les rêves répétitifs qui l'avaient décidée à entreprendre une analyse (« J'appelle au secours et personne ne vient »), qui expriment cet état de détresse.

La naissance d'une petite sœur lorsqu'elle avait deux ans et demi n'avait rien arrangé ; cette enfant née avec une sténose du pylore avait nécessité tous les soins de la mère et Emma avait été confiée à sa grand-mère. Il y aurait eu à cette époque une première chute dans la maison de celle-ci, interprétable comme une mise en acte du sentiment que sa mère la laissait tomber ; il est intéressant de remarquer que la répétition de ces chutes fait le lien entre les différents traumatismes dont l'impact traumatique est d'autant plus grand qu'il y a un effet de sommation.

Ainsi, pour cette patiente, le traumatisme sexuel de son enfance représentait une butée organisatrice par rapport aux excitations liées aux manipulations séductrices de la mère, tout autant qu'à la défaillance de son investissement : ancrage œdipien qui, en instituant l'ordre de l'interdit, en lieu et place de l'impuissance, voire de l'impossible, a favorisé la structuration d'une hystérie en deux temps avec refoulement du temps premier ; celui-ci, lié à la scène de séduction infantile, n'a pris effet traumatique que dans l'après-coup pubertaire causé par la vue de l'exhibitionniste et le souvenir n'en a été retrouvé que dans la situation psychothérapique, à la faveur d'émois transférentiels, source probable d'excitations. Si le temps de l'oncle s'inscrivait dans le registre de la « confusion des langues », nous avons pu cependant faire l'hypothèse d'une séduction passive chez cette petite fille identifiée au désir de l'adulte. Plus difficile a été de reconnaître l'absence d'une mère présente aux prises avec sa dépression ; c'est la relation transféro-contre-transférentielle qui a permis de reconstruire – et à ma patiente de s'approprier – le temps de l'originaire, celui de l'avant-coup.

En dépit (ou à cause) des vicissitudes de son histoire, cette patiente – cent ans après l'Emma de Freud – représente également un modèle métapsychologique de la théorie de la séduction, plus précisément de son aspect temporel, l'après-coup. De plus, l'évolution de son analyse semble donner raison au propos de Freud (1937) : « L'étiologie traumatique offre à l'analyse l'occasion de loin la plus favorable... »[1] N'est-ce pas la valeur des après-coups et ainsi des remaniements possibles qui a été facteur de changement ? Ceci confirmerait son point de vue optimiste (1939) concernant le traumatisme et son « effet positif... »[2]. Ainsi de traumatisme en traumatisme dont le travail analytique a permis la reprise élaborative, la fonction de liaison a finalement triomphé de la répétition mortifère.

L'hystérique, par définition, a la capacité de tout sexualiser : aussi, d'un point de vue économique, il transforme en trauma ce qui ne serait pour d'autres qu'une expérience douloureuse ; mais cette capacité le soumet également à la répétition. Réactualiser sur la scène transférentielle ses traumatismes infantiles est bien le moyen de les métaboliser ; tout se passe comme s'il lui fallait les « remettre sur le divan » pour « s'en remettre »[3], grâce à l'après-coup hystérisant que représente la situation analytique : c'est l'excitation traumatique ainsi produite qui la dynamise. Ce n'est pas seulement en favorisant la remémoration qu'agit la psychanalyse, c'est en insérant celle-ci dans un cadre organisateur ; car si l'effet d'après-coup tel qu'il apparaît dans le temps de la cure s'avère bénéfique – quelle que soit sa part traumatique –, c'est parce qu'il a pu venir prendre place dans l'histoire réorganisée du patient au sein de la relation transféro-contre-transférentielle. Donner sens à des comportements répétitifs ou à des événements qui sans cela seraient restés en suspens, va permettre la remise en circulation de la force et de l'efficacité des représentations figées dans les impressions traumatiques : ainsi les fantasmes originaires pourront-ils trouver ou retrouver leur fonction structurante. L'hystérie préjudiciable pour le Moi et ses objets qu'elle épuise – hystérie traumatique à laquelle le patient devra renoncer – évoluera alors vers une hystérie plus tempérée qui s'apparente à celle de la bonne santé[4]...

1. L'analyse avec fin et l'Analyse sans fin (1937), in *Résultats, idées, problèmes.*
2. S. Freud, in *L'homme Moïse et le monothéisme,* 1939.
3. F. Brette, Du traumatisme et de l'hystérie « pour s'en remettre », in *Quinze études psychanalytiques sur le temps. Traumatisme et après-coup,* Toulouse, Privat, 1982, p. 41-54.
4. *Ibid.*

L'hystérie : une libido en crise face à la différence des sexes

Jacqueline SCHAEFFER

L'hystérie ne peut s'entendre, se comprendre, sans référence à une théorie de la libido. Il est d'ailleurs impossible, qu'il s'agisse de conversion ou de névrose, de parler du symptôme sans inférer la théorie psychopathologique qui permet de rendre compte de ce que l'on observe. On ne peut se contenter d'une description clinique. Les théories cognitivistes et comportementalistes sont débordées par l'hystérie. Je dirai même que les théories de la relation d'objet, si elles sont coupées ou clivées de la théorie pulsionnelle, sont insuffisantes à en rendre compte.

HYSTÉRIE ET LIBIDO

La théorie freudienne à laquelle nous nous référons et que nous développons, du moins en France, est une théorie de la pulsion, de la libido, et du conflit qu'elle pose au moi. Elle postule un trajet : celui d'une excitation interne inévitable, qui, depuis sa source corporelle jusqu'à son but qui est la recherche de satisfaction, se psychise en devenant pulsion[1]. Si l'excitation ne parvient pas à se psychiser en pulsion, ou si la pulsion se dégrade en excitation, nous assistons à l'émergence de troubles dits « psychosomatiques », à des pathologies addictives, à des agirs, etc.

1. S. Freud (1933), Sur le trajet de la source au but, la pulsion devient psychiquement active (*Nouvelles conférences d'introduction à la psychanalyse*, Paris, Gallimard, « Connaissance de l'inconscient », 1984).

L'hystérie se situe au plus proche de l'expérience que nous avons de la pulsion sexuelle, et de ses caractéristiques essentielles, à savoir :

— être une attaque interne ;
— être à la fois effractrice et nourricière[1] ;
— se manifester par une poussée constante[2] ;
— et avoir pour nature, selon Freud, de ne jamais être satisfaite[3].

Elle est un état de perception permanente de la poussée constante de la pulsion sexuelle et de la violence qu'elle fait au moi, mais aussi aux objets introjectés.

Elle est une tentative d'organisation labile, instable, toujours sur une ligne de crête, en menace de chute vers la crise. Elle incarne l'émergence de l'affect, le mouvement de structuration de la sexualité humaine, l'envahissement par les effracteurs nourriciers que sont la poussée constante pulsionnelle, la scène primitive, la différence des sexes et la création du féminin.

L'affection hystérique témoigne des avatars du trajet de la transformation de l'excitation en libido. Elle est sensible à l'ébranlement qui signe tout état de crise, qu'il soit celui de la naissance, de l'adolescence, de la vie amoureuse, du vieillissement ou de tout autre changement existentiel, qui tous ont affaire à l'angoisse.

HYSTÉRIE ET ANGOISSE

L'angoisse, c'est le signal de l'apparition de la poussée constante de la pulsion sexuelle dans le moi. Le moi « n'est pas maître en sa demeure ». Envahi par la libido, il la ressent comme un « corps étranger interne ». Dès les origines de la vie, le moi est obligé à l'angoisse, parce qu'il n'a pas le choix : *c'est ce qui l'effracte qui va le nourrir.* La poussée constante de la libido est le premier effracteur nourricier du moi. Le fait que la pulsion pousse constam-

1. Selon les termes de C. Goldstein, s'étayant sur la première définition conceptuelle de la pulsion, selon Freud (Maîtrise de la pulsion ou maîtrise par la pulsion ?, *Revue française de psychanalyse*, 1995/3, Paris, PUF), et repris par J. Schaeffer (*Le refus du féminin* (*La sphinge et son âme en peine*), Paris, PUF, 1997*a*).

2. S. Freud : « La pulsion... n'agit jamais comme une force d'impact momentanée, mais toujours comme une force constante » (1915*a*, Pulsions et destins des pulsions, *Métapsychologie*, Paris, Gallimard, 1958). « Une force constante... (à laquelle) l'individu ne peut pas se soustraire par la fuite... C'est de cette poussée qu'elle tient son nom de pulsion » (1933, *op. cit.*).

3. S. Freud (1912) : « Aussi étrange que cela paraisse..., l'on devrait envisager la possibilité que quelque chose dans la nature même de la pulsion sexuelle ne soit pas favorable à la réalisation de la pleine satisfaction » (« Sur le plus général des rabaissements de la vie amoureuse ». Contributions à la psychologie de la vie amoureuse, *La vie sexuelle*, Paris, PUF, 1970, p. 60).

ment, alors que le moi est périodisé, lui impose, dit Freud, une « exigence de travail ». C'est ainsi que le moi se différencie du ça, que l'excitation devient du pulsionnel, que la génitalité humaine se différencie de la sexualité animale, soumise au rut et à l'œstrus, et se transforme en psychosexualité à poussée constante, fait humain majeur.

Dans l'hystérie, il se produit un envahissement du moi par de grandes quantités de libido et d'affects, tel que les représentations psychiques ne peuvent plus être élaborées par la seule voie psychique, mais tentent de le faire dans la relation avec l'autre ou par la conversion dans le corps. Dans un corps érotisé, psychisé, et non dans un corps somatique. Là est la différence avec la crise somatique qui est une non-élaboration ou une désélaboration psychique.

Si j'ai utilisé précédemment la métaphore du rubis[1] (Schaeffer, 1986), c'est parce que le rouge est la couleur que le rubis rejette et exhibe à la fois, tandis qu'il absorbe toutes les autres couleurs du prisme. Et c'est pour désigner le type de défense du moi de l'hystérique, violenté par la libido, qui consiste à mettre en avant, à exhiber le sexuel lui-même pour s'en défendre. Comment penser le paradoxe de ce destin de pulsion, de cette défense contre la pulsion, contre l'érotique, qui se présente sous les traits de la pulsion, de l'érotique même ? Cette ruse du moi qui agresse avec ce qui l'agresse, avec ce qui est étranger, haï, à savoir l'excitation pulsionnelle elle-même ?

L'hystérie de conversion

L'hystérique accroît en permanence son niveau d'excitation pulsionnelle, et entretient donc l'excès, l'*ubris*. Lorsque son trajet de la source au but rencontre des obstacles, une répression interne ou externe, ne permettant pas le développement ou l'expression de la pulsion libidinale, il se produit des « crises ». A la différence des affections somatiques, ces crises sont des manifestations d'une libido en souffrance[2] (Schaeffer, 1998).

Il se produit un phénomène d'innervation dans le corps d'un conflit, d'un conflit sexuel, par le biais d'un scénario fantasmatique entièrement inconscient. Une représentation mentale inconciliable, intolérable est refoulée dans l'inconscient, mais au moment même où elle disparaît dans le psychisme, elle s'inscrit, elle se convertit dans le corps. Ce saut du psychique au corporel a un caractère énigmatique. Mais, contrairement aux affections dites psychosomatiques, on peut en retrouver, par la voie des associations, par la méthode psychanalytique, le trajet fantasmatique et symbolique. Une crise hystérique a du

1. J. Schaeffer (1986), Le rubis a horreur du rouge, in *Le refus du féminin* (1997*a*), *op. cit.*
2. J. Schaeffer (1998), Crise d'hystérie : libido en crise, *Maladies à crises II, Revue française de psychosomatique,* n° 13, Paris, PUF.

sens, elle est un *rêve incarné* : on y trouve les mêmes mécanismes de condensation, de déplacement, de symbolisation et de déguisement par la censure. Le symptôme a un sens symbolique pour le sujet, à la fois exhibé et dissimulé.

L'attaque, comme les phénomènes de conversion, réalise une abolition de l'angoisse par la répression de l'affect, par la « belle indifférence ». Nous y reviendrons à propos des modalités du refoulement.

La relation hystérique

La défense dominante de l'hystérique est celle du *jeu.* Celui-ci est une manière d'apprivoiser la pulsion, car c'est elle qui est ressentie comme dangereuse, et non l'objet, qui n'en est que le médiateur. Tout le travail de l'hystérie va consister à amener ce danger pulsionnel sur un autre terrain, un terrain de jeu, qui pourra être :

— soit le corps propre, dans les phénomènes de conversion ;
— soit une autre personne, dans la relation hystérique ;
— soit des représentations substitutives déplacées et projetées à l'extérieur sur des animaux, objets ou situations, dans les phobies.

Même s'il utilise l'expression érotique, ce jeu peut être de vie ou de mort, s'il est mû, coûte que coûte, par une nécessité de cohésion narcissique, de lutte antidépressive.

Dans la relation hystérique, le sujet utilise son corps et ses réactions affectives pour constituer ce terrain de jeu où il va entraîner ses partenaires. Il a besoin de créer un théâtre, pour dramatiser, pour mettre en scène l'angoisse et jouer avec elle, pour exhiber et exacerber ses affects, pour provoquer et séduire le partenaire ou le public afin de tenter d'évacuer ou de traiter l'excitation pulsionnelle trop envahissante.

Le jeu avec l'angoisse :
la dramatisation et l'exacerbation affective

Déjà en 1894[1], Freud considère l'angoisse comme un phénomène de conversion, et plus tard, en 1926, dans *Inhibition, symptôme et angoisse*[2], il définit les états d'affects comme des analogon, des équivalents d'accès hystériques.

1. S. Freud (1894), Les psychonévroses de défenses, *Névrose, psychose et perversion,* PUF, 1973.
2. S. Freud (1926), *Inhibition, symptôme et angoisse*, Paris, PUF, 1968.

Par son jeu avec l'angoisse, l'hystérique maintient une mise en tension permanente, il provoque le drame, frôle la chute pour retrouver à nouveau l'état tensionnel. Il rejoue et répète l'effroi, le traumatisme venu du dehors, pour nier l'origine interne de la poussée constante pulsionnelle. Il sollicite les regards et capte les réactions de son entourage par la dramatisation et l'avidité affective.

Par cette régression formelle à la figuration, il donne à voir un organisme en état de détresse, d'impuissance, d'immaturité, débordé par un excès d'excitations. Bref, il répète une situation traumatique, mais en agissant sur l'entourage pour ne plus se laisser surprendre, pour maîtriser le trauma. Il se crée un théâtre, pour être en éternelle « répétition ».

A partir de 1920[1], Freud lie le problème de la répétition à la compulsion de répétition, « au-delà du principe de plaisir ». Il le pose par rapport à une satisfaction qui a manqué ou n'a pu avoir lieu, à l'attente vaine et à la déception. Pour rendre compte de ce type de répétition de l'insatisfaction, Freud envisage trois hypothèses :

— on se venge sur l'autre de ce qui a été subi ;
— on s'efforce de lier et maîtriser rétroactivement des excitations qui ont fait effraction dans le moi, grâce à une préparation par développement d'angoisse ;
— on tente d'annuler l'expérience traumatique, ou de « compléter une expérience passive par un comportement actif ».

Freud évoque le jeu des enfants, dont le célèbre « jeu de la bobine » de son petit-fils, pour dire : « En même temps qu'il passe de la passivité de l'expérience à l'activité du jeu, l'enfant inflige à un camarade de jeu le désagrément qu'il avait lui-même subi et se venge ainsi sur la personne de ce remplaçant. » C'est ce que va faire l'hystérique avec ses partenaires de jeu.

Il s'agit donc de répéter une *effraction excitante* par la réactivation d'une expérience associée à la passivité, à l'impréparation, face à une agression ou à une attente déçue, afin de l'annuler ou de la compléter.

C'est alors, en 1926, que Freud théorise la production par le moi d'une *angoisse-signal*, à la fois attente et répétition atténuée du trauma, à la manière d'un vaccin, mais aussi comme déplacement actif du trauma ou d'un danger pulsionnel sur une situation de danger extérieur contre laquelle le sujet peut se défendre. Une telle situation évolue en chaîne jusqu'à l'angoisse de castration, laquelle permet de focaliser l'angoisse et de déclencher l'opération de refoulement.

L'hystérique réalise un développement d'angoisse sans signal d'angoisse efficace, lequel arrêterait la crise. On peut dire que l'hystérique joue à se faire

1. S. Freud (1920), Au-delà du principe de plaisir, *Essais de psychanalyse*, Paris, Payot, 1981.

peur, entretient et accroît l'érotisation du danger, joue avec l'angoisse comme le petit-fils de Freud avec sa bobine, seule façon de garder un désir sous tension. Pour jouer cette maîtrise, il a besoin du corps, du regard de l'autre. Il s'impose à lui dans un rôle de victime, dénonce ce qu'on a fait de lui, met sa pulsion dans l'autre afin de l'en rendre responsable, lui fait ressentir, subir et prendre en charge le préjudice qu'il estime avoir subi.

L'hystérique tient à son angoisse au point d'avoir *peur d'oublier d'avoir peur.*

HYSTÉRIE ET REFOULEMENT

On est allé jusqu'à parler d'« érotisation du refoulement » chez l'hystérique[1] (Widlöcher, 1973), alors qu'il est censé être un processus à visée désexualisante.

Quel est le destin du refoulement dans un psychisme qui accroît en permanence son niveau d'excitation pulsionnelle et celui de son entourage ?

Dans la conversion

La crise hystérique désignerait ce moment où l'excès pulsionnel ne pouvant plus être géré par le jeu relationnel, le jeu avec l'angoisse et les identifications, il adviendrait que les manifestations corporelles entrent dans la danse.

Dans l'attaque, où l'incorporation de l'excitation passe dans l'innervation du corps érotique, on pourrait dire que *le refoulement se dépsychise, passe à l'acte.* Dans la conversion, la répression se met de la partie : l'affect est réprimé dans une « belle indifférence », réalisant une forme de « refoulement réussi ». Le moi réagit comme si le symptôme n'appartenait pas à son psychisme. Le symptôme conversionnel est complice du refoulement.

La conversion hystérique peut être définie comme le résultat d'une exigence considérable de travail psychique en vue de transformer les excitations en matériel psychique. Mais ce trajet est entravé par le télescopage avec des fantasmes et des émois infantiles incestueux et agressifs interdits, induisant une régression réversible à un point de fixation corporel. La libido a la capacité de se muter en énergie d'innervation. Le corps érotique est alors sollicité, dans sa capacité de symbolisation primitive, préverbale, là où les représentations-choses ne sont pas encore liées aux représentations de mots. Les contractures de la

1. D. Widlocher (1973), Condensation et régression dans l'attaque d'hystérie, *Revue française de psychanalyse,* 3/1973, Paris, PUF.

conversion, les postures d'agitation et les attitudes passionnelles de l'attaque retrouvent le niveau de « protolangage » d'un corps primitif[1] (McDougall, 1989). Le corps, mis en lieu et place de la pulsion, désigne ses sources et fait appel au but et à l'objet tout en s'en défendant par la condensation auto-érotique.

Le symptôme de conversion, comme ceux de la relation hystérique, sont orientés vers autrui, et permettent au sujet d'agir en toute innocence sur cet autrui.

Dans la relation hystérique

Le sujet se sert de l'investissement de ses objets pour *investir « contre »*, pour contre-investir ses motions pulsionnelles, dégageant ainsi la responsabilité de son moi.

Par ses mises en scène traumatiques, il tente de recréer en permanence les conditions de possibilité d'un *refoulement constamment mis en échec*... Mais il se produit un cercle vicieux : l'échec du refoulement nécessite le recours à des objets externes pour le relancer, et la précarité, la labilité de ce recours entraînent la répétition incessante des opérations de refoulement, ce qui mobilise une intense dépense énergétique.

Ainsi l'hystérique, de par sa « solution sexuelle »[2] (Khan, 1974), apparaît comme un grand consommateur de partenaires, car il s'agit à travers eux de refouler ce qui, de la sexualité infantile, tend constamment à revenir à la conscience.

L'hystérie, disait Lacan, « c'est le désir de l'autre ». Disons plutôt que c'est le *contre-investissement du* et *par le désir de l'autre*.

Le refoulement secondaire s'avère donc déficient, chez l'hystérique, qui refoule trop parce qu'il refoule mal. Il est donc toujours en danger de crise, de rupture de conditions de refoulement.

La question du contre-investissement. L'emprunt

Il a été dit que le contre-investissement de l'hystérique était inexistant, ou alors « non mental »[3] (Jeanneau, 1985).

La définition du contre-investissement, si l'on utilise les métaphores guerrières de Freud, c'est l'occupation militaire d'un territoire, dans le but

1. J. McDougall (1989), *Théâtres du corps*, Paris, Gallimard.
2. M. Khan (1974), « La rancune de l'hystérique ». Aux limites de l'analysable, *Nouvelle Revue de psychanalyse*, n° 10, Paris, Gallimard.
3. A. Jeanneau (1985), L'hystérie. Unité et diversité, *Revue française de psychanalyse*, 1/1985, Paris, PUF.

d'empêcher le retour d'un occupant indésirable, c'est-à-dire de maintenir le refoulement. Se pose alors la question : quel est l'objet du contre-investissement ?. Ce peut être une représentation, une situation, un comportement, un trait de caractère, etc.

Si un refoulement ne peut être maintenu sans contre-investissement, en quoi consisterait alors un contre-investissement « non mental » ?

Dans l'hystérie, dit encore Freud, le contre-investissement « *se cramponne* avec ténacité à un objet déterminé, sans atteindre le niveau d'une disposition générale du moi[1] » (laquelle caractérise la névrose obsessionnelle).

Ce cramponnement, ce recours nécessaire à un objet externe, comme lieu du retour du refoulé et du contre-investissement, nous le voyons opérer à travers la dramatisation, l'exacerbation affective, la séduction, la jalousie. La motion pulsionnelle est mise dans l'autre, non pas au sens d'une projection destinée à expulser un contenu, dans l'urgence de s'en débarrasser, mais dans le but d'utiliser une autre topique, celle qui permet la connaissance et la méconnaissance propres au refoulement.

Dans l'hystérie et la phobie, Freud parle d'un « contre-investissement tourné vers l'extérieur ». L'extérieur, chez l'hystérique, c'est l'autre. Et, dans la conversion, l'autre c'est le propre corps de l'hystérique qui est utilisé comme corps étranger, « bel indifférent » à sa psyché, et corps étrange pour l'autre, lui imposant énigme et défi.

Ce que l'hystérique ne cesse de mettre en scène dans son entourage, c'est une *quête de contre-investissements.* Et c'est cette quête permanente qui constituerait précisément le *mode de contre-investissement* de l'hystérique, par l'*emprunt* qu'il fait du corps, de la libido, du sexe de l'autre. Il les utilise en effet comme champ de manœuvre pour exercer les désinvestissements et contre-investissements nécessaires au refoulement, dégageant ainsi la responsabilité de son moi.

C'est grâce à l'identification hystérique (nous la développerons plus loin), que ce contre-investissement extérieur va pouvoir se dégager de l'objet réel et être réintégré à l'intérieur de la psyché, dans les limites du moi.

HYSTÉRIE ET DIFFÉRENCE DES SEXES

Freud décrit le développement de la psychosexualité au travers de trois couples : un couple d'opposés, l'actif/passif ; un couple par tout ou rien, le phallique/châtré ; et enfin, un couple de différence et de complémentarité : le

1. S. Freud (1926), *op. cit.*, p. 86 (souligné par moi).

masculin/féminin, qu'il situe au moment de la puberté. Mais, en 1937[1], il remet ce dernier en question. Un quatrième couple surgit : bisexualité/refus du féminin *dans les deux sexes.*

Il importe de noter que tout autant le nouveau couple que chacun des termes de ce couple, pris séparément, renvoient à une *négation de la différence des sexes* :

— d'une part, le *refus du féminin*, le fameux « roc » selon Freud, est refus de ce qui dans la différence des sexes se révèle être le plus étranger, le plus difficile à cadrer dans une logique anale ou phallique : le sexe féminin ;
— d'autre part, autant la *bisexualité* psychique a un rôle organisateur au niveau des identifications, particulièrement les identifications croisées du conflit œdipien, autant le fantasme de bisexualité, comme la bisexualité agie, constituent une défense vis-à-vis de l'élaboration de la différence des sexes au niveau de la génitalité et de la relation hétérosexuelle. C'est cette défense par la bisexualité que nous décrirons, plus loin, dans l'hystérie.

Il semble donc que l'accession à la distinction des sexes ne constitue pas une plate-forme de stabilité et de sécurité, et qu'il soit pertinent de prétendre que ce que Freud désigne comme roc, c'est celui de la différence des sexes.

J'ai soutenu l'idée que c'est un « travail du féminin », et un « travail du masculin » qui assurent l'accès à la différence des sexes et son maintien, toujours conflictuel, et qui donc contribuent à la constitution de l'identité psychosexuelle. Celle-ci reste cependant instable, car il s'agit d'un travail constant, et constamment menacé de régression à l'opposition actif-passif ou au couple phallique-châtré, qui soulagent tous deux le moi en « exigence de travail » face à la poussée constante de la pulsion sexuelle[2] (Schaeffer, 1997*b*).

Si, comme le dit Simone de Beauvoir, « on ne naît pas femme on le devient », je dirais que le « féminin » pas plus que le « masculin », au niveau génital, ne sont chose acquise, comme le dit Freud, au temps de la puberté, lors de la réalisation des premiers rapports sexuels, mais sont une conquête incessante, liée à la poussée constante libidinale.

En effet, ce ne sont ni les transformations corporelles ni l'excitation sexuelle vécues au moment de la puberté qui élaborent la différence des sexes masculin-féminin au niveau de l'appareil psychique. Les rêveries de pénétration constante des adolescentes pourront y préparer. Il faudra attendre cependant, comme la femme l'attendra, l'amant de jouissance pour que le « fémi-

1. S. Freud (1937), L'analyse avec fin et l'analyse sans fin, *Résultats, idées, problèmes*, II, Paris, PUF, 1985.

2. J. Schaeffer (1997*b*), Mal-être dans la sexualité, *Le mal-être (angoisse et violence). Débats de psychanalyse,* Paris, PUF.

nin » génital soit arraché au corps de la femme. Il y aura là véritablement une expérience de différenciation sexuelle, de création du « féminin », comme du « masculin ». C'est ce qui donne enfin au moi la possibilité d'introjecter selon la poussée constante pulsionnelle *dans* la sexualité[1] (Schaeffer, 1997*a*).

La scène primitive hystérique

L'hystérique demeure fixé au conflit œdipien, à l'angoisse de la différence des sexes, à celle de la castration, et donc se fige aux limites de ce niveau de différenciation du féminin et du masculin.

Il *provoque et met en crise la différence des sexes.* Il n'interroge ni le masculin ni le féminin, mais leur *rapport,* et toute son excitation et sa quête passionnée vont porter sur l'énigme de la différence des sexes, de la relation hétérosexuelle, et sur le secret du désir génital. Le sentiment qu'il s'y passe quelque chose qui lui échappe, qu'il guette et à quoi il ne peut donner sens, l'excitation qu'il en ressent, son sentiment douloureux d'en être exclu, provoquent en lui une haine intolérable de la scène primitive.

Cette exacerbation du conflit œdipien le maintient donc fixé ou régressé à l'opposition en tout ou rien de la phase moniste phallique, donc à une *scène primitive entre deux personnages dont l'un est phallique et l'autre châtré,* et réciproquement.

Le conflit identificatoire, le non-affrontement de l'épreuve effractive et nourricière de la différence des sexes, mettent en crise l'*identité sexuée* de l'hystérique. Le monde se partage davantage entre possesseurs et dépourvus de pénis, entre puissants et impuissants, entre forts et faibles qu'entre hommes et femmes sexués. Il doute constamment, sur le plan psychique, d'être un homme ou une femme. Il se perçoit davantage phallique ou châtré, face à un autre perçu soit comme châtré ou châtrable, soit comme phallique puissant et le menaçant de castration. Il prend donc au pied de la lettre la théorie sexuelle de Freud du monisme phallique, du pénis universel.

La défense hystérique contre l'épreuve de la différence des sexes s'exprime corporellement par le conflit entre *une sexualité infantile hyperérotisée et auto-érotique et une sexualité génitale contre-investie,* haïe, marquée cliniquement de frigidité, d'anesthésie et d'inhibition. Toutes les zones prégénitales sont phallicisées, tandis que la zone génitale demeure inexistante ou châtrée. Dans l'hystérie de conversion, c'est le corps-phallus tout entier ou certaines parties du corps qui incarnent ce phénomène d'érection et de chute d'un organe phallique hyperinvesti, celui du monisme de la phase phallique.

1. J. Schaeffer (1997*a*), *op. cit.*

Hormis la grande attaque de convulsion, et tous les phénomènes de conversion, transitoires ou durables, qui ressortent du domaine pathologique, l'hystérie désigne aussi bien le débordement passionnel de la « crise de nerfs » banale, qu'un certain type de personnalité et de mode de relation qui se manifeste par la dramatisation, l'érotisation permanente, le jeu avec l'angoisse, la séduction et la jalousie.

Le jeu de la séduction :
« un enfant séduit un adulte »

Chez l'hystérique, le jeu de la séduction est à comprendre comme une double *parade*, au double sens du mot, à savoir au sens d'une exhibition et au sens d'une stratégie défensive, à la fois anti-érotique et antidépressive.

Il va tenter de mettre à l'extérieur, de projeter sur un objet externe, le caractère d'attaque interne de sa pulsion. Pour cela, il met en scène le fantasme originaire de séduction de l'enfant par l'adulte, en utilisant le double retournement. Il est l'enfant qui séduit un adulte, et qui, pour se défendre du traumatisme d'une séduction pulsionnelle effractive, désorganisant son moi, provoque par sa séduction l'irruption de la pulsion dans l'autre, qu'il peut alors davantage contrôler.

Tout se joue dans l'entre-deux de l'effracteur nourricier de la différence des sexes. Le deuxième temps de la menace de castration, lié à la perception de la différence anatomique, donne sens après coup à la menace et aux dangers liés aux émois incestueux et hostiles. Ceux-ci sont dès lors frappés d'interdit, ce qui organise le complexe d'Œdipe, le refoulement secondaire et la formation du surmoi, gardien de la période de latence. Un deuxième après-coup a lieu lors de l'éveil pubertaire. Un émoi sexuel lié à un événement *représentatif* cette fois, et non plus perceptif, donne associativement un sens sexuel à une scène ou à un fantasme contemporains de la période de latence, levant le refoulement de la sexualité infantile.

C'est la levée de l' « innocence » de cette sexualité infantile qui constitue le traumatisme chez l'hystérique. C'est ce sens sexuel surgi dans la surprise, menace venue de l'intérieur, « corps étranger interne », qui désorganise la psyché du fait de son impuissance à le contenir, à le décharger et à le représenter.

L'hystérique adulte nie et refuse cet après-coup pubertaire qui fait de lui-même le lieu de l'excitation sexuelle haïe, pour rester dans l'entre-deux du diphasisme, dans le « sexuel-présexuel » (Freud), en maintenant le statut de son « innocence ». Il se veut traumatisé par une sexualité qu'il situe au-dehors, qui n'a pas encore de sens. Il ne parvient donc pas à réélaborer le premier effracteur nourricier qu'est la poussée constante de la pulsion sexuelle, et va donc buter sur l'épreuve du deuxième effracteur nourricier qu'est la différence des sexes, et son exigence de travail psychique.

Il projette alors ce sexuel sur le corps de l'autre, en le séduisant, en le provoquant et en suscitant son désir. Il pourra subir alors la réaction de l'autre comme une surprise, un attentat et un viol. C'est à l'abri du refoulement qu'il séduit, comme un enfant séduit un adulte, en toute belle innocence. La « confusion de langue »[1] (Ferenczi, 1932), entre langage érotique et langage de la tendresse, dont il s'estimait la victime, il la retourne à son profit. En effet, il exige que son discours érotique ne soit entendu que comme un appel de tendresse, de même que tout message de tendresse doit être reçu sur le mode érotique. Ainsi le reproche peut en être fait à celui qui l'entend ainsi. Exemple : « Tu m'aimes, c'est que tu ne me désires pas. Tu me désires, c'est que tu ne m'aimes pas... » La déception est le but ultime de la séduction.

Le jeu de la jalousie : « il court il court, le furet »

Ce couple séduction-déception renvoie à un autre couple, réel celui-là, et « fauteur d'excitations » (Freud). A savoir, le couple des parents qui a provoqué la déception œdipienne, lequel renvoie aussi après coup à un couple plus précoce, celui qui s'origine au moment où la mère s'absente et quitte le corps de son enfant pour redevenir amante. C'est alors que la mère se constitue comme première séductrice, davantage que par les soins maternels, comme le dit Freud. En effet son absence suscite dans le corps de son enfant une intense excitation, que celui-ci ne peut lier et contre-investir qu'à travers elle. Le traumatisme, c'est à la fois le trop d'excitations et le défaut de pare-excitations. Le fantasme de scène primitive ne s'élabore pas alors dans son caractère à la fois effracteur et nourricier, et sa fonction antidépressive, mais conserve son potentiel traumatique.

On peut supposer que c'est ce défaut de mise en forme représentative par la mère de l'excitation que provoque son manque qui est à l'origine de l'exacerbation affective de l'hystérique. Celui-ci, à qui la sexualité a fait revivre, à travers tous les après-coups, la déception et la souffrance de la perte d'amour et de l'abandon, va tout faire pour séparer le couple. Il va séduire l'un, séduire l'autre, jouer l'un contre l'autre. Il va tenter répétitivement d'élaborer la souffrance de l'abandon par le jeu de la jalousie. Il s'agit d'exciter le partenaire, en excitant l'autre de ce partenaire, de maintenir en permanence

1. S. Ferenczi (1932), Confusion de langue entre les adultes et l'enfant, *Œuvres complètes,* t. 4, Paris, Payot, 1982.

la tension érotique entre les trois partenaires d'une scène primitive maîtrisée par un enfant.

Par cette agression érotisée, l'hystérique *agit sur la scène primitive* excitante et haïe, en « faisant des scènes », et en les provoquant dans son entourage. Si le jeu jaloux échoue, l'hystérique est floué dans son rôle de « fauteur d'excitations ». Ainsi, Dora[1] gifle M. K... quand il lui dit : « Ma femme n'est rien pour moi », répétant la parole paternelle... Elle signifie par là l'importance que Mme K... et sa mère ont pour elle, mais aussi que, si elle n'est plus dans le circuit érotique du couple, jouant du fantasme de sa bisexualité, elle n'a plus de sexe et n'est plus rien pour personne. C'est alors que son hystérie échoue à colmater le vide et l'incertitude de son identité sexuée. Le risque est alors celui de perte d'objet. La dépression signe la chute de la défense hystérique et de la coexcitation libidinale[2] (Brette, 1982).

L'hystérique retrouve alors la situation de détresse de l'enfant abandonné, envahi par une excitation inélaborable. D'où la nécessité de faire courir le furet de l'excitation de l'un à l'autre, pour maintenir le désir sous tension, son propre désir et celui de l'autre. Et pour exister...

HYSTÉRIE ET FÉMININ

On sait que le terme d'hystérie vient du terme grec qui signifie *utérus*. Dans un passé lointain, puisqu'il remonte aux papyrus égyptiens d'il y a quatre mille ans, la théorie psychopathologique était une « théorie utérine », qui a bravé le temps (jusqu'au XIXe siècle) : celle d'un utérus balladeur, animal autonome, avide et asséché qui errait à l'intérieur du corps de la femme à la recherche d'humidité et de satisfaction sexuelle, comprimant les organes, provoquant la suffocation. L'idée de bête hantait encore les esprits à l'époque de Charcot, puisque Freud lui-même, en 1888, a utilisé à propos de l'hystérie, le terme de « bête noire » (en français). Cette affection est restée la « bête noire » des médecins, comme elle l'a été en l'espèce, du démoniaque, pour les religieux de l'époque de la « chasse aux sorcières » au Moyen Age et jusqu'au XVIIIe siècle. Cette « bête noire », symbole de la provocation et de l'énigme du désir féminin n'évoque-t-elle pas une autre expression de Freud, celle de « continent noir » ?

1. S. Freud (1905), Fragment d'une analyse d'hystérie (Dora), *Cinq psychanalyses*, Paris, PUF, 1973.
2. F. Brette (1982), Du traumatisme... et de l'hystérie « pour s'en remettre », *Quinze études psychanalytiques sur le temps*, Toulouse, Privat.

Mais pourquoi le féminin, et non la femme ?

L'hystérie est un mode de réponse névrotique à la question de la différence des sexes et à l'énigme du féminin. Son jeu érotique vise à la recherche de l'identité sexuelle. Elle n'a de sens que dans le rapport de la position phallique au féminin et au refus du féminin.

Je définis le « féminin » au sens conceptuel de *l'un des termes d'une différence qui se construit, et qui est paradigmatique de toutes les différences : la différence des sexes.*

A la différence de l'opposition en tout ou rien de la position phallique, on ne peut parler du seul féminin en le dissociant du masculin. Il s'agit d'un couple de différence et de complémentarité, qui se construit mutuellement.

Ainsi, je n'utilise pas ce terme au sens d'un *féminin originaire*[1]. Ma conception s'écarte tout autant de la notion winicottienne d'un « élément féminin pur », que de celle d'un « élément féminin impur »[2] (André, 1999), tous deux référant à un « originaire », qui ne se situe donc pas au niveau de l'avènement de la différence des sexes masculin-féminin pour le sujet, mais au temps des identifications au maternel ou au féminin sexuel de la mère. J'opterai pour les termes de *réceptivité*, du côté des soins, ou de *passivité*, du côté de la séduction maternelle. Mais je réserve le terme de « féminin » au temps de l'épreuve d'altérité de l'effracteur nourricier de la différence des sexes, inaugurée dans le conflit œdipien, mais qui se réalise pleinement dans la relation sexuelle de jouissance. C'est lorsque cette épreuve a eu lieu qu'il n'y a plus d'énigme du féminin.

Si Freud, en 1937, face aux difficultés et échecs rencontrés dans le travail analytique, a éprouvé la nécessité de théoriser un nouvel écueil, un « roc », un Scylla après le Charybde de la pulsion de mort, celui du « refus du féminin », c'est, à mon sens, une forme de repentir, une manière de réintroduire du sexuel, de restituer à la pulsion sexuelle la capacité démoniaque qu'il lui avait ôtée, de lui redonner la même polarité disruptive qu'à la pulsion de mort.

Pourquoi le féminin ?

Pour tenter d'y répondre, j'ai formulé[3] (Schaeffer, 1997*a*) plusieurs hypothèses.

1 / Une première : c'est du côté du « féminin » (comme de toutes les « solutions pulsionnelles »)[4] (Goldstein, 1995), que se retrouve le plus inévita-

1. Comme le fait Jacques André (1995, *Aux origines féminines de la sexualité*, Paris, PUF).
2. J. André (1999), L'élément féminin impur, *Clés pour le féminin (femme, mère, amante et fille)*, « Débats de psychanalyse », Paris, PUF.
3. J. Schaeffer (1997*a*), *op cit.*
4. C. Goldstein (1995), *op. cit.*

blement ce qui définit contradictoirement la pulsion sexuelle : d'être *à la fois ce qui nourrit et effracte le psychisme* .

Et c'est la difficulté de théoriser ce sexuel féminin-là, par l'inévitable poussée constante de grandes quantités libidinales qui inspire à Freud la notion d'un « refus du féminin » indépassable, sous l'aspect de l'envie du pénis ou du refus de la passivité homosexuelle.

Ce que Freud, en effet, ne théorise pas, c'est ce qu'il en est des grandes quantités d'excitation non liées lorsqu'elles sont admises dans le moi sans effraction traumatique, sans sidération du moi, c'est-à-dire avec une effraction nourricière. C'est là que se situe le pôle de l'introjection des grandes quantités libidinales coûte que coûte, dont le féminin libidinal génital est une des formes de réalisation. C'est là que se situent également les « angoisses de féminin ». Les théories freudiennes de l'angoisse ne permettent pas de penser le « féminin ».

Et pourtant, Freud, toujours plein d'intuitions, n'écrivait-il pas à Fliess, en novembre 1899 : « Je ne sais encore quoi faire de la +++ féminine, ce qui me rend méfiant à l'égard de tout l'ensemble ? »

2 / Deuxième hypothèse : ce fameux « roc », le refus du féminin, est refus de ce qui dans la différence des sexes s'avère *le plus étranger et le plus difficile à cadrer dans une logique anale ou phallique,* à savoir le sexe féminin. Un sexe invisible, secret, étranger et porteur de tous les fantasmes dangereux. Il est inquiétant pour les hommes parce qu'il leur renvoie une image de sexe châtré qui leur fait craindre pour leur propre sexe, mais surtout parce que l'ouverture du corps féminin, sa quête de jouissance et sa capacité d'admettre de grandes quantités de poussée constante libidinale les angoisse.

3 / Troisième hypothèse : Freud induit, par ce terme de « roc », un point de vue pessimiste sur la sexualité, et qui désigne, sans le dire explicitement, aussi bien *l'impuissance* sexuelle que celle de l'analyste à y remédier.

En effet, Freud estime que la femme en resterait rivée à son envie du pénis – ce qui n'est pas faux, pour une part –, et l'homme à son angoisse homosexuelle d'être pénétré.

Je dirai qu'il s'agit, dans les deux cas, d'une *défense prégénitale* contre l'angoisse de pénétration génitale. Celle d'un *vagin pénétré* ou *à pénétrer* par un pénis libidinal. Il s'agit donc bien encore de la différence des sexes, au niveau de la relation sexuelle elle-même.

J'ai différencié un « refus du féminin », roc dépassable, qui cède et va vers l'ouverture, celle qui est nécessaire à la pénétration, et un « refus du féminin », roc indépassable, qui ne négocie pas, fermeture coûte que coûte au pulsionnel et à l'étranger, et qui conduit à la frigidité dans les deux sexes.

Le refus du féminin de l'hystérique

C'est la défense phallique du moi que l'hystérique surinvestit pour se défendre de l'épreuve de la différence des sexes, infiltrée par la haine de la scène primitive. Il provoque la différence des sexes, pour à la fois tenter de comprendre son mystère, et l'attaquer. La relation sexuelle est contre-investie par la mise en scène des trois fantasmes originaires vécus sur le mode de la sexualité infantile : une scène primitive sadique, une séduction traumatique d'un enfant par un adulte abuseur, et un fantasme de castration réalisé dans l'acte sexuel.

Le « refus du féminin » en est l'expression symptomatique, et mène cliniquement à la frigidité. L'angoisse de castration du petit garçon devient, chez l'homme hystérique, refus d'identification au maternel ou au féminin sexuel de la mère, châtré et dangereux, et, conséquemment, refus du féminin de la femme, par angoisse d'une castration réalisable dans la pénétration, dans l'orgasme, et par angoisse incestueuse et de perte du moi dans la jouissance sexuelle. L'envie du pénis de la petite fille, sa relation passionnelle à sa mère, entraînent, chez la femme hystérique, refus de la pénétration de l'homme, infiltrée de fantasmes d'intrusion prégénitale, de viol, de destruction des organes internes, d'angoisses d'éclatement du moi dans l'explosion orgasmique, de folie, de destruction ou de disparition du moi dans la jouissance. Elle utilise sa « féminité » de parade et de séduction soit pour provoquer soit pour protéger l'homme de son angoisse de castration, mais surtout pour contre-investir son « féminin », tout intérieur. La non-élaboration de la différence des sexes contamine le pénis de l'homme de la toute-puissance d'une mère phallique et dangereuse.

L'hystérique femme ne peut donc se soumettre alors ni à sa poussée constante libidinale ni à la domination libidinale d'un amant de jouissance, car elle le perçoit comme un abuseur qui exerce sur elle une emprise fécalisante, visant à l'humilier et à la châtrer. Elle s'en défend donc en devenant soit la victime, investissant son masochisme moral, soit en devenant elle-même la castratrice. Sa frigidité s'exprime en termes de : « Tu ne m'arracheras rien ! », elle investit donc l'arrachement, mais celui-ci est assimilé à une castration. Et elle fait un engin de combat de son orgasme : « Tu n'es pas capable de me l'arracher ! »

La péjoration du féminin

Si l'hystérie a de tous temps provoqué la médecine et l'ordre social, c'est parce qu'elle touche au sexuel, à la différence des sexes, et à l'énigme du féminin. La femme hystérique exhibe l'ouverture du corps et du moi aux grandes quantités de libido, la quête de jouissance, le désir de chute et la résistance contre ce désir de chute. La crise hystérique est à la fois quête de féminin et « refus du féminin ». C'est une libido en crise, et un féminin en crise.

La haine de la différence des sexes et de la scène primitive s'exprime dans la relation hystérique par la « crise de nerfs », la dramatisation, l'érotisation permanente, le jeu avec l'angoisse, la séduction et la jalousie. Et c'est parce que ces particularités se rencontrent très souvent chez la femme que, dans le langage courant, le terme d' « hystérique » rencontre une certaine *désignation péjorative du féminin,* perçu comme excessif, mal organisé, gouverné par le sexuel et l'affectif.

Ces figures renvoient à l'énigme d'une féminité qui se dérobe et ne se saisit que négativement. Lorsqu'une personne exagère, par excès ou défaut, une norme de son sexe et devient une caricature de femme, ou d'homme, pas assez femme ou trop femme, ou homme-femme, on lui applique le label d' « hystérique », manière de porter sur elle un regard qui se veut médical.

Il n'y a pas d'hystérie masculine

L'hystérie n'est pas sexuée, elle n'est *ni féminine ni masculine,* car elle bute précisément sur l'épreuve de la différence des sexes, et la difficulté d'intégrer un féminin qui ne peut se définir qu'en tant qu'absence de sexe ou de sexe « châtré ». Aussi bien chez la femme que chez l'homme, elle est une exaspération de ce que la conflictualité de la différence des sexes impose au féminin.

Les crises d'hystérie qui se produisent chez les hommes témoignent d'un conflit d'identification féminine, à la femme ou à la mère, insoluble par la seule voie psychique.

Il n'y a donc pas d'hystérie masculine, mais une *hystérie chez l'homme.*

Du temps de la Salpêtrière, Charcot insistait sur les manifestations de l'hystérie chez les hommes, et Freud, le voyant sautiller en marmonnant : « Mais c'est toujours la chose génitale, toujours, toujours », s'étonnait : « Puisqu'il le sait, pourquoi ne le dit-il jamais ? »

HYSTÉRIE ET INSATISFACTION

L'hystérie est également proche du pulsionnel, de par son « désir de désir insatisfait ».

A la différence du besoin qui peut être satisfait par une action dite « spécifique », appropriée, la pulsion *ne connaît pas la satisfaction.* C'est pourquoi elle se ballade, comme on le disait de l'utérus, comme l'hystérie, d'un but à l'autre, d'un objet à l'autre.

C'est la poussée constante libidinale qui définit l'humain, et le désir. Si la pulsion venait à être satisfaite, par l'arrêt du défilement incessant des quanta d'affect le long des chaînes de représentations, « un peu comme une charge électrique à la surface des corps »[1], pourquoi continuerait-elle à pousser ?

L'hystérique pulsionnalise son moi à tel point qu'il ne lui permet pas de se déclarer « satisfait ». C'est le moi qui se déclare satisfait d'un acte sexuel, d'un objet d'amour ou de sublimation. La catégorie de satisfaction appartient donc au moi, et non à la pulsion[2].

Les tentatives de satisfaction

Le petit enfant n'a comme premiers moyens psychiques, pour parer à l'état de tension de l'excitation constante pulsionnelle, que ses activités auto-érotiques et ce que Freud nomme la « satisfaction hallucinatoire du désir », qui ne reproduit plus une « action spécifique », mais une « expérience de satisfaction », c'est-à-dire un « ressenti comme satisfaction ». Il s'agit d'un écart, d'une première différenciation entre besoin et pulsion, prélude à l'épreuve de réalité « seulement dedans-aussi dehors » décrite par Freud. La fonction maternelle, à la fois excitante et pare-excitante, y contribue, fournissant les premiers contre-investissements de la « censure de l'amante »[3] (Braunschweig, Fain, 1975).

Ce que reproduira, répétera le tout petit enfant, ce ne seront donc jamais que des *tentatives de satisfaction,* hallucinatoire ou auto-érotique, premières ébauches de l'exigence de travail psychique auquel le soumet la poussée constante pulsionnelle. Freud fera le même trajet théorique concernant le rêve et le symptôme hystériques : tous deux après avoir été donnés comme accomplissement de désir sont ensuite considérés en tant que « tentatives » d'accomplissement de désir, travail psychique, résultat d'un conflit, d'un compromis ou d'une censure, puis travail de liaison. L'écart entre l'évitable et l'inévitable, entre la satisfaction et la tentative de satisfaction, entre le besoin et la pulsion signe la mesure de l'exigence de travail psychique.

Le « désir de désir insatisfait »

1. S. Freud (1894), *op. cit.*
2. Je me différencie ici de la thèse de Paul Denis, qui fait de la satisfaction un des deux formants de la pulsion (1997, *Emprise et satisfaction*, Paris, PUF, « Le Fil rouge »).
3. D. Braunschweig, M. Fain (1975), *La nuit, le jour. Essai psychanalytique sur le fonctionnement mental,* Paris, PUF.

La crise et le mode de relation hystériques se situeraient à ce point du trajet de la pulsion où l'hallucinatoire et l'auto-érotique expriment au moyen du corporel et de la relation affective, non pas le besoin d'un objet de satisfaction mais une quête d'extase pulsionnelle psychique. *L'hystérique investit l'insatisfaction, donc le pulsionnel, le désir*, et non l'excitation du besoin à satisfaire par l' « action spécifique ». Il se donne, dans la crise, dans la dramatisation, dans les jeux de séduction et de jalousie, un objet halluciné, dont le désir exacerbé par le manque s'exprime sur le mode auto-érotique.

La répétition de l'insatisfaction c'est, dans le langage érotique de l'hystérique, le « désir de désir insatisfait », auquel il reste fixé. La régression topique orale figure ce désir qui ne peut et ne doit pas être assouvi, puisque la satiété, la satisfaction supposée atteinte supprimeraient le désir et la tension. L'hystérique entretient donc un désir insatisfait et une éternelle déception, qu'il retourne activement et hostilement contre son partenaire, en se refusant à son désir. Il jouit ainsi d'un double désir insatisfait : le sien et celui de l'autre. Au féminin, on qualifie cette personne d' « allumeuse ».

Ce « désir de désir insatisfait » vise et attaque également la scène primitive enviée et haïe : la rencontre sexuelle ne peut être objet de satisfaction, elle doit toujours être un échec.

HYSTÉRIE ET MASOCHISME

On conçoit que la pulsion étant par nature impossible à satisfaire, il soit nécessaire d'avoir recours à l'organisation d'un noyau de *masochisme primaire érogène*, investissant la capacité du moi à soutenir l'insatisfaction, à tolérer la poussée constante pulsionnelle.

L'hystérique, par l'investissement de la fonction d'insatisfaction du moi, investit donc son masochisme.

Les femmes hystériques de conversion se sont rendues insupportables, obscènes, parce qu'elles se livraient à l'exhibition d'un masochisme effréné, possédées à travers leurs symptômes, jouissant et souffrant à la fois, frigides et réclamant de la jouissance. Elles incarnaient l' « énigme » et le « scandale » du masochisme. « Ce qui exprimait l'angoisse humaine servait impudiquement à exhiber le plaisir »[1] (Jeanneau, 1985).

Le masochisme de l'hystérique

1. A. Jeanneau (1985), *op. cit.*

Chez la femme, il prend l'aspect d'un *masochisme érotique féminin* (Schaeffer, 1997*a*)[1], c'est-à-dire d'une demande féminine qui s'adresse à l'homme : celle de l'abus de pouvoir d'un maître, qui arrache la défaite et la jouissance. Mais il s'agit d'un leurre et d'un défi, car l'hystérique, nous l'avons vu, ne peut se soumettre à un homme, ressenti d'emblée comme abuseur et castrateur.

Il s'agit, en fait, pour les deux sexes, d'un *« masochisme féminin »,* tel que Freud l'a décrit en tant que perversion chez certains hommes qui utilisent, pour obtenir un plaisir orgastique, des fantasmes concernant le « féminin » et les souffrances qui peuvent lui être infligées.

Il se manifeste par des fantasmes d'une vie sexuelle féminine érotique ou maternelle souffrante : « subir le coït ou accoucher », d'un féminin équivalent à « être castré », puis d'un féminin assimilé à l'infantile maltraité : « être bâillonné, attaché, battu douloureusement, fouetté, forcé à une obéissance inconditionnelle ». On retrouve là le fantasme d'*Un enfant est battu*[2], et son utilisation onaniste. Et enfin, d'un féminin « fécalisé » : « être souillé, abaissé ».

Ce qui est érotisé auto-érotiquement porte donc davantage sur des fantasmes de masochisme moral féminin.

C'est également par *masochisme moral* que les femmes hystériques se prêtent à la haine du féminin. Elles exhibent leur féminin tout en le refusant. Elles se maltraitent et se font maltraiter.

Ce qui, en effet, est le plus choquant pour le moi est la condition de la jouissance. C'est là le message de l'hystérique. Elle s'arc-boute, elle s'offre et se refuse à la fois à la pénétration, elle veut et ne veut pas, elle veut qu'on la force, mais l'homme, pris d'angoisse de féminin, se replie sur des positions d'ordre scientifique, moral et religieux. Il la force ailleurs, la torture, l'enferme. L'hystérique questionne donc la frigidité masculine.

Sa provocation sexuelle suscite des réponses de mépris, de rejet et de rétorsion. C'est ainsi que les femmes hystériques, à travers les âges, se sont offertes comme proie à tous les manipulateurs d'utérus, à tous les exorcistes, etc.

On peut cependant dire que son noyau de masochisme érogène primaire est fonctionnel puisque la régression ne va pas jusqu'à la lésion corporelle, comme il se produit dans la maladie somatique. La crise hystérique reste psychique, même si elle utilise le corporel (le « moi corporel » ?). Les symptômes corporels, souvent fort graves, ne s'originent dans aucune étiologie organique, et peuvent disparaître sans laisser de trace et aussi mystérieusement qu'ils sont advenus.

1. J. Schaeffer (1997*a*), *op. cit.*
2. S. Freud (1919), *op. cit.*

HYSTÉRIE ET IDENTIFICATIONS

Nous l'avons dit, ce n'est pas l'utérus qui se ballade, c'est la libido. Lorsque l'hystérie ne se ballade pas avec trop de complaisance au travers de symptômes corporels invalidants, ou de relations d'objet intolérables, elle est signe de vitalité de la libido. C'est lorsqu'elle se fixe, se fige, qu'il peut y avoir danger.

Ce qui caractérise particulièrement la mobilité de l'hystérie, ce sont les phénomènes d'identification.

L'identification hystérique

L'identification est un processus du moi inconscient, un « mode de penser », dit Freud. Chez l'hystérique, elle va être, à l'abri du refoulement, un mode de penser l'identité sexuelle et la relation à l'objet sexué.

A propos du symptôme névrotique, Freud[1] décrit une identification partielle qui peut, par régression, prendre la place du choix d'objet, introjecter l'objet aimé dans le moi, ce qui ne la distingue pas du processus général de l'identification, substitut du renoncement ou de la perte.

Mais c'est à propos de l'*identification à la personne haïe* que Freud précise : « C'est le mécanisme complet de la formation du symptôme hystérique. » Il l'attribue à la seule petite fille (Freud, à cette époque, a un important déni de toute position hostile du petit garçon vis-à-vis de sa mère ; seul le courant tendre peut les unir). Par son symptôme, elle se substitue hostilement à sa mère pour réaliser dans son fantasme l'inceste avec le père. La cure de Dora en est une illustration.

Donc, l'hystérique *s'identifie contre.*

Il s'agit d'une identification paradoxale : au lieu d'avoir pour but de « désexualiser » la relation aux objets incestueux, en leur retirant tout investissement érotique, et en transformant la libido d'objet en libido narcissique, elle va être utilisée comme *théâtre du sexe,* pour maintenir une relation érotique et éviter le deuil avec ces objets primaires.

Ainsi, dans la cure d'une patiente, il apparaît que son symptôme, un lumbago, a pour sens et effet fantasmatique – à travers son propre corps immobilisé et souffrant – de priver sa fille d'une relation incestueuse, dont elle est la rivale

1. S. Freud (1921), Psychologie des foules et analyse du moi, *Essais de psychanalyse,* Paris, Payot, 1981.

exclue. En effet, sa fille, qui vient d'avoir ses premières règles, se conduit comme une vamp vis-à-vis de son père, et provoque sa mère en disant qu'elle va prendre la pilule. La patiente est angoissée. Non seulement en identifiant sa fille à elle-même, elle lui interdit, par son lumbago, toute relation sexuelle, mais, en s'identifiant à sa fille, elle se punit également elle-même d'une relation avec un amant, qui, par association aux règles et aux provocations de sa fille, est devenue incestueuse par rapport à son propre père.

Il s'agit donc d'une étrange identification, à rebours, pourrait-on dire, car le symptôme n'est pas celui qu'elle emprunterait à sa fille pour se mettre à sa place, mais celui qui, de par la communauté érotique, doit produire en fantasme ses effets dans le corps de sa fille. Ainsi elle réalise un double « désir de désir insatisfait » : le sien et celui de sa rivale œdipienne.

L'identification hystérique se fait au désir d'un autre, rival envié et détesté, et comme ce désir ne saurait être comblé, on se prive soi-même (évoquons le rêve de la « spirituelle bouchère »[1]). Désirer être l'autre, c'est en même temps désirer l'éliminer. C'est la composante agressive de l'identification « contre » qui fait que l'érotisation persiste dans l'insatisfaction, dans le désir de désir insatisfait. Encore faut-il que l'autre soit pourvu et enviable, pour qu'on puisse s'identifier à lui. A travers la mise en scène par le corps et ses figurations, l'hystérique cherche dans les identifications ce qui échappe au pulsionnel et ce qui relève de lui.

Ces identifications hystériques multiples, labiles, contradictoires, témoignent de l'*échec de l'identification hystérique primaire*[2] (Braunschweig, Fain, 1975). Celle-ci permet à l'enfant d'organiser l'excitation provoquée par l'abandon et le désinvestissement de sa mère quand elle redevient amante, en transformant cette excitation du pulsionnel érotique, par identification au corps de sa mère, et en l'orientant vers un objet séducteur. Cette régression à l'identification hystérique primaire permettrait alors de retrouver la « gérance » du préconscient maternel[3] (Marty, 1990), lequel aurait dû organiser la connexion entre représentations de mots et de choses, fournir les contre-investissements nécessaires au débordement pulsionnel, et garantir l'équilibre des fantasmes originaires qui régissent le fonctionnement mental en général, sexuel en particulier...

La mère de l'hystérique aurait-elle mal assuré, pour son enfant, le passage d'un corps à corps trop érotisé à la relation verbalisée ? Ou bien y a-t-il eu « confusion de langue » trop précoce, haine des mots d'une mère trop sexuelle ?

1. S. Freud (1900), *L'interprétation des rêves*, Paris, PUF, 1973.
2. D. Braunschweig, M. Fain (1975), *op. cit.*
3. P. Marty (1990), *La psychosomatique de l'adulte*, PUF, « Que sais-je ? ».

Si l'identification hystérique précoce a été insuffisamment réussie, le premier après-coup œdipien, et le second après-coup pubertaire vont redonner son sens traumatique à cet échec et nécessiter la répétition pour lier et maîtriser rétroactivement l'effraction, pour compléter ce qui a manqué ou est resté inachevé.

L'identification hystérique – identification *contre* – qui maintient l'investissement à l'objet, est aussi un investissement *contre,* un contre-investissement. Elle représente le niveau le plus évolué, le plus mentalisé de la défense hystérique. Comme dans la parabole du rubis, l'hystérique refoule le pulsionnel insupportable en contre-investissant le haï, c'est-à-dire en s'identifiant au rival, mais contre lui.

Cependant, chez l'hystérique, il ne s'agit que d'un *mouvement* introjectif, un moment intrapsychique, qui ne se maintient pas car il n'aboutit pas à un véritable processus introjectif, permettant l'indépendance et le renoncement par rapport à l'objet externe. Cette instabilité nécessite à nouveau la projection du conflit sur un objet externe, ou sur un objet interne sans cesse réextériorisé. Et ce cycle est incessant.

Ce cycle remet d'ailleurs en question l'opposition entre intrapsychique et intersubjectif, car son instabilité menace toujours la projection et l'identification hystériques d'être ramenées à un processus d'identification projective.

Identification hystérique et identification projective

L'identification hystérique est un processus *intrapsychique*, inconscient, qui reste inclus dans les limites du moi et dans le jeu auto-érotique du sujet. Autrui est utilisé pour permettre l'expression pulsionnelle et son contre-investissement. Le partenaire réel peut rester totalement ignorant de ce qui lui est emprunté. Son altérité n'est pas mise en question.

Ce qui n'est pas le cas de ce que M. Klein a désigné sous le terme d'identification projective. Il s'agit là d'un processus *intersubjectif,* et non seulement intrapsychique, où autrui n'est plus utilisé comme théâtre du jeu pulsionnel, mais comme lieu de projection en vue d'expulsion, de contrôle, mais aussi de confusion et d'indifférenciation. Le partenaire peut réellement ressentir, au sens d'une perception, qu'il est capté, contrôlé, sous emprise du sujet, sauf à dénier et refuser cette perception. Il se sent utilisé et manipulé comme un objet partiel, nié dans son altérité.

Chez l'hystérique, il peut y avoir utilisation de ces deux modes d'identification. En effet, l'identification hystérique « normale », pourrait-on dire, celle qui devrait aboutir à un processus introjectif, à une indépendance introjective par rapport à l'objet extérieur, est en échec et nécessite que le sujet « passe à l'acte », soit dans le symptôme corporel, soit dans un comportement et des conduites sollicitant autrui, virant à la projection hystérique.

La projection hystérique

Cette notion est à différencier de l'identification projective, laquelle est également une projection.

L'identification projective vise à expulser des parties du self clivées et des objets partiels, vécus comme destructeurs et persécuteurs, *dans* l'autre, pour en prendre possession et le contrôler de manière omnipotente, afin à la fois d'établir et d'effacer les limites entre lui et le sujet. Elle vise à projeter et expulser *dans* l'autre *un des termes du conflit*, pour détruire ce conflit, du fait de l'impossibilité d'élaborer l'ambivalence pulsionnelle.

Tandis que la projection hystérique vise à projeter non plus *dans* mais *sur* autrui le conflit lui-même, le lieu même du conflit, et à la limite, son point d'émergence possible, dans le but de l'élaborer. La projection de type névrotique, la séduction hystérique par exemple, est celle d'un contenu *conflictuel,* insupportable parce que trop excitant, érotique, œdipien, concernant des personnes totales, différenciées. Autrui est contrôlé pour méconnaître le conflit en soi, maintenir à travers lui le refoulement et le provoquer à agir en tant que lieu du retour du refoulé. Son altérité n'est pas mise en cause par le sujet.

Cette projection hystérique constituerait donc un chaînon entre la projection névrotique de type freudien, qui expulse des affects et des représentations méconnus ou refusés, et l'identification projective au sens de M. Klein. L'extension qu'y ont apportée Bion et les néo-kleiniens, dans le sens d'une identification projective normale, structurante, passant par la rêverie maternelle et sa fonction de transformation, la rapprocherait de ce que je nomme la projection hystérique.

Chez l'hystérique, le cycle introjection-projection est incessant : projection par dramatisation et séduction, introjection partielle par identification hystérique.

L'emprunt

Freud utilise, à propos de l'identification hystérique, le terme d'emprunt : « L'identification, dit-il, est... partielle, limitée, et n'emprunte qu'un seul trait à la personne objet. »[1]

Un emprunt, c'est autre chose qu'une appropriation, qu'une captation. L'hystérique ne prend rien, ne garde rien, il embrasse trop pour bien étreindre. Il cherche l'identification dans la communauté érotique. Son défaut d'assimilation est le fait d'une *difficulté d'introjection.* La notion d'emprunt implique une dimension temporelle, et maintient en suspens le devenir de ce qui est emprunté, le destin de la dette. Un emprunt, cela permet aussi tous les jeux de va-et-vient fantasmatique, tous les détours de la « mauvaise foi ». Il n'est que de se souvenir de l'emprunt d'un certain chaudron[2].

Ce processus d'emprunt est l'agent d'un *cycle de projection-introjection,* dont les deux termes constituent : le contre-investissement et l'emprunt proprement dit.

La contagion psychique

L'hystérique veut être comme l'autre, qu'il soit désirable ou haï.

Les manifestations dites de « personnalités multiples » (modifiées dans le DSM-4 en « troubles dissociatifs identitaires »), dont on a constaté l'épidémie aux États-Unis, ne doivent pas être confondues avec des troubles de l'identité, car il s'agit de phénomènes d'identifications multiples. L'épidémie, la contagion psychiques, lorsqu'elles ne se produisent pas dans une communauté de projection paranoïaque d'idéal du moi sur un leader, signent l'identification dans la communauté érotique hystérique. Rappelons-nous les possédées de Loudun, les convulsionnaires du cimetière de Saint-Médard. Évoquons de nos jours les transes, les concerts rocks, le phénomène Diana, etc.

C'est l'hystérie qui rend possible l'existence des miracles, des guérisseurs, des voyantes et des médecines parallèles, reposant sur la suggestion. L'*hypnose*, loin d'être une découverte moderne, appartient à la préhistoire de la psychanalyse, et cette dernière est née des déconvenues des résultats inconscients de l'hypnose. C'est l'hystérie qui a permis de comprendre l'hypnose, et non l'inverse. Celle-ci n'a plus de mystère aujourd'hui.

Une patiente me raconte tous les symptômes que lui provoquent les séances, et se plaint qu'elle doive ensuite aller consulter soit un gynéco, soit un dermato, soit un phtisiologue, etc. Elle dit se sentir tout à coup en train de se paralyser sur le divan. « Que feriez-vous si je ne pouvais plus me lever de votre divan ? », provoque-t-elle. Je vous dirais : « Lève-toi et marche ! » Ma réponse l'a fait éclater de rire.

1. S. Freud (1924), *op. cit.*
2. S. Freud (1905*b*), *Le mot d'esprit et ses rapports avec l'inconscient,* Paris, Gallimard, 1930, p. 99 et 342.

L'hystérie s'est également baladée au gré des phénomènes de mode. « Maladie de la passion », disait un psychiatre de la fin du XVIIe siècle (Baglivi), protéiforme, elle s'est parée au cours des siècles des couleurs de la civilisation qui l'entourait. Les symptômes se sont modifiés en fonction de l'attente de la société, conditionnés par les goûts, les mœurs et la religion de chaque époque. On a valorisé successivement, au cours du temps, les convulsions généralisées, le *globus hystericus,* les évanouissements et les arrêts de la respiration. Les manifestations changeaient principalement selon la conception de l'idéal féminin. Au XIXe siècle, où celui-ci était de délicatesse et de vulnérabilité, les femmes s'évanouissaient avec grâce, avaient leurs « vapeurs », et respiraient des sels, persistance ironique et distinguée des émanations utérines et des odeurs destinées à faire redescendre « l'animal ». Aujourd'hui on parle de « spasmophilie », de « souvenir d'abus sexuels retrouvés », de « personnalités multiples ». Ce qui se modifie, c'est le discours sur les troubles, et non le phénomène.

HYSTÉRIE ET BISEXUALITÉ

Les fantasmes de bisexualité chez l'hystérique témoignent de ses conflits d'identification à l'un ou à l'autre des personnages de la scène primitive, celle-ci étant marquée de prégénitalité phallique, donc intolérable, blessante et haïe.

C'est parce que l'hystérique a peur du sexuel, et ressent de la haine pour la différence des sexes et la scène primitive, qu'il a recours à des symptômes qui incarnent ou mettent en scène une bisexualité manifeste, laquelle est à la fois une *stratégie auto-érotique et défensive.*

Dans son article « Les fantasmes hystériques et leur relation à la bisexualité »[1], Freud décrit l'attaque d'une femme hystérique qui, d'une main arrache ses vêtements et de l'autre les retient contre elle, exprimant corporellement à la fois la lutte entre la pulsion et la défense, la représentation agie d'une scène sexuelle, où elle figure les deux partenaires des deux sexes, mais aussi la mise en scène de la séduction traumatique d'un enfant par un adulte.

Elle incarne dans un unique corps à la fois l'homme agresseur, la femme violée, l'échec du rapport sexuel, le désir d'insatisfaction, la jouissance œdipienne interdite, la séduction traumatique de l'abus sexuel, le tiers exclu ou le tiers séparateur, l'expression sexuelle infantile des fantasmes originaires, etc.

1. S. Freud (1908), Les fantasmes hystériques et leur relation à la bisexualité, *Névrose, psychose et perversion,* Paris, PUF, 1973.

Ce fantasme de bisexualité, cette condensation de fantasmes, lui permettent à la fois de jouir de la scène primitive et de l'attaquer.

L'objet sexuel qu'elle réclame et refuse à la fois, elle se l'offre dans l'hallucinatoire, avec un introject œdipien. La scène primitive haïe, elle se la donne auto-érotiquement dans l'attaque en la mimant, mais il s'agit davantage d'une scène sexuelle entre deux personnages dont l'un est phallique et l'autre châtré. Cela lui permet de faire l'économie des deux effracteurs nourriciers que sont la différence des sexes et l'expérience de pénétration par l'amant de jouissance[1] (Goldstein, 1995 ; Schaeffer, 1997*a*). Elle « s'envoie en l'air » toute seule avec sa pulsion. *Elle chute.* Sa chute condense fantasmatiquement la défaite du moi sous la violence pulsionnelle, le désir de chute sexuelle adressé au père-maître, ou celui de lui donner un enfant (« tomber enceinte »), le désir de le châtrer (la détumescence), mais aussi la perte de l'objet libidinal (« il ou elle l'a laissé tomber »).

La femme hystérique « cherche un maître sur lequel elle puisse régner », disait Lacan. Il s'agit encore d'une logique anale ou phallique. Si l'homme est estimé trop puissant, donc abuseur et castrateur, elle s'organise autour du préjudice, victime revendicante. S'il est jugé impuissant, donc châtré, elle s'engage dans des activités réparatrices, ou bien elle tient le rôle de l'homme pour réhabiliter « le trône et l'autel en danger ». Ainsi elle peut avoir l'illusion et donner l'illusion de satisfaire ses tendances bisexuelles, alors qu'il s'agit de mouvements marqués davantage par les oppositions actif-passif, et phallique-châtré, d'avant la puberté, que par la complémentarité masculin-féminin qu'elle hait et refuse.

L'hystérique n'est pas bisexuel

Il provoque et attaque la différence des sexes, en jouant la bisexualité. Il est en fait *phallique et châtré à la fois*. Et c'est ce qui peut rendre la femme hystérique fascinante pour l'homme, mais aussi constituer une menace pour son pénis, et provoquer son irritation ou sa haine. Ce caractère phallique et châtré à la fois incarne superbement la séduction narcissique que Freud prête aux femmes, aux chats et aux grands animaux de proie...

L'hystérique met en scène une pseudo-bisexualité, défensive par rapport à l'épreuve de la différence des sexes. Il dévoile ainsi ses *difficultés introjectives*, celles qui étayent les identifications structurantes de l'identité sexuelle, et l'édification d'un surmoi interdicteur de l'inceste et protecteur du moi. La mise

1. C. Goldstein (1995), J. Schaeffer (1997*a*), *op cit.*

en scène agie de la bisexualité est précisément le signe d'un échec de l'intégration d'une bisexualité psychique, au niveau des identifications croisées du complexe œdipien permettant de s'affranchir des objets primaires réels, et d'accéder à une latence préparant l'après-coup pubertaire. Elle sert donc la défense par négation et refus de l'affrontement de l'épreuve de la différence des sexes dans la relation sexuelle génitale.

HYSTÉRIE ET TRANSFERT

On a enfermé les femmes hystériques parce qu'elles faisaient peur, parce qu'elles fascinaient et choquaient, parce qu'elles exhibaient du sexuel et du féminin dans leur aspect le plus excessif.

Tout ce spectacle s'adressait plus particulièrement à des hommes, dans un mouvement que Freud nommera par la suite le « transfert ».

L'érotisme et la demande d'amour des femmes en crises d'hystérie ont été continuellement « fécalisés », traités de « grossières sollicitations charnelles ». Seul Freud y a repéré l'inlassable créativité de transferts, incessamment renouvelés[1]. Il a eu le mérite de cesser de regarder leur infatigable spectacle ou de les toucher, pour les écouter et les aider à mettre en représentations les fantasmes séquestrés dans leur corps.

La fonction de représentation. *« Un théâtre en quête d'auteur »*

Si l'hystérique emprunte la libido de la personne haïe et enviée, ce n'est pas uniquement pour des besoins pulsionnels et défensifs, ceux du contre-investissement. S'il fait de l'autre le théâtre de ses affects, c'est aussi pour en faire le lieu et l'agent de la représentance de sa vie pulsionnelle.

En effet, le refoulement permanent entretient la dissociation entre l'affect et la représentation, de même qu'entre la représentation de mots et la représentation de choses. Le recours à l'objet extérieur, l'échec du refoulement, la nécessité de refouler sans arrêt des motions pulsionnelles insuffisamment déformées, l'intense dépense énergétique, tout cela s'exerce au détriment de la

1. S. Freud (1905), *op. cit.*

qualité, de la valeur fonctionnelle de la chaîne représentative, et du bon fonctionnement du *préconscient*.

On peut supposer que si l'hystérique sait si bien utiliser la « représentance » de ses affects, son « savoir affectif »[1] (David, 1982), c'est pour mieux déléguer à l'autre la fonction de représentation. Car c'est au niveau de la représentation que se détermine la qualité de l'affect. Charcot nommait l'hystérie : « La maladie par représentation ». Je dirai qu'elle est aussi une maladie *de* la représentation.

L'hystérique est *en représentation* permanente, mais par et pour qui ? Son théâtre est d'autant plus animé que ses possibilités de symbolisation sont pauvres. Si ses capacités de figurabilité sont riches, et les images à sa disposition proches de l'hallucinatoire, quelle en est la valeur économique, fonctionnelle ? De telles figurations, imprégnées de projection, hypercondensées, sont insuffisamment déplacées pour permettre un bon fonctionnement de son préconscient. L'exacerbation affective, l'excès de condensation ne renvoient-ils pas, comme la vivacité sensorielle des images du rêve ou du souvenir-écran, au silence de la représentation ?

C'est alors de la psyché de l'autre que l'hystérique attend. C'est à travers elle qu'il *se donne à « interpréter »,* comme le symptôme de conversion se donne à diagnostiquer, défiant la neurologie, ou encore comme le récit du rêve, déformé par la censure, avec le défi apparent que les processus primaires imposent à la logique, au temps, à la certitude et à la réalité extérieure. Il attend de l'autre qu'il lui fournisse cette enveloppe, ce « contenant » qu'est la représentation pour donner forme à son trop-plein d'affects, qu'il lui offre des représentations de mots aptes à se connecter avec des représentations de choses par trop condensées.

La demande affective, la « solution sexuelle » sont en fait une *quête de représentations.* C'est pourquoi l'hystérique est tellement déçu quand on lui répond par du sexuel, ou même de l'affectif, signe qu'on ne l'a pas entendu au niveau de son préconscient. Il induit en permanence la « confusion de langue », du fait d'une demande qui ne doit pas être satisfaite, du désir de désir insatisfait. Et le cycle recommence...

La cure analytique

La psychanalyse, faut-il le rappeler, est née de l'hystérie, puisque c'est une hystérique, Emmy von N..., décrite par Freud, dans les *Études sur*

1. C. David (1982), Souffrance, plaisir et pensée : un mixte indissociable, *Souffrance, plaisir et pensée,* Paris, Les Belles Lettres, « Confluents psychanalytiques ».

l'hystérie, voici un siècle, qui a inventé la situation analytique. « Ne bougez pas ! ne dites rien ! ne me touchez pas », a-t-elle intimé à Freud. Ce que nous nommons aujourd'hui le cadre analytique était prêt à naître, lequel consiste à mettre à l'écart toute sensorialité et motricité, et à écouter, derrière lui, les associations libres d'un patient étendu. Mais ce que cette patiente instaurait également c'est un *interdit du toucher*, moyen de violence physique ou de séduction, sollicitant ainsi, pour se protéger de ses désirs et des désirs de l'autre, l'interdit œdipien de l'inceste et du parricide, double prohibition sur laquelle, on le sait, se fondent la culture et la société humaine, de tous temps et en tous lieux.

L'hystérie inclut le regard et les affects de l'autre, c'est-à-dire le transfert et la réponse par le contre-transfert. Il se sert de l'autre à la fois pour masquer et révéler ce qui est frappé par le refoulement. Dans la rencontre analytique, c'est par son mode d'être et de relation, parce qu'il sollicite directement notre contre-transfert, qu'il est immédiatement repérable. Il nous informe aussitôt de lui-même, autant par la méconnaissance que crée en lui le refoulement, que par le trop de reconnaissance qu'il suscite en nous.

Le cadre de la cure est un terrain privilégié – de par sa mobilisation pulsionnelle et son interdit au voir et à l'agir – pour la mise en scène hystérique, pour la mise en jeu de la pulsion et des moyens que le moi met en œuvre pour s'en défendre ou l'accepter et s'en enrichir. La cure produit une *« hystérisation de transfert »,* au sens ou de bonnes capacités d'hystérisation sont nécessaires à l'admission de la pulsion dans le moi, et à l'ouverture à l'étranger incarné par l'analyste.

L'introjection pulsionnelle reste, à mon sens, le but de la cure psychanalytique, comme des autres formes de thérapies. Il importe en effet de savoir si une somatose s'achemine vers une hystérisation ou vers une plus grande désorganisation. Dans la thérapie, la reprise de sens d'une crise sans sens est, me semble-t-il, assimilable à un procès d'hystérisation secondaire.

Notre thèse est que plus le moi admet de pulsion sexuelle en son sein, plus il est riche, et mieux il vit.

CONCLUSION

L'hystérie de conversion n'a pas disparu aujourd'hui. Les manifestations critiques classiquement appelées hystéro-épileptiques sont restées fréquentes tout au long du XXe siècle. Elles ne sont pas liées, comme on le croit trop souvent, à des conditions culturelles. Les situations d'enfermement et de répression psychique, le « refus du féminin » existent dans toutes les cultures (familles, prisons, couvents, service militaire, sociétés répressives, états totalitaires, intégrismes religieux, sectes, etc.).

Cette affection n'a pas bonne réputation. De tous temps, les hystériques ont irrité les neurologues qui ne trouvent pas de substrat organique aux diverses manifestations qu'ils observent[1] (Lepastier, 1996). Les examens, les recherches de sclérose en plaques, d'atteintes du système nerveux central, s'avèrent vains.

Ainsi, une femme sur chaise roulante, venue de province, est envoyée à la Salpêtrière pour des examens très sophistiqués, car son affection ne relève d'aucune étiologie compréhensible. Cette femme, intelligente et très contrôlée, s'occupe précisément d'une association de myopathes. On se résout à appeler un psychanalyste. L'entretien se déroulant dans un climat positif, cette femme en vient, sans dissimuler sa crainte d'un trop d'émotion, à parler de son enfance, des crises épileptiques de sa sœur qui la privaient, elle-même, de l'attention maternelle, et de ses cauchemars d'enfant. Puis, elle évoque sa stérilité, et les traitements subis. Au moment enfin où on allait peut-être lui permettre de réaliser son désir d'enfant, par une FIV, nous dit-elle, elle est « tombée », et ne s'est plus relevée... Espérons que cette femme aura pu profiter de l'ébranlement de sa libido pour la remettre en circulation...

L'hystérie s'exprime au moyen de tant de paradoxes, anatomiques, physiologiques, comportementaux, relationnels, qu'elle défie toute classification scientifique positiviste. Dans la psychiatrie critériologique, l'entité « hystérie » a disparu des DSM successifs et se retrouve éclatée sous les termes de « troubles dissociatifs identitaires » ou « somatoformes », de « personnalités hystrioniques », ou de « stress post-traumatique », tous évacuant totalement la dynamique sexuelle et interpersonnelle.

Même si la conversion a cessé d'être le paradigme essentiel en psychopathologie, l'hystérie reste néanmoins l'organisation de base du psychisme humain, la névrose de base. La sexualité humaine est de structure hystérique. Tous les humains sont confrontés à l'hystérie, de même qu'aux affections somatiques.

Le véritable tabou, le véritable « roc », ce n'est donc pas le féminin mais la *différence des sexes,* laquelle est une épreuve de réalité effractrice et nourricière coûte que coûte pour le moi, et qui tend le plus souvent à se désélaborer vers le phallique ou l'anal, tous deux négateurs de la différence des sexes, et

1. S. Lepastier (1996), Il faut bien se résoudre à évoquer l'hystérie, *Revue française de psychanalyse*, 1996/2, Paris, PUF.

donc du féminin. Il n'est que de constater la vague d'homosexualité agie, masculine et féminine, se revendiquant comme telle, qui déferle actuellement sur le monde, et qui gagne même certains cercles se réclamant de la psychanalyse, pour mesurer l'étendue d'une solution destinée à contourner l'épreuve difficile qu'est la confrontation à la différence des sexes, et celle de l'élaboration de la figure de l'étranger.

Hystérie et états limites : chiasme
Nouvelles perspectives

André Green

Un chiasme est un croisement, le terme s'appliquant aussi bien à des figures de rhétorique qu'à des formations anatomiques. Le mot de « chiasme », cependant, sous-tend la pensée d'un échange de directions opposées là où *a priori* on penserait à un parallélisme. C'est pourquoi j'ai choisi cette image pour traiter des relations entre hystérie et cas limites. On ne saurait oublier l'ordre d'apparition de ces deux entités : l'hystérie est connue depuis l'Antiquité, elle est à l'origine de la révolution psychanalytique, tandis que les cas limites sont apparus beaucoup plus récemment, à une date qu'il est difficile de préciser mais qu'on peut situer vers le milieu des années cinquante. A la suite de l'investigation psychanalytique approfondie de certains patients, la nécessité se fit sentir d'un nouveau cadre conceptuel, celui de la névrose paraissant inapproprié et celui de la psychose insuffisamment manifeste, d'où la dénomination de « cas limites ». Il fallut un certain temps avant de parvenir au moment où la réalité clinique à laquelle le terme renvoie soit reconnue par l'ensemble de la communauté psychanalytique. L'accord fut loin d'être unanime car de nombreuses divergences de vues séparaient les auteurs. Or, le temps passant, est apparue de plusieurs côtés l'idée qu'il pouvait y avoir un rapport plus étroit qu'il n'y paraissait au premier abord entre hystérie et cas limites. Cela devint clair lorsque les descriptions cliniques de l'une et des autres furent suffisamment précises et suffisamment convergentes pour amener plus d'un lecteur à évoquer un lien possible, sans qu'il fût établi explicitement. On pourrait même, devant la multiplication des cas de ce genre, se demander si les états limites aujourd'hui ne joueraient pas, dans le paysage psychopathologique contemporain, un rôle correspondant à celui que jouaient les hystériques au moment où Freud fut amené à s'y intéresser. Cela reviendrait en somme, sans qu'on soit amené à réduire le problème à cette dimension, à se demander si un certain *Zeitgeist*, qui fit beaucoup pour l'éclosion et le développement de l'hystérie autrefois, ne serait pas à l'œuvre aujourd'hui aussi, avec sans doute bien des différences par rapport à celui du passé. Car ce qui, au début, paraissait ne concerner qu'une frange des patients devint à la longue une part importante de la population analytique, au point qu'elle puisse prétendre en former aujourd'hui le cœur.

Inversement, un regard rétrospectif sur nombre de travaux classiques amène à questionner parfois la validité du diagnostic d'hystérie. Si ce n'est pas le cas pour la Dora de Freud, c'est beaucoup plus vraisemblablement celui des patientes figurant dans les *Études sur l'hystérie*. Mais ici, on le voit immédiatement, les spectres diagnostiques révèlent bien des différences. En outre, à partir d'une certaine époque naissent bien des travaux tentant de différencier « bons » et « mauvais » hystériques, ou encore hystéries « bénignes » et « malignes ». De même questionne-t-on le niveau de fixation et de régression en cause, génitale ou orale. En dépit de son polymorphisme légendaire, le concept d'hystérie, tel qu'il est compris et reconnu par la psychanalyse, forme un ensemble malgré tout mieux délimité que celui que l'on désigne par l'expression vague d'« états limites ».

Marquons ces différences par quelques traits simples pour commencer. Du côté de l'hystérie, celle-ci offre à l'examen trois problèmes majeurs. Le premier est celui de son lieu à la conversion. A cet égard, ce symptôme, qui était au centre du tableau clinique au XIXe siècle, s'est beaucoup raréfié, au point de devenir exceptionnel, quand bien même on contesterait sa disparition en témoignant de sa présence sous la forme de quelques cas qu'on pourrait encore observer dans les services de neurologie ou dans certains contextes culturels. En tout état de cause, l'examen de la clinique et de la théorie de l'hystérie ne peut plus aujourd'hui partir de là. On le constate déjà à la lecture de *Inhibition, symptôme et angoisse* en 1926 où Freud étaye son raisonnement comparatiste entre les catégories cliniques en traitant ici beaucoup plus de la phobie que de l'hystérie proprement dite. Deuxièmement, dans l'œuvre de Freud, l'hystérie n'atteint à une pleine intelligibilité que dans son rapport à la phobie et à la névrose obsessionnelle, leur ensemble constituant le groupe des psychonévroses de transfert. Il s'agit donc d'une mise en perspective interne au champ névrotique. La comparaison avec les états limites doit de son côté tenir compte des rapports de proximité vis-à-vis d'aspects cliniques situés en dehors du champ de la névrose (psychoses, dépressions, etc.). On voit donc que chaque entité possède son propre système de rapports, beaucoup plus nettement perceptible que celui des relations qu'elles pourraient nouer ensemble. Enfin, troisièmement, si l'hystérie conserve un caractère protéiforme alors que sa figure principale ne peut plus être située du côté de la conversion, autour de quoi peut-on assurer celle-ci : les organisations du caractère ? le lien avec la dépression ? le niveau de fixation (génitale ou orale) ? le Moi ? le désir ? la relation d'objet ?, etc.

Du côté des cas limites, la dénomination initiale, qui situait ces formes au voisinage de la schizophrénie, apparaît, à l'expérience, peu fondée. On a commencé par élargir la référence à la schizophrénie en l'étendant aux psychoses en général, et l'on a invoqué la présence d'une structure psychotique latente, voire d'un « noyau » psychotique, pour éclairer les particularités de ces patients. En fait, au fur et à mesure de l'évolution de la littérature, on a pu voir un certain nombre de structures anciennement connues, et définies de façon autonome, venir enrichir le cadre des cas limites (dépression, perversion, psychopathie, et bien d'autres). On voit alors qu'un caractère protéiforme est aussi décelable du côté des cas limites.

Tout cela nous invite, aussi bien dans le cas de l'hystérie que dans celui des cas limites, à cesser de faire confiance aux manifestations symptomatiques pour définir un cadre clinique et à centrer plutôt nos efforts sur la définition d'un cadre conceptuel qui tente de rendre compte du polymorphisme des manifestations et, si possible, s'avère capable de dessiner les mouvements structuraux qui orienteront tel sujet à basculer dans une direction plutôt qu'une autre. Cette optique serait valable tout aussi bien pour l'hystérie que pour les cas limites. Encore faut-il préciser que cette idée d'une précipitation – au sens chimique – dans l'une des directions possibles de la structure, si elle s'impose dans la compréhension des manifestations de la clinique de l'hystérie, doit appeler des remarques en ce qui concerne les cas limites. La notion même de limite suggère la conception du franchissement d'une frontière où l'on retrouve l'ancienne idée de cas situés aux limites de la schizophrénie ou de la psychose, menaçant d'entraîner une décompensation dans ces affections. L'expérience a montré qu'il n'en était rien et que, paradoxalement, les cas limites constituaient des structures assez stables en dépit ou à cause de leur instabilité, et qu'il était tout à fait inhabituel de les voir verser durablement dans des organisations psychopathologiques plus graves. Toutefois, au-delà des réflexions et des observations que nous venons de faire, il est bien vrai que la comparaison entre hystérie et cas limites s'impose davantage à l'esprit que celle, en droit aussi légitime, avec la névrose obsessionnelle. Ce rapport hystérie-cas limites est plus intuitivement justifié que celui, invoqué à l'origine, entre cas limites et psychose avérée.

Ne serait-ce pas suggérer qu'il existe une inclination de la part des hystériques à évoquer un fonctionnement limite ? Et inversement, lorsqu'on pense à une personnalité limite, à entrevoir un certain rapport à l'hystérie ?

C'est ici, à mon avis, qu'on retrouve l'intérêt de considérer la limite comme un concept, en faisant jouer son champ d'action aussi bien du côté du rapport du Moi à l'objet qu'entre les diverses instances de l'appareil psychique. De même, si l'on consent à adopter une vue structurale, la limite entrera en jeu également entre les diverses entités de l'univers psychopathologique. La nosographie psychanalytique ne serait plus conçue comme un catalogue de catégories étanches, mais plutôt comme un ensemble articulé et traversé par des mouvements dynamiques permettant d'imaginer tout autant les relations entre les diverses entités que les possibilités de transformation d'une entité en l'autre.

Si l'on pense par exemple aux diverses structures non névrotiques auxquelles l'expérience psychanalytique a amené à s'intéresser, à côté des cas limites, telles que les personnalités narcissiques, certaines structures dépressives ou psychopathiques, les syndromes mentaux associés aux maladies dites psychosomatiques, leur réunion, que nous regroupons provisoirement sous la dénomination de « structures non névrotiques », paraît à première vue un ensemble bien hétéroclite sans unité. Mais si l'on considère ce même ensemble sous l'angle de la clinique de l'hystérie, alors on ne peut qu'être frappé du fait que ces diverses configurations peuvent représenter chacune certains des principaux pôles entre lesquels se distribuent certaines formes de décompensation de l'hystérie, lorsque les modalités du caractère ou de la relation d'objet ne suffisent plus à les lier. On voit donc que l'intuition clinique qui a poussé à la mise en examen de ces deux entités apparemment distantes l'une de l'autre pourrait avoir un fondement plus justifié qu'il n'y paraît à première vue.

Cet exposé des motifs précédera les approches cliniques différentielles des entités comparées et tentera de proposer une théorie unifiée qui rendra compte des ensembles dans lesquels s'insèrent hystérie et cas limites, de même que des différences qui les séparent ainsi que le cadre conceptuel qui peut les réunir.

Nous avons éprouvé le besoin de prendre un peu de recul par rapport au travail analytique pour aborder les problèmes d'ensemble suggérés par la comparaison. C'est parce que l'expérience analytique et l'analyse du transfert dans leur examen détaillé tendent à rendre les distinctions moins apparentes dans l'espace psychique du cadre analytique. En revanche, seule cette expérience, au cœur de la pratique psychanalytique, peut nous faire saisir le fondement de distinctions subtiles que la théorisation sera obligée de schématiser quelque peu. L'exposé présenté s'appuiera essentiellement sur les données de l'expérience psychanalytique proprement dite. Les quelques lignes qui précèdent n'ont pour but que de fixer un cadre général de pensée. Il était nécessaire de commencer par là dans la mesure où l'exposition en détail des fruits de la recherche psychanalytique risque toujours, en l'état actuel de la théorie, de déboucher précocement sur des divergences conceptuelles de base.

OBJECTIFS

Tenter de préciser les rapports entre hystérie et cas limites ne peut passer par-dessus un siècle de littérature psychanalytique, pour la première, et la moitié d'un pour les seconds. Dans les limitations de cet exposé, il ne peut être question de passer en revue les opinions des auteurs qui ont marqué de leurs écrits les conceptions de l'une et de l'autre affections. Il est d'ailleurs remarquable qu'en dépit d'intuitions et d'allusions quant aux rapports entre ces deux entités cliniques, aucune étude n'ait envisagé de manière systématique et détaillée les traits communs et différentiels des deux catégories. Précisons donc d'emblée un point concernant ces rapports. L'hystérie ne saurait représenter qu'une fraction du champ clinique beaucoup plus étendu des cas limites. On pourrait soulever le même problème à propos des obsessions et, par exemple, des patients présentant une problématique narcissique. Il ne s'agit donc, en fait, que de traiter de la zone d'intersection entre hystérie et cas limites. Car on peut aussi soutenir que l'hystérie possède des traits en propre qui n'interviennent pas dans l'étude de ces rapports mutuels.

Il est malaisé de définir avec précision la nature de ces relations. Entre la névrose hystérique simple et les cas limites tous les intermédiaires se rencontrent, l'ensemble formant un continuum. De plus, l'existence de psychoses hystériques, décrites surtout par les psychiatres, témoigne de la capacité de l'hystérie à s'étendre même au-delà des cas limites. D'autres auteurs préféreront tenter de tracer une ligne de démarcation plus nette, plaidant en faveur d'une séparation entre deux champs plus opposables que justifiant un rapprochement. Quelle que soit l'attitude adoptée, cela ne nous dispense pas de définitions métapsychologiques[1].

L'hystérie, quelles que soient ses variantes, voire ses percées transitoires ou conjoncturelles dans le champ de la psychose, reste par essence une névrose. Celle-ci met au premier plan chez le sujet la problématique des relations entre amour et sexualité. La question du désir y est essentielle, de même que celle du choix d'objet, des identifications. L'importance de la vie fantasmatique et émotionnelle, du rapport au corps et à la sensibilité dépressive, y sont au premier plan.

Les cas limites entretiennent des rapports d'intersection avec l'hystérie, ils peuvent présenter tout ou partie des traits qui caractérisent l'hystérie, mais

1. J'ai proposé, dans un travail déjà ancien (Green, 1964), de présenter un modèle sur la structure de l'hystérie. Puis, en 1975, un autre, relatif aux cas limites. J'y renvoie le lecteur.

en fait l'organisation névrotique y fait défaut et l'on a affaire ici à des formes de conflits qui, pour mettre en jeu la problématique de l'amour (et pas toujours celle de la sexualité), demeurent secondaires par rapport à d'autres aspects, au premier rang desquels il faut situer la destructivité, le masochisme, le narcissisme. Si le Moi de l'hystérique est toujours apparu comme présentant une tendance particulière à la fragmentation et au morcellement, le plus souvent temporaires, cette menace peut se manifester plus ouvertement par la propension à la dépersonnalisation et la facilité avec laquelle le sujet succombe à des sentiments de persécution (sans perte du rapport à la réalité) et à la dépression, pouvant entraîner parfois des régressions très importantes souvent en rapport avec des phénomènes de dépendance. On assiste le plus souvent à des décompensations transitoires, nécessitant des hospitalisations avec ruptures intermittentes de la relation analytique ou psychothérapique. Elles sont généralement de courte durée et, pourvu que le rapport avec l'objet transférentiel ait été maintenu, reviennent généralement assez rapidement à l'état antérieur, permettant la reprise de la relation analytique et même l'interprétation, après coup, des raisons et des processus ayant entraîné le basculement. En revanche, la lenteur et les difficultés du processus de changement sont un phénomène assez régulier chez les cas limites. L'analyste doit s'attendre à un traitement long, difficile, semé d'embûches, faisant alterner régressions et petits progrès dans une évolution en zigzag. Un des avantages acquis par le traitement est de parvenir à une plus grande autonomie qui permet le dégagement du sujet de l'emprise de ses imagos parentales, surtout celles de la mère.

Avant d'entrer dans le détail de la question, je voudrais préciser le point de vue que j'adopterai. Je ne chercherai pas à éclairer l'hystérie et les cas limites d'après la fixation à un stade du développement ou à une relation d'objet. Ute Rupprecht-Schampera l'a déjà fait en soulignant l'importance de la phase de triangulation précoce dérivée des travaux de Margaret Mahler et d'Ernest Abelin. J'ai moi-même proposé, pour l'interprétation de certains cas limites, le concept de bitriangulation, soutenant que les relations entre les trois partenaires du conflit œdipien masquent en fait une relation binaire avec un seul objet divisé en deux fractions, bonne et mauvaise. Je ne comparerai pas non plus les différentes approches théoriques : freudiennes, kleiniennes, lacaniennes, etc. Je me propose surtout de traiter un certain nombre de points qui regrouperont les aspects cliniques et métapsychologiques qui m'amèneront à opposer ce que l'on observe dans l'hystérie et ce que l'on peut déduire du traitement des cas limites.

ÉTUDE COMPARATIVE ENTRE HYSTÉRIE ET CAS LIMITES

Envisager successivement les différents points où la comparaison entre hystérie et cas limites peut se révéler fructueuse, risque de donner un tableau quelque peu éclaté de la problématique soulevée. Nous espérons néanmoins qu'au terme de cette mise en perspective, des structures d'ensemble apparaîtront dans leur spécificité avec plus de clarté.

a / Le conflit

Définir le conflit essentiel dans ces deux catégories est difficile car, le temps aidant, nous avons vu que l'hystérie a fait l'objet d'un démembrement lorsque apparurent les descriptions concernant l'existence d'une hystérie orale impliquant une fixation prégénitale importante. Ces descriptions jetaient un pont entre la théorisation freudienne de l'hystérie, avec son classique niveau génital, et sa réinterprétation par Melanie Klein, mettant en lumière l'importance des mécanismes d'identification projective et d'identification introjective d'origine orale. Bientôt la fixation au sein maternel apparaissait avec plus d'évidence dans l'interprétation du transfert chez l'hystérique. *Je tiens néanmoins que, quelle que soit la phénoménologie des symptômes de l'hystérie (inclination toxicophilique, trouble des conduites alimentaires avec alternance de phases d'anorexie et de boulimie, conduites addictives à l'égard des objets, etc.), l'hystérie reste pour moi liée à un conflit fondamental lié aux relations entre l'amour génital et la sexualité.* On prévoit l'objection qui consisterait à dire qu'une telle problématique est tellement générale qu'elle pourrait concerner tous nos patients. Cet argument n'est que de surface car c'est moins de l'amour qu'il s'agit dans l'hystérie que de la forme d'amour et de la preuve d'amour, d'une part, et de sa relation à la sexualité et donc au désir, d'autre part. Tel est le noyau fondamental de l'hystérie. On peut considérer qu'à ces aspects classiques sont venus s'ajouter de nouveaux, notamment ceux relatifs à la scène primitive. De même a-t-on voulu insister sur d'autres aspects un peu masqués par la problématique amour-sexualité. Ainsi a-t-on souligné l'importance du narcissisme et de la sensibilité à la dépression. L'attention a été retenue sur la rancune de l'hystérique (Khan, 1974), dont les reproches porteraient plutôt sur l'incapacité de l'objet à permettre le développement du Moi. Dans les cas limites, on aurait plutôt affaire à des manifestations témoignant de la fragilité des frontières du Moi. S'il est facile de mettre en évidence le rôle de l'angoisse de castration couplée à l'angoisse de pénétration (spécifiquement chez la femme) dans la névrose, chez les cas limites ces angoisses sont relayées par des formes qui leur correspondent au niveau du Moi : angoisse de séparation – qui peut aussi exister dans l'hystérie mais bien plus rapidement surmontée – et angoisse d'intrusion (Winnicott, 1965-1975) reflétant la crainte de l'aliénation et la peur d'être sous la coupe d'un objet omnipotent. En fait, l'apparition de ces angoisses est en rapport avec une crainte d'effondrement (Winnicott, 1971) ou d'envahissement par un objet malveillant et malfaisant. C'est ici qu'on peut mettre en lumière le rôle de la peur de la catastrophe (Bion, 1970 ; Brenman, 1985) pouvant conduire à des conduites projectives ou incompréhensibles visant à dérouter l'analyste pour échapper à son influence, voire à un « effort pour rendre l'autre fou » (Searles, 1977). Dans tous ces cas, le désir de vengeance ou d'agression domine, ce qui permet de comprendre que la destructivité est au centre de la problématique des cas limites. En résumant les choses, de façon sans doute un peu schématique, nous dirons que dans l'hystérie les conflits liés aux aspects érotiques de la psyché dominent, tandis que dans les cas limites c'est la destructivité qui occupe le devant de la scène et tend à dénaturer ou à recouvrir la problématique érotique.

b / Le(s) trauma(s)

La question du traumatisme, de Freud à aujourd'hui, est sans doute celle qui reflète le mieux l'évolution de la clinique psychanalytique et des problèmes soulevés par la technique contemporaine. Classiquement, nous savons la nature sexuelle du trauma chez Freud au début de son œuvre. Que le trauma porte sur la séduction, ou sur le fantasme de séduction, ne change rien à l'essentiel. Celui-ci reste foncièrement attaché à la sexualité. D'ailleurs trauma réel et fantasme, loin d'exclure mutuellement leurs effets, les combinent le plus souvent. Par la suite, déjà du temps de Freud, le champ du trauma s'est quelque peu étendu. La sexualité n'a plus été l'origine univoque de celui-ci. Avec Ferenczi (1982), la nature du trauma s'est modifiée et ses effets se sont aggravés. Non seulement la sexualité était loin d'être seule en question mais encore, Ferenczi, défendant sa conception de la confusion des langues, décrivait une modalité inaperçue du traumatisme, mettant en cause l'attitude de l'objet (et par voie de conséquence celle de l'analyste). Il interprétait les effets du traumatisme au niveau du Moi : inhibitions graves, sidérations de l'appareil psychique, ravages de l'incompréhension, de la froideur, etc., soulignant la profondeur des dégâts. Le traumatisme ici concerne tout autant les réponses de l'objet qui avaient fait défaut que celles qui avaient été données, de manière inappropriée, pour satisfaire les désirs de l'adulte ou pour parer à la détresse de l'enfant. Après Ferenczi, d'autres auteurs ont développé cette ligne de pensée. Ce fut le cas, à mon avis, plus particulièrement de Winnicott, tandis que du côté de Melanie Klein l'accent était moins mis sur la réponse maternelle que sur les sources endogènes du psychisme. Quoi qu'il en soit, on peut résumer les choses en une simplification inévitable, en soulignant le caractère ouvertement sexuel presque constant dans l'hystérie où les séductions directement ou symboliquement incestueuses manquent rarement, et la localisation sur le Moi des effets traumatiques liés à l'influence maternelle dans les cas limites. Certaines théories chercheront à combiner ces deux aspects et l'on aura alors tendance à considérer, chez la femme notamment, les fixations incestueuses au père comme défenses et recours contre la relation à la mère empreinte de rejet précoce, ou de fusion ambivalente entretenue, sous-tendue par une attitude d'inadéquation et d'incompréhension des besoins de l'enfant. Il faut fortement souligner que les influences du dehors ne doivent nullement porter à négliger la part attribuable au travail psychique du sujet. Les sources pathogènes externes induisent des distorsions subjectives importantes, d'autant plus difficiles à interpréter que le sujet s'abrite devant la pathologie – indéniable – de l'objet dont il est dépendant. Cela risque de se répéter dans le transfert. Or, la relation mal engagée entre le Moi et l'objet peut à son tour être sexualisée, invitant à considérer le rôle d'une homosexualité qualifiée de « primaire » dans la relation entre la fille et la mère. Il n'est pas rare que l'on assiste à des relations passionnelles, à un âge adulte tardif, entre la mère et l'enfant. Il s'agit de la fille le plus souvent, mais le garçon n'échappe pas à ce sort. Ces relations passionnelles s'établissent sur le fond d'une dépendance à l'égard des attitudes et des sentiments de la mère qui ne passe pas avec le temps, entretiennent des reproches mutuels interminables, qui vont se répéter dans le transfert. On devine aisément l'exigence d'une soif d'amour jamais assouvie, et sans doute jamais assouvissable, de l'enfant vis-à-vis de la mère, correspondant à une demande maternelle impérieuse, indépassable, quant à ce que celle-ci attend de l'enfant, afin qu'il soit conforme à l'image qu'elle s'en fait, favorisant l'éclosion d'un faux Self (Winnicott, 1965). Dans les cas limites, tout dépendra de la façon dont le sujet vit cette situation, à savoir des réactions défensives qu'elle suscite chez lui et qui peuvent aller du clivage profond jusqu'à des attitudes projectives quasi délirantes déplacées sur des équivalents symboliques maternels, ou des réactions de profonde détresse pouvant conduire à des tentatives de suicide assez sérieuses pour mettre réellement en danger la vie du sujet. Parfois, à l'occasion d'un abandon par un objet symbolisant la mère, on peut assister à des régressions spectaculaires, orales et anales, devant entraîner des hospitalisations qui sont heureusement de courte durée. La portée du trauma obéit aussi à des facteurs quantitatifs. Si cela est indubitablement vrai, il reste que les changements quantitatifs aboutissent en fin de compte à des modifications qualitatives, c'est le cas lorsque la désorganisation atteint le Moi, modifiant le tableau du côté des cas limites.

c / Les défenses

On le sait, c'est bien à propos de l'hystérie qu'apparut à Freud la nécessité de postuler le concept de la « défense pathologique » qui prendra le nom de refoulement. On a beaucoup discuté pour savoir si le refoulement portait sur les représentations seules, les affects n'étant que réprimés (conception défendue par Freud en 1915), ou si les affects aussi pouvaient être à leur tour refoulés (conception de Freud en 1923). Pour moi, il ne fait pas de doute que l'œuvre du refoulement n'est accomplie que si les affects y sont réduits à un état d'insignifiance. Toutefois, on a soutenu (Widlöcher, 1992) qu'à la suite de Charcot, l'hystérie pouvait être considérée comme une maladie de la mémoire. On s'en souvient : « L'hystérique souffre de réminiscences. » Ce qui est véritablement traumatique, c'est le retour du souvenir refoulé plus que l'événement traumatique qui a dû être supprimé du conscient. Toutefois, au fur et à mesure du développement de l'œuvre de Freud, celui-ci a été amené à décrire d'autres défenses : la forclusion *(Verwerfung)*, le clivage ou le désaveu *(Verleugnung)*, la dénégation *(Verneinung)* qui sont venus s'ajouter au refoulement *(Verdrängung)*. J'ai proposé de regrouper cet ensemble sous le nom de *travail du négatif* (Green, 1993). S'il est vrai qu'en dépit de la prédominance du refoulement chez l'hystérique on peut constater occasionnellement l'intervention d'autres modes, tel le clivage, il reste que le premier demeure le plus important. Toutefois, sans doute sous l'influence des tendances actuelles de la psychiatrie, on a vu revenir dans le vocabulaire psychanalytique le terme de « dissociation » qui tend à se substituer à celui de « refoulement ». C'est peut-être aussi l'influence rétrospective des conceptions de Pierre Janet. Toujours est-il que, en ce qui concerne les cas limites, non seulement le clivage semble occuper une très grande place dans la clinique et les expressions de transfert, mais on peut y constater en plus l'apparition de formes défensives extrêmes, prenant l'allure d'*hallucinations négatives de la pensée* dans ses relations au désir (Green) qui semblent indiquer que l'on n'a pas seulement affaire à des manifestations du refoulement, mais bien à un mécanisme de négativation portant sur la perception de la pensée par les mots. Dès lors on comprend que ce ne sont pas seulement des phénomènes de désir qui sont sujets à l'effacement, mais le travail de la pensée lui-même dans le surgissement des différents types de représentations soumises à l'attaque sur les liens (Bion, 1967*a*) portant sur leurs divers aspects (verbalisation, fantasme, mouvement pulsionnel, etc.). Pendant longtemps ce travail de sape interdira tout *insight,* c'est-à-dire toute prise de conscience d'une situation d'ensemble de la problématique conflictuelle. Seuls des aspects ponctuels acquis en séance échappent momentanément à la négativation, souvent voués à être gommés après la séance. On voit qu'ici un jeu subtil s'établit entre les différents types de défenses, évoquant la comparaison avec le travail de Sisyphe, nécessitant une patience infinie de la part de l'analyste qui n'est que trop sollicité à mettre en œuvre des attitudes contre-transférentielles symétriquement rejetantes du patient.

d / L'inconscient et le Ça

Depuis les origines de la psychanalyse, et surtout après l'abandon de la *neurotica,* le rôle des fantasmes inconscients a fait l'objet d'une théorisation riche mettant en lumière tout particulièrement le rôle de la bisexualité. Mais la conversion permettait au sujet de mettre en œuvre un court-circuit bloquant l'émergence de la fantasmatisation, empêchant l'apparition de l'angoisse et renforçant la défense par la « belle indifférence » interprétée par Freud comme un total succès du refoulement. Cependant, si les fantasmes inconscients n'ont pas cessé d'occuper une place importante dans la psychopathologie de l'hystérie, l'évolution de la pensée psychanalytique a tendu, surtout avec l'influence des idées de Melanie Klein, à infléchir l'interprétation de ceux-ci du côté de la prégénitalité en soulignant le rôle des formes archaïques où s'observent des angoisses d'annihilation. L'hystérique a toujours été accusé de tromperies, de mensonges et de falsifications théâtralisantes. La question ne peut être éclairée que par référence aux mesures défensives qui traduisent une forme puissamment soutenue de méconnaissance. Dans les cas limites, on est face à un dilemme auquel manquent les structures intermédiaires qui permettraient un aménagement du conflit. A savoir que l'on assisterait à une confrontation brutale entre des expressions du Ça – et non plus seulement de l'inconscient – faites de mouvements pulsionnels entraînant des décharges massives, soit dans le corps, soit dans l'acte, sorte de raccourcis régressifs devant lesquels doivent être mises en œuvre des défenses drastiques soutenues par des régressions massives ayant le même but. A moins que ce ne soit l'inverse et qu'on doive considérer les défenses drastiques comme occasionnant la percée des motions pulsionnelles, en retour. C'est là qu'on voit apparaître les conduites addictives alimentaires, toxicomaniaques ou médicamenteuses, les fuites prolongées et répétitives dans le sommeil, les comportements suicidaires plus ou moins déguisés, les régressions somatiques, les passages à l'acte exprimant la colère, la rage et l'impuissance, etc. On devine aisément que toutes ces dernières manifestations sont en effet chargées d'une destructivité qui tantôt vise l'objet, tantôt se retourne sur le Moi. C'est en ces périodes critiques que l'attitude de l'analyste est fondamentale. La survie de sa capacité de pensée, sa résistance aux destructions dont le processus analytique est l'objet et l'absence de rejet encouru par le patient lors de toutes ces mises à l'épreuve du contre-transfert, finissent par avoir raison du désir de détruire l'objet ou de se détruire, mais elles peuvent avoir l'inconvénient de créer des fixations nouvelles sur l'analyste, non transférables sur d'autres objets.

e / Le corps

Le rapport de l'hystérique à son corps, par la médiation sexuelle et bisexuelle, est bien ce qui a émergé en premier dans les descriptions cliniques remontant à l'Antiquité. La conversion continue de poser problème. Certes, sa fréquence a beaucoup diminué par rapport à sa « culture » qu'on a accusé Charcot de favoriser. Il est assez piquant que l'on revienne aujourd'hui, hors de la psychanalyse, à la thèse opposée de Babinski qui n'y voyait qu'un effet de suggestion. Les études récentes sur la conversion (Desrouesné, 1994) montrent qu'elle n'a pas disparu, touchant encore principalement les femmes et apparaissant chez les hommes dans des conditions particulières, comme par exemple dans les prisons ou à l'armée. On tend actuellement à désolidariser conversion et hystérie, chacune pouvant apparaître isolément. Mais il faut, à ce sujet, exprimer quelques réserves dans la mesure où la conversion pourrait en effet éponger les manifestations psychiques concomitantes de l'hystérie. C'est à ce propos qu'on a tendance à parler de phénomènes dissociatifs. Cette nouvelle habitude est assez curieuse, non pas tant parce qu'elle ressuscite la théorisation de Janet mais parce que l'habitude prévaut de relier dissociation et schizophrénie. Quoi qu'il en soit, le traitement de la conversion (S. Lepastier, 1994) renoue avec les attitudes autrefois prônées à base de suggestion. On ne peut attendre en effet d'une interprétation exprimée de façon neutre qu'elle suffise à faire disparaître le symptôme car on pourrait dire qu'à l'attitude dégagée de toute émotion de la part de l'analyste fait pièce la belle indifférence du patient qui ne se laisse pas toucher par les propositions interprétatives de l'analyste. On peut considérer certains symptômes de la conversion (du type douleur à la joue comme représentant l'humiliation consécutive à une gifle imaginaire) comme une *démétaphorisation symbolique.* Quoi qu'il en soit, la conversion ayant perdu son rôle de premier plan, et déjà du vivant de Freud (celui-ci la mentionne à peine dans

Inhibition, symptôme et angoisse, 1926), le rapport de l'hystérique à son corps est loin d'être définitivement purgé par l'absence de recours à ce mécanisme. Le corps de l'hystérique, pour être apparemment moins un corps surexcité sexuellement, reste un corps douloureux, toujours soumis à des turbulences qui prennent leurs sources dans la vie émotionnelle et la sexualité. Ce corps est souvent malmené par tous les dérèglements des appétits : ceux relatifs à la nourriture, à l'alcool, aux médicaments ou à la drogue, plus faciles à exhiber que ceux de la sphère sexuelle. Un tel corps douloureux doit souffrir pour exister et pour être ressenti comme corps ayant survécu au travail de négativation qui voudrait en supprimer les demandes et les revendications de plaisir. Reste une question litigieuse. Celle du rapport à la psychosomatique. Classiquement, les conceptions de Pierre Marty (1990) s'opposent à cette conjonction, encore qu'elles admettent l'existence de cas aux frontières de la psychosomatique, comme les patients allergiques. En fait, dans mon expérience, j'ai pu constater la coexistence des deux. Mais alors la structure hystérique y apparaît comme marquée d'une façon particulière. Y dominent l'importance des phénomènes d'idéalisation, de clivage, de déni, le désir de protéger l'objet considéré comme trop fragile pour supporter les projections du sujet et surtout les expressions de l'agressivité à son endroit et la très grande sensibilité, portant à des identifications extrêmes, aux souffrances morales et physiques des autres. La question des relations entre hystérie et psychosomatique appelle de nouvelles études.

f / Les affects

Depuis les origines de la psychanalyse, l'affect a toujours occupé une place de premier plan dans l'hystérie. D'abord, avec la conception de l'affect étranglé, ensuite, avec l'importance accordée aux relations du plaisir et du déplaisir : l'exemple du dégoût hystérique comme preuve manifeste du refoulement (déplaisir pour un système : conscient ; plaisir pour un autre système : inconscient) le montre. Par la suite, grâce à la meilleure connaissance des formes hystériques qui ne semblaient pas pouvoir être rattachées à des fixations d'ordre génital ou phallique, et par une théorisation nouvelle éclairant les traits constitutifs des structures prégénitales (Bouvet, 1967), on devait mettre l'accent sur leurs aspects orageux, cataclysmiques et désorganisateurs dans les derniers cas. Tout ceci s'applique tout particulièrement au cas de l'angoisse. Moins l'hystérie se rattache à des formes de fixations génitales, moins l'angoisse prévaut sous sa forme de signal d'alarme, et plus elle prend l'aspect de l'angoisse dite automatique. Lorsqu'on a affaire à des cas limites, la diffusion de l'angoisse et son intensité conduisent à des conditions gravement destructurantes. C'est à ces patients que s'appliquent les notions d'angoisses catastrophiques (Bion, 1970 ;

Brenman, 1985) ou de tourments martyrisants (Winnicott, 1965). Dans tous ces cas on peut relever avec netteté l'importance des affects d'envie, de rage, d'impuissance qui indiquent la double implication de la destructivité et du narcissisme. Et s'il existe une envie de pénis chez les patientes femmes de cette catégorie, un tel fantasme concerne surtout le désir de posséder un organe agressif, le pénis étant considéré en premier lieu sous cet angle. Devenu cible, par retournement, le Moi se trouve menacé d'effondrement. Si les phénomènes de dépersonnalisation et les sentiments de morcellement ou de fragmentation peuvent être présents, il est rare que ces traits appartenant à la phase schizoparanoïde persistent d'une façon définitive. En revanche, le basculement dans la dépression, avec prévalence des affects de vide, d'inertie, de futilité (Winnicott, 1965), s'installe souvent de façon prolongée, voire chronique. Entre l'hystérie et les cas limites, la dépression est une menace permanente, d'intensité variable, pouvant aller de la simple dépression névrotique comportant des accusations directement formulées à l'égard de l'objet, jusqu'à des formes plus graves, de structure plus narcissique, plus proches de la mélancolie, où dominent l'auto-accusation et les idées d'indignité. En tout état de cause, ceci fait ressortir l'importance capitale des deuils non faits (J. Cournut, 1991), tandis que l'analyse du transfert révèle la persistance tenace des fixations aux objets incestueux, l'impossibilité de s'en séparer et d'en faire le deuil. Dans les formes plus œdipiennes, c'est encore la question du choix d'objet définitif qui est au premier plan, le sujet ne pouvant renoncer à ses fixations à l'un des deux parents pour élire l'autre. Comme si un tel choix signifiait l'impossibilité de conserver l'autre. Ce qu'il souhaite, c'est de pouvoir posséder les deux, en même temps, en les englobant sous la forme d'un condensé du père et de la mère. La scène primitive est, ou bien niée, ou bien fantasmée sous une forme particulièrement traumatique, les parents étant unis dans un coït interminable, engendrant un sentiment de rage et d'impuissance, impuissance qui s'exprime dans l'impossibilité à trouver sa place dans ce fantasme par identification à l'un des deux partenaires, et impuissance aussi à réussir à les séparer. Mais il arrive fréquemment que chez les cas limites où la problématique dépressive est prévalente ce soit le contraire qui frappe, à savoir que le sujet souffre de la déception des deux objets parentaux. Ces cas sont particulièrement graves car la haine n'est pas contrebalancée par un amour qui pourrait entretenir le goût de vivre et le narcissisme du sujet est fortement grevé par absence d'étais identificatoires.

g / Les représentations

Dans les premières études sur l'hystérie, la découverte des représentations, tout particulièrement celles de chose ou d'objet, étaient la voie d'accès à l'inconscient. La reconnaissance des fantasmes liés à la bisexualité a marqué les étapes initiales des théorisations de Freud. Par la suite, les relations entre représentations de mot et représentations de chose ont étendu cette recherche. Au fur et à mesure du développement des connaissances, la fragilité des processus secondaires (par comparaison avec la névrose obsessionnelle), l'importance des affects et des fantasmes qui leur sont reliés, ont déplacé l'accent vers les processus primaires. Toutefois, à la suite de Lacan (1966), certains auteurs ont voulu revaloriser la place du langage (Rosolato, 1988). En fait, on pourrait considérer que c'est la nomination des affects qui est en cause ici, l'hystérie se réfugiant beaucoup dans son expression personnelle sur l'indicible, l'affectif, voire l'incompréhensible et l'irrationnel, toutes ces préférences tendant à dévaluer un éclairage par les représentations, toujours accusées d'être trop abstraites. Tout se passe comme si ce qui est de l'ordre de la connaissance intellectuelle blessait l'hystérique, comme étant indissociablement lié à ce qui est dur, froid, sec, c'est-à-dire à ce qui s'éloigne de la compréhension empathique, fusionnelle, intuitive, charnelle pour tout dire, où les mots, à la limite, n'ont pas besoin d'être employés. Souvent, l'analysant se prive de communiquer ses pensées à l'analyste, estimant que celui-ci devrait comprendre sans le secours de la parole. Cette communication est, bien entendu, liée à l'importance des échanges préverbaux et aux relations en miroir entre mère et enfant. Lorsqu'on a affaire à des cas limites, on constate quelque chose de plus : une véritable carence représentative ; plus exactement, il est fréquent que les représentations soient absorbées par des mouvements pulsionnels directs, en court-circuit, aboutissant à des expulsions par l'acte ou des décharges dans le soma. On peut alors souligner la pauvreté des médiations psychiques et l'absence de structures intermédiaires, ce qui donne un aspect brut et cru au matériel ou rend ce dernier difficilement compréhensible à cause du faible appui sur des formes verbales. On peut bien entendu soupçonner l'existence de fixations à des phases prégénitales de la libido. Mais, parfois, un tel mode de communication empathique est, bien qu'il le réclame, tout à fait redouté par l'analysant qui le vit comme une forme déguisée de devinements de la pensée par un objet omnipotent contre lequel il doit se détendre pour ne pas tomber entièrement en son pouvoir.

h / Le Moi, le narcissisme, l'identification

Dans les névroses hystériques classiques, on n'assiste pas en principe à des régressions du Moi mais seulement à un retour à des fixations libidinales antérieures. Bien entendu, lorsque l'accent s'est déplacé sur les hystéries prégénitales, ces points de fixation ont davantage mis en question l'intégrité du Moi.

Celui-ci est en effet affaibli du fait de son recours à des défenses plus archaïques que le refoulement (clivage, désaveu, identification projective). Avec les cas limites, la fragilité du Moi est perceptible dès le premier abord. C'est ce que Freud annonçait déjà dans « Analyse avec fin et analyse sans fin » (1937). De même le cas limite témoigne-t-il de façon massive des carences objectales dont il a pu souffrir. C'est sur ce point que les travaux de Winnicott ont apporté une contribution décisive. On a l'habitude de distinguer entre cas limites et personnalités narcissiques. Si justifiée que soit cette distinction, il reste que la faille du narcissisme est régulièrement présente chez les cas limites. Leur sensibilité à la blessure narcissique, l'importance déjà soulignée des problématiques de deuil, permettent de le constater. Ces patients semblent meurtris dans leur être. L'analyse prendra beaucoup de temps pour rétablir une estime de soi d'autant plus insuffisante qu'elle subit par ailleurs les assauts de la culpabilité.

Dans ce chapitre nous souhaitons surtout mettre l'accent sur le rôle des identifications. La fonction des identifications est bien connue depuis les premières investigations psychanalytiques sur l'hystérie. Cette étude n'a fait que s'enrichir avec l'accumulation de l'expérience des psychanalystes. On a décrit les identifications superficielles, nombreuses, variées, contradictoires, changeantes (la très connue labilité de l'humeur de l'hystérique) qui contrastent avec la faiblesse des identifications profondes. C'est la défense « caméléonesque » d'observation courante chez l'hystérique. L'identification hystérique superficielle agit comme un « capteur d'apparence ». En cela elle est le contraire d'une identification introjective qui serait en rapport avec des objets internes. Il s'agit bien d'une défense à plus d'un titre. D'une part, l'identification permet une familiarisation assimilatrice, en fait distante avec l'objet ; en se mettant au diapason, on efface son altérité et on prévoit les mouvements de l'autre. D'autre part, en se moulant sur le modèle présenté par l'objet, on espère s'en faire aimer. Il faut cacher sa différence, ses désaccords avec lui et ne pas montrer ce que l'on est véritablement, de peur d'être repoussé. Souvent, cette tactique inconsciente est de courte durée et bientôt, à la première occasion, la dramatisation refera surface sous la forme d'un conflit aigu surgi à propos d'une occasion futile. La tentative de se rendre maître de la surface faute de reconnaître la profondeur dévoilera sa fonction défensive à propos de l'érotisation. On connaît par cœur les manœuvres de la séduction hystérique aboutissant souvent à un retrait de dernière minute. Elle contraste avec l'érotisation profonde qui demeure dangereuse, responsable de bien des frigidités et d'autant d'impuissances. Plus loin encore se dévoilera la difficulté à aimer, car c'est, nous l'avons dit, le lien sexualité-amour qui est périlleux dans la mesure où il témoigne d'un engagement total – « corps et âme » – beaucoup trop aléatoire pour l'hystérique qui projette sur l'objet la même inconstance, il faudrait peut-être dire inconsistance, que celle qui l'habite. Comme Winnicott (1965) l'avait déjà vu, chez ces patients, l'analyste n'est pas « comme la mère » mais il *est* la mère. Par ailleurs, un facteur de trouble dans la compréhension du matériel par l'analyste est lié au phénomène de *confusion identificatoire.* Je veux dire que nous nous trouvons bien au-delà des phénomènes de résonance ou de réponse en miroir entre le Moi et ses objets. Le Moi du patient ne sait plus à quelle personne il se rapporte. Le patient avoue ouvertement alors qu'en certaines circonstances il est perdu et paraît ignorer s'il est lui-même ou sa mère, lui-même ou une autre figure parentale (un oncle, une tante). Plus paradoxalement encore, à certains moments critiques, lorsqu'il a des enfants, il se donne l'impression que les identités entre le parent et l'enfant se sont échangées. Un père adulte sera pris d'une envie brutale et incoercible d'avoir le pénis de son petit garçon âgé de 3 ans, comme s'il était plus grand que le sien, ou bien constatera, chez son enfant, l'existence de pulsions incestueuses envers la mère qui furent autrefois les siennes, terrorisé à l'idée d'une réalisation possible dans un échange complet de rôles. Ces manifestations, qui peuvent être interprétées en termes d'identification projective, me semblent mieux caractérisées par la confusion identificatoire, avec échange et croisement des identités entre les objets totaux.

i / L'objet

On pourrait centrer toute la tâche de différenciation entre hystérie et cas limites à partir de la relation d'objet. Aussi devons-nous nous limiter, faute de temps, à des remarques brèves. A nouveau s'opposent les formes les plus bénignes d'hystérie et celles dont l'organisation est en rapport avec des fixations phalliques bien circonscrites, prenant place au sein d'un complexe de castration où jouent la bisexualité et les relations entre pulsions érotiques et agressives au sein d'intrications susceptibles de se défaire et de se refaire. Il est vrai que cette conception classique de l'hystérie a fini par être considérée comme une vue un peu idéale de l'affection. Le temps aidant, le caractère exclusif de la fixation phallique et génitale a été contesté, appelant à des réinterprétations. Quoi qu'il en soit, la sensibilité à la dépression a été l'occasion d'une réévaluation du rôle de l'objet. Alors que, dans les formes d'hystérie classique, la symbolisation est très présente, les manifestations de celle-ci sont beaucoup moins patentes, ou plus indifférenciées, dans les formes d'hystérie prégénitale. Plus précisément, il faut l'inférer par la pensée, sans que l'on puisse s'appuyer sur des formes reconnaissables de celle-ci. Dans les cas limites, on peut mettre en cause une véritable dédifférenciation du processus de symbolisation. Ce qui est en question ici est la fonction de substitution. Dans les formes d'hystérie classique, celle-ci se réfère à l'objet (fantasmatique) de la pulsion dont la caractéristique est d'être l'élément le plus contingent du montage pulsionnel, c'est-à-dire le plus déplaçable et donc le plus substituable. Cette conception, qui conçoit la névrose comme négatif de la perversion, témoigne des transformations symboliques de l'objet fantasmatique, comme les perversions les plus simples, et surtout la perversité polymorphe de l'enfant, permettent de l'observer. Toutefois, plus on se dirige vers les cas limites, et plus l'objet qu'on rencontre dans cette direction est au contraire un objet non substituable, indispensable, irremplaçable, nécessaire à la survie de l'individu (Green, 1995*a*). D'où la place prise, dans ces structures, par les angoisses de séparation et les angoisses d'intrusion. On voit que le conflit s'est déplacé, des rapports entre les pulsions et le Surmoi, aux relations entre le Moi et l'objet. Tout cela a évidemment une conséquence directe sur le transfert et l'interprétabilité. C'est ce qui permet de deviner le rôle véritablement traumatique des séparations ordinaires de l'analyse (week-ends, vacances, courtes ou longues). Il paraît essentiel, à mon avis, de donner à l'analysant la possibilité de rester en contact avec l'analyste ou de prévoir des substituts possibles lors de ces absences. Winnicott accompagnait parfois ses patients à l'hôpital pour leur trouver un lieu où ceux-ci pourraient attendre son retour. Ce qu'il me semble important de souligner n'est pas seulement lié au fait brut de la séparation mais à l'impossibilité devant laquelle se trouve l'analysant d'avoir une représentation, quelle qu'elle soit, de l'analyste durant son absence. Il n'est évidemment pas recommandé de fermer les yeux sur les manipulations possibles du patient, dommageables au contre-transfert, mais il me semble indispensable de fournir une possibilité de jonction avec l'objet (sous la forme, par exemple, d'un numéro de téléphone où l'analyste peut être contacté). Dans mon expérience j'ai toujours réussi grâce à ce moyen à éviter des régressions importantes lors des séparations assez longues, durant l'été par exemple.

j / Le Surmoi

On sait la controverse qui oppose sur ce point freudiens et kleiniens, à savoir l'intangibilité de Freud quant à l'origine postœdipienne du Surmoi tandis que Melanie Klein et ses disciples ont toujours antidaté la naissance de cette instance, la faisant remonter à des âges plus précoces. L'enjeu de la question se situe autour du sentiment de culpabilité, surtout inconscient. Dans la névrose hystérique, la culpabilité est liée à l'appréhension plus ou moins obscure des désirs interdits, érotiques et agressifs, à la nécessité de lutter contre eux et de les maintenir aussi refoulés que possible. Mais on sait bien le tournant décisif qu'ont pris les conceptions de Freud lorsqu'il a été amené à découvrir la force, voire l'emprise du sentiment inconscient de culpabilité qu'il préféra d'ailleurs appeler besoin d'autopunition. Toute la question du masochisme peut être évoquée ici. Ce qui est sûr, c'est que Freud en vint à conclure, dans « Analyse avec fin et analyse sans fin » (1937), à l'existence d'une destructivité flottante, non liée par le Surmoi, et donc indépendante du sentiment de culpabilité. Cette question ne peut être tranchée dans les limites de cet exposé. Ce qui est sûr, c'est que nous nous trouvons en ce cas, confrontés aux issues les plus redoutables de la réaction thérapeutique négative – souvent constatée chez les cas limites – liée à une compulsion de répétition mortifère. Quoi qu'on pense de cette destructivité libre, il paraît vraisemblable que le Surmoi en question ne peut être suffisamment éclairé par la lutte menée contre des désirs prohibés. Au minimum, il existe bien une érotisation de la souffrance, rattachable au masochisme, mais au-delà encore, on peut, comme Winnicott l'a montré, mettre en lumière le rôle d'une mise à l'épreuve de l'objet qui doit nécessairement subir des attaques meurtrières renouvelées qui, lorsqu'elles échouent dans leurs buts, permettent la sortie des cercles vicieux. L'analyste en tant qu'objet doit survivre à ces tentatives de néantisation renouvelées (Winnicott, 1971). C'est lorsque la preuve est enfin faite que l'analyste objet n'a pas succombé à ces attaques réitérées, c'est-à-dire que l'analyse se poursuit, qu'un commencement de réparation s'avère possible, et qu'un lien objectal moins précaire peut être établi. Mais d'autres formes peuvent se manifester à cette occasion. On constate, en effet, l'existence de relations d'objets très difficiles à défaire, fondées sur des rapports à base de persécution, venant en partie des autres, et largement alimentées par une auto-agression désespérante sabotant toute réalisation de plaisir ou tout gain narcissique. Dans le transfert, lorsque l'analyse du transfert est proposée, l'analysant y répond toujours, soit par une accusation de la façon dont l'analyste s'est comporté, soit par la référence à des circonstances extérieures dont le sujet aurait été victime.

A ce pôle persécutif répond un pôle symétrique d'idéalisation. Celle-ci se porte alternativement sur l'analyste, oscillant avec la relation persécutive à son endroit, ou sur tout autre objet de transfert latéral. Mais le plus grave est atteint lorsque cette idéalisation devient idéalisation de soi-même, conduisant à mettre en œuvre les dénégations les plus vigoureuses, et tendant à refuser la part de soi qui est rattachable au désir, tout particulièrement sexuel, et aux pulsions. Le plus difficile est la prise de conscience du plaisir de souffrir mis en œuvre grâce au masochisme.

Enfin, autre possibilité, la menace du suicide est l'occasion d'un souci constant de la part de l'analyste. Si l'on connaît le caractère superficiel, voire velléitaire des tentatives de suicide chez l'hystérique, le désir de mourir étant en fait beaucoup moins prégnant que celui de sortir magiquement d'une situation douloureuse affectivement intolérable, le suicide des cas limites est en revanche beaucoup plus dangereux. Dans ces cas-là, si les procédés continuent à ressembler à ceux auxquels l'hystérique a recours (suicide médicamenteux), le résultat est souvent dramatique, les tentatives pouvant aboutir à des comas prolongés. Il est aussi difficile de faire la part entre la tentative de sortie d'une situation qui paraît insoluble de toutes parts, avec désir prévalent de dormir, et la pulsion incoercible à vouloir mourir. En tout cas l'angoisse est en ce cas extrême, et le Moi paraît face au niveau du traumatisme incapable du moindre travail psychique élaboratif. Une fois encore, le tout doit s'évaluer par rapport à la destructivité orientée vers l'objet ou vers le Moi. En tout cas, lorsque de telles tentatives surviennent en cours d'analyse, il est très important que l'objet se montre présent. Ici s'opposent une neutralité sans nuances, acceptable, à la rigueur, face à une problématique hystérique pure, et une neutralité de fond, qui n'exclut pas la présence et le témoignage de fiabilité d'un objet qui ne répond pas par la rétorsion ou l'indifférence. Tous les analystes qui s'occupent de cas limites savent qu'il leur faut constamment évaluer leur position contre-transférentielle pour savoir, comme on dit, jusqu'où on peut aller plus loin.

DISCUSSION GÉNÉRALE

Est-il possible de procéder à un ressaisissement des divers chapitres que nous venons d'envisager dans une vue d'ensemble ? Si un tel point de vue est possible, c'est à coup sûr en interrogeant les données du transfert et du contre-transfert. Un tel effort oblige d'abord à unifier des impressions qui sont particulièrement rétives au regroupement étant donné le caractère doublement protéiforme de la clinique de l'hystérie et de celle des états limites. Aussi est-il tout à fait conjectural de parler du transfert au singulier. Toutefois, nous sommes contraints à des généralisations pour permettre à une conception de se dégager. Nous avons, somme toute, mis l'accent sur la nature érotique des fixations de l'hystérie à un pôle que nous avons opposé à la prévalence destructrice de ce que l'on observe dans les cas limites. De la même manière nous avons implicitement opposé un Moi relativement organisé dans l'hystérie à sa forme très lourdement grevée dans les cas limites. De plus, nous avons souligné l'importance de la bisexualité chez l'hystérique, tandis qu'au contraire le rôle de celle-ci est plus clivé chez les cas limites, alors que la problématique narcissique y pèse d'un poids plus apparent. Nous avons vu par ailleurs qu'on pouvait défendre l'idée d'un continuum à propos de la problématique du deuil et de son corollaire, la dépression, entre l'hystérique à un bout et le cas limite à l'autre. Toutefois, on pourrait voir les choses dans une optique qui ne soit pas seulement orientée du plus superficiel vers le plus profond, ou du plus léger vers le plus grave. L'usage que nous avons fait de la notion de chiasme nous ferait plutôt penser à un mouvement oscillatoire. Tout se passe en effet comme si l'hystérique présentait une tendance régressivante à la répétition mais souvent labile, celle que l'on observe dans le parcours qui va de l'hystérie phallique et génitale jusqu'à l'hystérie dite orale, alors qu'à l'opposé les cas limites, pourtant situés à la frontière de diverses entités plus profondément régressives, qu'il s'agisse des psychoses, des dépressions ou des structures narcissiques et perverses, ont au contraire tendance à se raccrocher à un pôle objectal après des tentatives régressives marquées dont l'hystérie est une issue parmi d'autres.

Lorsqu'on envisage la relation entre la forme phallogénitale de l'hystérie avec celle qualifiée d'hystérie orale, il se pourrait que la différence entre les deux tienne à l'existence de fixations anales importantes qui ont permis le passage vers la forme la plus tardive ou forment un butoir contre le glissement vers l'oralité. Ces fixations anales sont responsables des aspects caractériels fréquemment associés aux aspects souvent insupportables du comportement de l'hystérique. Ce sont souvent des provocations pour mettre à l'épreuve l'amour inconditionnel de l'objet en jouant toujours sur la possibilité d'un rejet dont la survenue viendrait confirmer les angoisses qui ont abouti au passage à l'acte destiné à renforcer, par la répétition, la conviction du caractère mauvais, insatisfaisant et insuffisant de l'objet, comme pour vérifier la réalité des projections sur les parents. Chez les cas limites, le comportement que nous venons de décrire chez l'hystérique, et qui est bien moins intelligible dans le transfert, prend des formes particulièrement chaotiques et souvent incompréhensibles. L'analyste est souvent dans le désarroi, souffrant d'un sentiment de culpabilité à l'égard de son insuffisance et en proie au reproche intérieur d'être un mauvais analyste, d'autant qu'il vient répéter les traumatismes infligés par la mauvaise mère. C'est bien le but de l'opération recherché par le patient. Cette situation, soulevant d'importantes difficultés contre-transférentielles, est devenue beaucoup plus tolérable pour l'analyste depuis que Winnicott nous a appris l'existence de la haine dans le contre-transfert et précisé que dans de tels cas l'analyste est utilisé pour ses carences. Le cadre analytique, au lieu d'être un environnement facilitateur, devient au contraire particulièrement inadéquat, inadapté aux besoins du patient, favorisant l'émergence d'une image d'un analyste mère, incompétent, brutal, pour ne pas dire pervers. Il arrive que s'installent des situations où le contre-transfert répond en miroir au transfert. Pour chacun des partenaires, il s'agit de savoir lequel va réussir le premier à rendre l'autre fou. D'où l'importance des conduites de maîtrise ou d'anticipation des dangers ayant recours à des manœuvres pour garder le contrôle de l'objet. L'érotisation est surtout mise en œuvre dans l'hystérie, elle est moins évidente chez les cas limites. Par ailleurs, les cas limites mettent en acte des situations régressives parfois agies dans la séance, cherchant à symboliser la relation du bébé avec un sein idéal (utilisation de coussins pour représenter la poitrine de la mère, vêtements roulés en boule pour le même emploi, attitudes de pelotonnement en chien de fusil sur le divan). Au contraire parfois c'est la persécution qui domine (jet de coussins à travers la pièce, et parfois crises motrices à la limite de l'arc de cercle). Ces manifestations ont valeur d'*actings* et, par la décharge qui les accompagne, constituent une « réalisation » par rapport à l'univers interne du patient. Toutes ces péripéties font toujours penser à l'impossibilité de jamais réussir à entrer en contact avec un bon objet. Celui-ci est vécu comme inaccessible, indisponible, ou occupé à la jouissance de quelqu'un d'autre. L'identification à un autre objet en position plus gratifiante, l'identification hystérique, n'est jamais très efficace dans les cas limites. On assiste plutôt dans ces cas-là à un rapport de surveillance mutuelle où le prisonnier et le geôlier sont inséparables, chacun ayant le pouvoir de retenir l'autre en l'immobilisant. L'essentiel est somme toute que la situation évolue peu ou pas du tout.

En ce qui concerne le problème de la fixation, la solution la plus tentante pour résoudre les contradictions est de repousser la fixation en arrière en situant celle-ci le plus tôt possible dans les débuts de la vie. C'est ainsi que procèdent les conceptions d'hystérie orale ou celles qui se réfèrent à la triangulation précoce et au jeu de va-et-vient entre cette dernière et la triangulation œdipienne. Ici encore, quand le pôle maniaco-dépressif vient au premier plan on peut supposer que les mécanismes névrotiques sont débordés et que la scène se déplace maintenant sur le théâtre des relations entre le Moi et l'objet, mettant en œuvre des drames comportant des fantasmes de dévoration réciproque. Nous avons déjà vu le rôle conjoint des angoisses de castration-séparation et de pénétration-intrusion. L'atteinte de la sphère narcissique conduit à une intensification défensive, la culpabilité s'accouple à la honte et le refoulement des représentations se complète par le déni des perceptions.

Avant de conclure, il nous faut préciser le rôle du père. Celui-ci, on le sait, prend des figures contrastées : séducteur, incestueux, tout-puissant ou, au contraire, dévalorisé, insuffisant et totalement dominé par la mère. Toutefois, la fixation au pénis du père est d'interprétation ambiguë. Car, d'une part, c'est ce qu'a l'objet pour posséder la mère et se l'attacher, mais, d'autre part, l'ambivalence projetée ou directe de l'objet maternel sur le père transforme cette fixation libidinale en désir de castration de l'imago paternelle, souvent de caractère défensif. Ce but est rationalisé pour venir à la place d'un objet qui serait élu par la mère, l'enfant souhaitant jouer ce rôle lui-même, pouvoir chasser le père et le remplacer afin de libérer la mère dominée, inhibée, martyrisée, rendue esclave dans la scène primitive. Cela est une position moins conflictuelle chez le garçon, bien qu'elle entre en opposition avec ses désirs homosexuels et son identification au père. Chez la fille, elle conduit à une impasse dans la mesure où aucune identification œdipienne ne peut en émerger. En tout les cas, en fantasme, la mère ne saurait jouir de la sexualité avec le père, tout au plus entretient-elle avec lui une relation sadomasochiste.

Depuis que l'hystérie existe, elle a toujours soulevé le problème de son rapport à la vérité et l'on sait la mauvaise réputation dont les hystériques étaient chargés lorsqu'on les soupçonnait de vouloir délibérément tromper les médecins. Lorsque l'hystérique est confronté à ses contradictions, à son inconstance, à ses dissimulations, il se défend consciemment en invoquant l'existence de « vérités successives » qui s'annulent l'une l'autre, chacune n'ayant de valeur qu'au moment où elle a été déclarée. Une telle variabilité témoigne de la superficialité du rapport à l'objet et de la place éphémère accordée aux investissements pulsionnels, qui peuvent être remplacés par d'autres, de nature différente, d'une manière qui pourrait sembler incompatible à un tiers. Bien que Freud nous ait permis de penser les choses autrement, en référant tous ces « mensonges » à l'inconscient, aujourd'hui à nouveau où les réticences à l'égard de la psychanalyse se renforcent, on revient à l'hypothèse de la supercherie que les hystériques mettraient en œuvre à l'égard de psychanalystes trop crédules, voire de psychanalystes qui perpétueraient le mensonge en devenant eux-mêmes les colporteurs de leurs falsifications. En ce qui concerne les cas limites, ici aussi la vérité subit une déformation importante. Mais en ce dernier cas, le mensonge n'est pas perpétré en vue de tirer un bénéfice primaire ou secondaire. Le mensonge est la conséquence indirecte d'un rapport faussé, plus directement faussé au réel et aux projections du sujet qui ne permettent plus d'avoir une perception de celui-ci côte à côte avec le développement des fantasmes.

Qu'il s'agisse de l'une ou de l'autre de ces deux possibilités, la question qui se pose est de savoir si la vérité peut être utilisée comme un concept psychanalytique. Il existe chez Freud une opposition réalité psychique – réalité matérielle et, à côté de celle-ci, une autre plus tardive, exposée dans *L'homme Moïse et la religion monothéiste,* entre vérité historique et vérité matérielle. Cela paraît suggérer qu'il pourrait y avoir un lien entre les concepts de réalité psychique et de vérité historique. La vérité historique a subi des vicissitudes au cours du développement. Elle concerne des perceptions et des fantasmes tenus pour vrais au début, refoulés dans un second temps et refaisant surface plus tard. C'est l'analyse de ce qui constitue cette vérité historique qui est le but de la cure. Élargissant la conception de Freud, Bion (1970) a proposé une nouvelle version du concept de vérité. Considérant que la vérité est aussi nécessaire à la psyché que l'air le serait à l'organisme vivant, la conception de Bion se fonde sur le dilemme fondamental : élaborer la frustration ou l'évacuer. Cette évacuation hors psyché peut être comparée à certains égards aux formes radicales du travail du négatif. Si le refoulement peut être corrigé grâce au retour du refoulé, il peut ne pas en être de même pour certains clivages profonds et encore plus certains effets de la forclusion. On est encore face à de plus grandes difficultés lorsque l'on a affaire à des expériences précoces qui ne se sont pas inscrites dans la psyché sous la forme de souvenirs parce qu'elles sont survenues à des périodes antérieures à l'acquisition du langage. Souvent ce ne sera que grâce à la compulsion de répétition à force d'*actings,* voire de décharges somatiques, que nous aurons à construire la vérité qui nous fait défaut. Le plus difficile sera alors de la faire partager à l'analysant, en prenant soin d'éviter de lui donner le sentiment d'un endoctrinement afin de lui permettre d'atteindre à une authentique liberté personnelle. Ici le pire n'est pas toujours sûr, et il n'est pas interdit de penser qu'il arrive que certains cas limites parviennent plus aisément à ce résultat que beaucoup d'hystériques. Peut-être parce que les brèches qui ont été ouvertes dans leur Moi les auront privés du secours des rationalisations les plus pétrifiantes. Quoi qu'il en soit, pour parvenir à bon port, une belle longanimité sera nécessaire à l'analyste. C'est grâce à elle que peut se transmettre le savoir de ceux qui, ensemble, n'auront pas fui les épreuves de l'analyse.

BIBLIOGRAPHIE GÉNÉRALE

Hélène Parat

Principaux textes de S. Freud :

— (1887-1902), Lettres-Esquisses-Notes, *La naissance de la psychanalyse*, trad. A. Berman, PUF, 1979.
— (1892), Pour une théorie de l'attaque hystérique, *Résultats, idées, problèmes*, trad. P. Cotet, J. Laplanche et coll., vol. I, PUF, 1984.
— (1892-1893), Un cas de guérison hypnotique avec des remarques sur l'apparition des symptômes hystériques par la contre-volonté, trad. P. Cotet, J. Laplanche et coll., *Résultats, idées, problèmes*, vol. I, PUF, 1984.
— (1893), Quelques considérations pour une étude comparative des paralysies motrices organiques et hystériques (original en français), *Résultats, idées, problèmes*, vol. I, PUF, 1984.
— (1893), Charcot, *Résultats, idées, problèmes*, trad. P. Cotet, J. Laplanche et coll., vol. I, PUF, 1984.
— (1893), Le mécanisme psychique des phénomènes hystériques, Communication préliminaire (avec J. Breuer), *Études sur l'hystérie*, trad. A. Berman, PUF (1re éd., 1956), 1985.
— (1894), Les psychonévroses de défense (Essai d'une théorie psychologique de l'hystérie acquise, de nombreuses phobies et obsessions et de certaines psychoses hallucinatoires), trad. J. Laplanche, *Névrose, psychose et perversion*, PUF (1re éd., 1973), éd. 1985.
— (1895), *Études sur l'hystérie* (avec J. Breuer), PUF (1re éd., 1956), 1985.
— (1895), Psychothérapie de l'hystérie, *Études sur l'hystérie*, trad. A. Berman, PUF (1re éd., 1956), 1985.
— (1896*a*), L'hérédité et l'étiologie des névroses, texte original en français, *Névrose, psychose et perversion*, PUF (1re éd., 1973), éd. 1985.
— (1896*b*), Nouvelles remarques sur les psychonévroses de défense, trad. J. Laplanche, *Névrose, psychose et perversion*, PUF (1re éd., 1973), éd. 1985.
— (1896*c*), L'étiologie de l'hystérie, trad. J. Bissery et J. Laplanche, *Névrose, psychose et perversion*, PUF (1re éd., 1973), éd. 1985.
— (1898), La sexualité dans l'étiologie des névroses, *Résultats, idées, problèmes*, vol. I, trad. P. Cotet, J. Laplanche et coll., PUF, 1984.

— (1901), *L'interprétation des rêves,* trad. I. Meyerson, rev. D. Berger, PUF, 1973 (1re éd., 1926, revue en 1967).
— (1905), *Trois essais sur la théorie sexuelle*, trad. P. Koeppel, Gallimard, « Idées », 1985.
— (1905*a*), Fragment d'une analyse d'hystérie : Dora, *Cinq psychanalyses*, trad. M. Bonaparte et R. Loewenstein, PUF, 1954.
— (1905*b*), *Le mot d'esprit et ses rapports avec l'inconscient,* Paris, Gallimard, 1930.
— (1908), Mes vues sur le rôle de la sexualité dans l'étiologie des névroses, *Résultats, idées, problèmes*, vol. I, trad. P. Cotet, J. Laplanche et coll., PUF, 1984.
— (1909), Les fantasmes hystériques et leur relation à la bisexualité, trad. J. Laplanche et J.-B. Pontalis, *Névrose, psychose et perversion*, PUF (1re éd., 1973), éd. 1985.
— (1909), Considérations générales sur l'attaque hystérique, trad. D. Guérineau, *Névrose, psychose et perversion*, PUF (1re éd., 1973), éd. 1985.
— (1909), Analyse d'une phobie d'un petit garçon de cinq ans : le petit Hans, *Cinq psychanalyses*, trad. M. Bonaparte et R. Loewenstein, PUF, 1954.
— (1909), *Sur la psychanalyse, cinq conférences,* Paris, NRF-Gallimard, « Connaissance de l'inconscient ».
— (1910), Le trouble psychogène de la vision dans la conception psychanalytique, trad. D. Guérineau, *Névrose, psychose et perversion*, PUF (1re éd., 1973), éd. 1985.
— (1912), Sur le plus général des rabaissements de la vie amoureuse. Contributions à la psychologie de la vie amoureuse, trad. D. Berger, J. Laplanche et coll., *La vie sexuelle*, Paris, PUF, 1970.
— (1914), Pour introduire le narcissisme, *La vie sexuelle*, trad. D. Berger, J. Laplanche et coll., PUF (1re éd., 1969), éd. 1973.
— (1915*a*), Pulsions et destins des pulsions, *Métapsychologie*, Paris, Gallimard, 1958.
— (1915*b*), *Métapsychologie*, trad. J. Laplanche et J.-B. Pontalis, Gallimard (1re éd., 1968), éd. 1986.
— (1915*c*), Deuil et mélancolie, in *Métapsychologie*, Paris, PUF.
— (1916), *Conférences d'introduction à la psychanalyse*, trad. F. Cambon, Gallimard, 1999.
— (1920), Au-delà du principe de plaisir, in *Essais de psychanalyse*, trad. sous la dir. de A. Bourguignon, Paris, PBP, (1re éd., 1965), Payot, 1981.
— (1921), Psychologie des foules et analyse du moi, *Essais de psychanalyse*, trad. sous la dir. de A. Bourguignon, Payot (1re éd., 1981), PBP, éd. 1989.
— (1923), Une névrose démoniaque au XVIIe siècle, *Essais de psychanalyse appliquée*, Gallimard (1re éd., 1933), 1971.
— (1923), Le Moi et le Ça, in *Essais de psychanalyse,* trad. sous la dir. de A. Bourguignon, Payot (1re éd., 1981), PBP, éd. 1989.
— (1925), Quelques conséquences psychologiques de la différence anatomique entre les sexes, in *La vie sexuelle*, trad. franç. D. Berger, coll. « Bibliothèque de Psychanalyse », dir. par J. Laplanche, Paris, PUF, 1992, p. 123-132.
— (1926), *Inhibition, symptôme, angoisse*, PUF (1re éd., 1951), éd. 1986.
— (1931), Sur la sexualité féminine, *La vie sexuelle*, trad. D. Berger, J. Laplanche et coll., PUF (1re éd., 1969), éd. 1973.
— (1933), *Nouvelles conférences d'introduction à la psychanalyse*, Paris, Gallimard, « Connaissance de l'inconscient », 1984.
— (1937), L'analyse avec fin et l'analyse sans fin, in *Résultats, idées, problèmes,* II, Paris PUF, 1985.

— (1938), *Abrégé de psychanalyse*, trad. A. Berman, Paris, PUF (1re éd., 1949), 1964.
— (1939), *L'homme Moïse et la religion monothéiste*, Paris, Gallimard, 1987.

Ouvrages collectifs :

Hystérie, *Confrontations psychiatriques*, 1, 1, 1968.
L'hystérie d'angoisse chez l'homme, Colloque SPP, juillet 1968, *Revue française de psychanalyse*, 33, 4, 1969.
Sur l'hystérie, *Revue française de psychanalyse,* 37, 3, 1973.
De la névrose d'angoisse à l'hystérie, XCIVe Congrès des psychanalystes de langue française, Lisbonne, juin 1984, *Revue française de psychanalyse*, 49, 1, 1985.
Encore l'hystérie, Colloque de Deauville, octobre 1985, *Revue française de psychanalyse*, 50, 3, 1986.
Fine A., Le Guen A. et Oppenheimer A. (dir.), *Peurs et phobies*, Paris, PUF, coll. « Monographies de psychanalyse », 1997.
Hystérie et cas limites : approche métapsychologique et implications techniques, XIIe Conférence de la FEP, *Bulletin de la Fédération européenne de psychanalyse*, 1997, nos 48 et 49.
L'hystérie, *La clinique lacanienne,* 2 et 3, 1998.

Index des auteurs :

Abraham K., *Œuvres complètes,* t. I *(1907-1914)* et t. II *(1915-1925),* trad. I. Barande et E. Grin, Paris, Payot, 1965 :
— (1908), Les différences psychosexuelles entre l'hystérie et la démence précoce, t. I, p. 36-47.
— (1910), Les états oniriques hystériques, t. I, p. 63-90.
— (1916), L'examen de l'étape prégénitale la plus précoce du développement de la libido, t. II, p. 11-34.
— (1920), Manifestation du complexe de castration chez la femme, t. II, p. 116-141.
— (1924), Esquisse d'une histoire du développement de la libido fondée sur la psychanalyse des troubles mentaux, seconde partie : « Débuts et développements de l'amour objectal », t. II, p. 211-226.
Abraham N. et Torok M. (1971), Le mot magique de l'Homme aux loups. Incorporation, hystérie interne, cryptonymie, *Revue française de psychanalyse*, 35, 2-3, p. 71-100.
Adams Silvan A. et Silvan M. (1994), Paradise lost : A case of hysteria illustrating a specific dynamic of seduction trauma, *The International Journal of Psycho-Analysis*, 75, 3, p. 499-510.
Aisenstein M. et Gibeault A. (1990), Le travail de l'hypocondrie. Contribution à l'étude de la spécificité de l'hypocondrie, notamment par rapport à la conversion hystérique et à la maladie organique, *Les Cahiers du Centre de psychanalyse et de psychothérapie,* 21, p. 19-48.
Alexander F. (1930), The role of the ego in the neuroses. The hysterical and the paranoid mechanisms, in *The psychoanalysis of the total personality. The application of Freud's theory of the ego to the neuroses*, New York, McGrath Publishing Company, 1970, p. 34-49.
Alexander F. (1950), Conversion hysteria, vegetative neurosis and psychogenic organic disturbance, chap. II in *Psychosomatic medicine. Its principles and applications,* New York, Norton & Company.

Alexander F. et French Th. (1948), *Studies in psychosomatic medicine. An approach to the cause and treatment of vegetative disturbances,* New York, Ronald Press.
André J. (1999), L'élément féminin impur, *Clés pour le féminin (femme, mère, amante et fille)* coll. « Débats de psychanalyse » Paris, PUF.
André J., Richard F., Lanouzière J. (1999), *Problématique de l'hystérie,* Paris, Dunod.
Anzieu A. (1987), L'enveloppe hystérique, in *Les enveloppes psychiques* (coll.), Paris, Dunod.
Anzieu D. (1973), Discussion of the paper of G. Pankow. The body image in hysterical psychosis, *The International Journal of Psycho-Analysis*, 1974.
Assoun P. L. (1989), Phèdre ou l'hystérie sublime : le savoir pervers de la féminité, in *Le pervers et la femme,* Paris, Anthropos, p. 23-40.
Audras de La Bastie M. (1986), L'hystérie et l'identification au fantasme inconscient des parents, *Psychanalyse à l'Université,* 11, 43, p. 465-478.
Azam (1887), *Hypnotisme, double conscience et altération de la personnalité,* Paris, Baillière.
Azar A. (1989), Le syndrome du fil à la patte dans l'hystérie féminine, *Psychanalyse à l'Université,* 14, 53, p. 105-113.
Balier C. (1992), Le viol du tabou ou ce qu'il en coûte de tuer son père, *Perspectives psychiatriques,* « Parricides », 31, 34, p. 213-217.
Bannour W. (1992), *Jean-Martin Charcot et l'hystérie*, Éd. Métailié, 1992, 255 p.
Barros Ferreira M. de (1978), L'immigrant portugais et « son » hystérie – ou l'hystérie de l'immigration ?, *Évolution psychiatrique*, 43, 3, p. 521-548.
Bayle G. (1997), Considérations sur la clinique des phobies névrotiques, in *Peurs et phobies*, Paris, PUF, p. 113-133.
Bergeret J. (1974), *La dépression et les états limites,* Paris, Payot.
Bergler E. (1937), *Die Psychische Impotenz des Mannes*, Bern, Hans Huber.
Bernheimer C. et Kahane Cl. (1985), *In Dora's case*, Londres, Virago Press, 291 p.
Boegner-Plichet M. (1958), Symptômes hystériques et symptômes psychosomatiques, *Entretiens psychiatriques*, 8, p. 131-152.
Bollas C. (1981), Comment l'hystérique prend possession de l'analyste, *Nouvelle Revue de psychanalyse*, 24, p. 279-286.
Bonnafé M. (1989), Fantasme de bisexualité, hystérie motrice et processus de symbolisation, *Revue française de psychanalyse*, 53, 6, p. 1813-1821.
Bonnafé M. (1995), Entre Sosie et Œdipe, Alcmène. Jeu du double, Fantasme bisexuel et réalité psychique, *Revue française de psychanalyse*, 59, 1, p. 149-162.
Bonnet G. (1994), Le premier qui voit l'autre... Hystérie et désir de voir, *Psychanalyse à l'Université*, 19, 76, p. 41-64.
Bornstein B. (1947), Hysterical twilight states in an eight-year-old child, *The Psychoanalytic Study of the Child*, p. 229-240.
Botella C. et S. (1988), Trauma et topique, in *Revue française de psychanalyse,* n° 6.
Bourneville D. M. et Regnard P. (1991), Seconde observation de Célina (1879-1880) : « Du sommeil des hystériques », *Revue internationale de psychopathologie*, p. 317-322.
Bourneville D. M. et Regnard P. (1991), Première observation de Célina (1876-1877) : « Hystéro-épilepsie, action de l'éther, métallothérapie », *Revue internationale de psychopathologie*, p. 281-316.
Bouvet M. (1956), La clinique psychanalytique. La relation d'objet, in *OC,* t. I : *La relation d'objet*, Payot, 1967, p. 161-225.

Braunschweig D. et Fain M. (1975), *La nuit et le jour (Essai psychanalytique sur le fonctionnement mental)*, Paris, PUF.
Brenman E. (1985), Hysteria, *The International Journal of Psycho-Analysis*, 66, 4, p. 423-432.
Brette F. (1986), De la complaisance somatique à la complaisance dépressive, *Revue française de psychanalyse*, 50, 3, p. 961-970.
Brette F. (1982), Du traumatisme... et de l'hystérie « pour s'en remettre », *in* J. Guillaumin, *Quinze études psychanalytiques sur le temps. Traumatisme et après-coup*, Toulouse, Privat, p. 41-54.
Brette F. (1985), Plaidoyer pour une certaine hystérie, in *Revue française de psychanalyse*, n° 1.
Breuer J., cf. S. Freud.
Briquet P. (1859), *Traité clinique et thérapeutique de l'hystérie*, Paris, Baillière.
Brisset C. (1970), Hystérie et psychosomatique. Les rapports de la structure et de l'histoire, *Évolution psychiatrique*, 35, 2, p. 377-404.
Brousselle A. (1998), Le masochisme masculin : « Avoir les boules », *Revue française de psychanalyse*, 62, 2, p. 539-549.
Burger M. (1962), L'organisation orale chez une hystérique cleptomane, *Revue française de psychanalyse*, 26, 4, p. 423-444.
Cain J. (1977), L'exemplarité de l'hystérie, in *Le double jeu. Essai psychanalytique sur l'identité*, Paris, Payot.
Calvo F. (1974), Hystérie et utilisation maniaque des rêves, *Revue française de psychanalyse*, 38, 5/6, p. 1057-1064.
Carroy J. (1979), Figures de femmes hystériques dans la psychiatrie française au XIXe siècle, *Psychanalyse à l'Université*, p. 313-324.
Carroy J. (1980), Possession, extase, hystérie au XIXe siècle, *Psychanalyse à l'Université*, 5, 19, p. 499-516.
Carroy J. (1982), Hystérie, théâtre, littérature au XIXe siècle, *Psychanalyse à l'Université*, 7, 26, p. 299-318.
Carroy J. (1991), Une femme, des récits et des foules, *Revue internationale de psychopathologie*, 4, p. 323-332.
Carroy J. (1992), Entre mémoire et oubli : les deux vies de Félida, *Revue internationale de psychopathologie*, 5, p. 73-80.
Castellano Maury E. (1997), Hystérie de vie, hystérie de mort ?, *Revue française de psychosomatique*, 11, p. 151-161.
Cenac M. (1935), L'hystérie en 1935, *Évolution psychiatrique*, 4, p. 25-33.
Chabert C. (1993), Entre honte et culpabilité : l'hystérie à l'adolescence, *Adolescence*, 11, 1, p. 59-68.
Charcot J.-M. (1880-1893), *L'hystérie*, textes choisis et présentés par E. Trillat, Toulouse, Privat, 1971, 215 p.
Charcot J.-M. (1974), Leçons du mardi à la Salpêtrière. Notes de cours de MM. Blin, Charcot et Colin, Paris, Centre d'étude et de promotion de la lecture, 181 p.
Chazaud J. (1983), *Hystérie, schizophrénie, paranoïa (Chemins vers une psychiatrie psychanalytique)*, Toulouse, Privat, 1983, 263 p.
Coimbra de Matos A. (1985), De l'hystérie à la dépression, *Revue française de psychanalyse*, 49, 1, p. 374-379.
Cosnier J. (1985), Hystérie et confusion des langues, *Revue française de psychanalyse*, 49, 1, p. 380-385.

Couvreur C. (1988), Le trauma : les trois temps d'une valse, in *Revue française de psychanalyse,* n° 6.
Cyssau C. (1997), La peur et les phobies : des névroses d'angoisse à l'hystérie d'angoisse, in *Peurs et phobies,* coll. « Monographies de psychanalyse », Paris, PUF, p. 11-31.
Dalle B. (1969), Syndrome hallucinatoire chronique et hystérie, *Évolution psychiatrique,* 34, 2, p. 338-358.
David C. (1975), « Hystérie, paranoïa, perversion et fantasmatique bisexuelle », chap. V, *in* La bisexualité psychique, *Revue française de psychanalyse,* 39, 5/6.
David C. (1982), Souffrance, plaisir et pensée : un mixte indissociable, *Souffrance, plaisir et pensée,* Paris, Les Belles Lettres, « Confluents psychanalytiques ».
David Ménard M. (1976), Introduction à une épistémologie de la métaphore biologique. La conversion hystérique, *Psychanalyse à l'Université,* 2, 2, p. 113-143.
David Ménard M. (1983), *L'hystérique entre Freud et Lacan. Corps et langage en psychanalyse,* Paris, Éditions Universitaires, 215 p.
Davis D. (1994), A theory for the 90s : Traumatic seduction in historical context, *The Psychoanalytic Review,* 81, 4, p. 627-640.
De Neuter P. (1991), Passion, conversion hystérique, transfert imaginaire et symbolique, *La clinique lacanienne,* Erès, 1998, 3, p. 29-52.
De Neuter P. (1993), Fantasme, traumatisme et hystérie, *Le trimestre psychanalytique,* 1, Paris, Association freudienne, p. 111-126.
De Neuter P. (1998), Passions adolescentes, conversions hystériques et transferts, *Adolescence,* 32, p. 111-123.
De Neuter P. (1998), L'hystérie féminine, son trauma, son fantasme et ses jouissances, in *La clinique lacanniene,* Erès, 1998, 3, p. 29-52.
Deutsch F. (1957), A footnote to Freud's « Fragment of an analysis of a case of hysteria », *The Psychoanalytic Quarterly,* 1957, p. 159-167, trad. franç. Apostille au « fragment de l'analyse d'un cas d'hystérie » de Freud, *Revue française de psychanalyse,* 1973, 37, 3, p. 407-414.
Deutsch H. (1930), *La psychanalyse des névroses et autres essais. Étude de clinique psychanalytique,* trad. G. Rintzler, Paris, Payot, 1970, 322 p.
Deutsch H. (1930), Le masochisme féminin et sa relation à la frigidité, *Féminité/Mascarade,* Paris, Le Seuil, 1984, p. 215-231.
Diatkine R. (1968), L'abord psychanalytique de l'hystérie, *Confrontations psychiatriques,* 1, 1968, p. 85-100.
Didi Huberman G. (1982), *Invention de l'hystérie. Charcot et l'iconographie photographique de la Salpêtrière,* Paris, Macula, 303 p.
Donnet J.-L. (1986), Sur la rencontre de l'hystérique et de la situation analytique, in *Le divan bien tempéré,* Paris, PUF, 1995, p. 113-135.
Durieux M.-C. (1995), La perception somnambulique, *Revue française de psychanalyse,* 59, 2, « Percevoir », p. 513-525.
Easser B. R. et Lesser S. R. (1965), Hysterical personality : A re-evaluation, *The Psychoanalytic Quarterly,* 34, 3, p. 390-406.
Eichler M. (1976), The psychological treatment of an hysterical character with special emphasis on problems of aggression, *The International Journal of Psycho-Analysis,* 57, 1/2, p. 37-44.
Eiguer A. (1990), La subversion de l'hystérie, in *Emprise et liberté* (coll.), Paris, L'Harmattan, p. 67-105.

Eiguer A. (1991), *La folie de Narcisse. La double conflictualité psychique*, Paris, Dunod, 194 p.
Eisler M. (1921), A man's unconscious phantasy of pregnancy in the guise of traumatic hysteria, *The International Journal of Psycho-Analysis*, 2, 3/4, p. 255-286, trad. franç. C. Froissart-Knoll, Un fantasme inconscient de grossesse chez un homme, derrière un tableau d'hystérie traumatique, *Le Coq héron*, 1993, p. 7-25.
Ellenberger H. F. (1968), Aspects ethno-psychiatriques de l'hystérie, *Confrontations psychiatriques*, 1, 1968.
Ellenberger H. F. (1974), *A la découverte de l'inconscient*, Villeurbanne, Simep.
Erickson M. H. et Kubie L. S. (1941), The successful treatment of a case of acute hysterical depression by a return under hypnosis to a critical phase of childhood, *The Psychoanalytic Quarterly*, 10, 4, p. 583-609.
Evans R. (1975), « Hysterical materialization » in the analysis of a latency girl, *The Psychoanalytic Study of the Child*, 30, p. 307-340.
Fain M. (1970), Prélude à la vie fantasmatique, in *Revue française de psychanalyse*, 1986, n° 14.
Fain M. (1986), A propos des réflexions de M. Ody sur noyau dépressif, noyau hystérique, *Revue française de psychanalyse*, 50, 3, p. 973-978.
Fain M. (1990), Virilité et antihystérie. Les rouleurs de mécaniques, *Revue française de psychanalyse*, 54, 5, p. 1283-1291.
Fain M. et Begoin Guignard F. (1984), Identification hystérique et identification projective, *Revue française de psychanalyse*, 48, 2, p. 515-527.
Fainsilber L. (1996), *Éloge de l'hystérie masculine. Sa fonction secrète dans les renaissances de la psychanalyse*, Paris, L'Harmattan, 198 p.
Fairbairn W. (1952), *Études psychanalytiques de la personnalité*, Éd. du Monde interne, 1998 :
— (1941), Pathologie révisée des névroses et des psychoses.
— (1940), Facteurs schizoïdes de la personnalité.
— (1943), Le refoulement et le retour des mauvais objets.
Fairbairn W. (1954), Observations on the nature of hysterical states, *British Journal of Medical Psychology*, 27, p. 105-125, trad. franç. : Observations sur la nature des états hystériques, *Revue française de psychanalyse*, 61, 2, 1997, p. 575-603.
Falzeder E. (1994, revu en 1997), Ma grande patiente, mon fléau principal. Un cas de Freud inconnu jusqu'à présent et répercussions, *Revue française de psychanalyse*, 61, 4, p. 1265-1290.
Federn P. (1940), The determination of hysteria versus obsessional neurosis, *The Psychoanalytic Review*, 27, 3, p. 265-276.
Federn P. (1957), Die Hysterie, *in* P. Federn et H. Meng, *Das psychoanalytische Volksbuch, Allgemeiner Teil, zur Einführung in die Grundlagen der Psychoanalyse*, Berne, Hans Huber, p. 251-262.
Fédida P. (1991), Désimaginer l'image ou l'œuvre d'art déformée, *Revue internationale de psychopathologie*, 4, p. 341-343.
Fédida P. (1992), Le rêve, mémoire de l'infantile, *Revue internationale de psychopathologie*, 5, p. 7-19.
Feigenbaum D. (1926), A case of hysterical depression. Mechanism of identification and castration, *The Psychoanalytic Review*, 13, 4, p. 404-423.
Fenichel O. (1930), La préhistoire prégénitale du complexe d'Œdipe, in *Féminité/Mascarade*, Le Seuil, 1994, p. 233-266.

Fenichel O. (1931), *Hysterien und Zwangneurosen. Psychoanalytische spezielle Neurosenlehre,* Leipzig, Vienne, Zürich, Internationaler Psychoanalytischer Verlag, 193 p.
Fenichel O. (1945), *La théorie psychanalytique des névroses*, t. I, et bibliographie, *in* t. II, PUF (1re éd., 1953), 1979.
Ferenczi S. (1919), *Hysterie und Pathoneurosen*, Leipzig, Vienne, Zürich, Internationaler Psychoanalytischer Verlag, 1919, 78 p.
Ferenczi S., *Œuvres complètes*, en 4 volumes, trad. J. Dupont, M. Viliker, P. Garnier, M. Balint, Paris, Payot, 1974 :
— (1913), Le développement du sens de la réalité et de ses stades, *OC,* t. II, p. 51-65.
— (1916), Deux types de névrose de guerre (hystérie), *OC,* t. II, p. 238-252.
— (1919), Difficultés techniques d'une analyse d'hystérie, *OC,* t. III, p. 17-23.
— (1919), Phénomènes de matérialisation hystérique, *OC,* t. III, p. 53-65.
— (1919), Tentative d'explication de quelques stigmates hystériques, *OC,* t. III, p. 66-72.
— (1919), Psychanalyse d'un cas d'hypocondrie hystérique, *OC,* t. III, p. 73-78.
— (1921), Réflexions psychanalytiques sur les tics, *OC,* t. III, p. 85-112.
— (1932), Confusion de langue entre les adultes et l'enfant. Le langage de la tendresse et de la passion, *OC,* t. IV, 1982, p. 125-138.
Ferreira T. (1985), Hystérie traumatique chez l'enfant, *Revue française de psychanalyse*, 49, 1, p. 394-403.
Fine R. (1971), Hysteria revisited, *The Psychoanalytic Review*, 58, 4, p. 595-615.
Forrester J. (1980), *Le langage aux origines de la psychanalyse,* Paris, Gallimard, 1984, 396 p.
Frejaville A. (1986), L'incapacité d'être seul(e) de l'hystérique, *Revue française de psychanalyse*, 50, 3, p. 979-988.
Freud A. (1926), An hysterical symptom in a child of two years and three month old, *The International Journal of Psycho-Analysis*, 7, 2, p. 227-229.
Frignet P. (1985), Hystérie, hallucination, délires, psychoses. (Itinéraire de Freud de 1890 à 1910), in *MI-DIT (Cahiers méridionaux de psychanalyse)*, II, 2, p. 26-36.
Frismand J. (1992), Somatisation, interprétation, conversion hystérique et son élaboration, *Revue française de psychosomatique*, 2, 1992, p. 105-111.
Ganser S. J. M. (1902), Contribution à la théorie de l'état crépusculaire hystérique, *Évolution psychiatrique*, 57, 3, 1992, p. 547-555.
Geahchan D. (1973), Haine et identification négative dans l'hystérie, *Revue française de psychanalyse,* 37, 3, p. 337-357, repris in *Temps et désir du psychanalyste*, Paris, Inter-Éditions, p. 47-71.
Gibeault A. (1989), Destins de la symbolisation, Rapport, *Revue française de psychanalyse,* 53, 6, p. 1493-1617.
Gillibert J. (1979), Premier mensonge hystérique : proton pseudos, et L'hystérie d'angoisse chez l'homme, p. 64-69 et 70-80, in *L'Œdipe maniaque*, vol. IV : *L'Homme de constitution : l'image réconciliée*, Paris, Payot.
Giudicelli S. (1986), Hystéries et psychoses, *Évolution psychiatrique*, 51, 3, p. 639-670.
Girard C. (1976), Le secret aux origines, *Nouvelle Revue de Psychanalyse, « Du secret »*, 14.
Goldstein C. (1995), Maîtrise de la pulsion ou maîtrise par la pulsion ?, *Revue française de psychanalyse*, 1995/3, Paris, PUF.
Gori R. (1981), De l'inspiration tragique à la structure hystérique, ou le présent de l'hystérie, 6, 23, *Psychanalyse à l'Université,* p. 437-464.

Gori R. (1982), L'hystérie : état limite du savoir ou l'hystérie au présent, *Évolution psychiatrique*, 47, 1, p. 179-188.

Gorkin M. (1985), Varieties of sexualized countertransference, *The Psychoanalytic Review*, 72, 3, p. 421-440.

Granoff W. et Perrier F. (1964), *Le désir et le féminin*, Paris, Aubier-Montaigne, 1979.

Green A. (1964), Névrose obsessionnelle et hystérie, leurs relations chez Freud et depuis, *Revue française de psychanalyse*, 28, 5/6, p. 679-716.

Green A. (1997), Le chiasme : prospective, les cas limites vus depuis l'hystérie ; rétrospective, l'hystérie vue depuis les cas limites, *Bulletin de la Fédération européenne de psychanalyse*, 48, p. 43-46.

Green A. (1997), Hystérie et cas limites : approche métapsychologique et implications techniques, *Bulletin de la Fédération européenne de psychanalyse*, 49, p. 28-47.

Grubrich-Simitis I. (1995), Urbuch der Psychoanalyse. Hundert Jahre « Studien über Hysterie » von Josef Breuer und Sigmund Freud, *Psyche*, 49, 12, p. 1117-1155.

Grunberger B. (1953), Conflit oral et hystérie, *Revue française de psychanalyse*, 17, 3, p. 250-265.

Grunberger B. (1956), Essais sur la situation analytique et le processus de guérison, in *Le narcissisme*, Paris, Payot, 1971.

Guillaumin J. (1983), *Psyché. Études psychanalytiques sur la réalité psychique*, Paris, PUF.

Guillaumin J. (1985), L'emprise de l'hystérie dans la psychanalyse, *Revue française de psychanalyse*, 49, 1, p. 404-409.

Guyotat J. (1986), Retour à l'hystérie gynécologique ?, *Psychanalyse à l'Université*, 11, 41, p. 129-140.

Halberstadt-Freud H. (1996), Studies on hysteria one hundred years on : A century of psychoanalysis, *The International Journal of Psycho-Analysis,* 77, 5, p. 983-996.

Harrus Revidi G. (1990), L'hystérie : une catégorie dialectique, *Psychanalyse à l'Université*, 15, 60, p. 93-110.

Harrus Revidi G. (1991), L'hystérie : une catégorie dialectique (II) *(suite et fin)*, *Psychanalyse à l'Université*, 16, 62, p. 115-133.

Harrus Revidi G. (1991), Sur les rapports entre la psychanalyse et la psychosomatique : une évidence épistémologique, *Revue française de psychosomatique,* 1, p. 81-91.

Harrus Revidi G. (1997), *L'hystérie,* Paris, PUF, « Que sais-je ? », 128 p.

Hassoun P. (1988), Dis-moi que tu me veux pas toute, *Patio*, 10, p. 38-48.

Hesnard A. (1936), L'hystérie névrose d'expression, *Évolution psychiatrique*, 2, p. 17-44.

Hirschmuller A. (1978), *Physiologie und Psychoanalyse im Leben und Werk Josef Breuer,* Berne, H. Huber, 480 p.

Hollande C. (1973), A propos de l'identification hystérique. Des lettres à Fliess à Dora, *Revue française de psychanalyse*, 37, 3, p. 323-330.

Horowitz M. J. (1977), Hysterical personality : Cognitive structure and the processes of change, *The International Review of Psycho-Analysis*, 4, 1, p. 23-50.

Horowitz M. J. (1977), *Hysterical personality,* New York, Jason Aronson, 441 p.

Imbeault J. (1989), *L'événement et l'inconscient*, Montréal, Éditions Triptyque, 375 p.

Israël L. (1967), La victime de l'hystérique, *Évolution psychiatrique,* 32, 3, p. 517-546.

Israël L. (1976), *L'hystérique, le sexe et le médecin*, Paris, Masson, 255 p.

Israël L. (1989), *Boiter n'est pas pécher*, Paris, Denoël, 314 p.

Israël L., Depoutot J.-C., Kress J.-J. et Sichel J.-P. (1971), Hystérie, *EMC,* 37340 A 10 – 20 p.

Jaffe D. S. (1971), The role of ego modification and the task of structural change in the analysis of a case of hysteria, *The International Journal of Psycho-Analysis*, 52, 4, p. 375-395.

Janet P. (1892), *L'État mental des hystériques. Études sur divers symptômes hystériques*, Paris, Félix Alcan, 3e éd., 1931, 169 p.

Janet P. (1898), *Névroses et idées fixes*. Vol. 1 : *Études expérimentales sur les troubles de la volonté, de l'attention, de la mémoire sur les émotions, les idées obsédantes et leur traitement*, Paris, Masson, 1990, 532 p.

Janin C. (1996), *Figures et destins du traumatisme*, Paris, PUF.

Jeanneau A. (1984), L'hystérie. Unité et diversité, Rapport, *Revue française de psychanalyse*, 1985, 49, 1, p. 107-326.

Jeanneau A. (1990), *Les délires non psychotiques*, Paris, PUF, 183 p.

Jennings J. (1990), Die « Dora-Renaissance » : Fortschritte in psychoanalytischer theorie und praxis, *Psyche*, 44, 5, p. 385-411.

Johnston M. C. (1963), Features of orality in an hysterical character, *The Psychoanalytic Review*, 50, 4, p. 663-681.

Jones E. (1925), Folie simulée dans l'hystérie, et Des rapports entre la névrose d'angoisse et l'hystérie d'angoisse, in *Traité théorique et pratique de psychanalyse*, Paris, Payot, p. 606-620 et 654-663.

Juranville A. (1997), Mélancolie et possession, *Revue internationale de psychopathologie*, 24, p. 47-74.

Kaes R. (1985), L'hystérique et le groupe, *Évolution psychiatrique*, 50, 1, p. 129-158.

Kaplan D. M. (1984), Reflections on the Idea of Personal Fate and its Psychopathology : Helene Deutsch's « Hysterical fate neurosis » revisited, *The Psychoanalytic Quarterly*, 53, 2, p. 240-266.

Kernberg O. (1967), Borderline organization, *Journal of the American Psychoanalytic Association*, 15, p. 641-685.

Kernberg O. (1970), A Psychoanalytical Classification of Character Pathology, *Journal of the American Psychoanalytic Association*, 18, p. 800-822.

Kernberg O. (1979), *Les troubles limites de la personnalité*, Toulouse, Privat.

Kernberg O. (1980), *La personnalité narcissique*, Toulouse, Privat, 191 p.

Kernberg P. F. (1971), The Course of the Analysis of a Narcissistic Personality with Hysterical and compulsive Features, *Journal of the American Psychoanalytic Association*, 19, 3, p. 451-471.

Khan M. M. R. (1974), La rancune de l'hystérique, *Nouvelle Revue de Psychanalyse*, 10, p. 151-160.

Khan M. M. R. (1975), Grudge and the hysteric, *The International Journal of Psycho-Analysis*, 1975, 56, p. 349-357.

Khan M. M. R. (1985), La rancœur de l'hystérique, in *Passion, solitude et folie*, Paris, Gallimard, p. 53-63.

Klein M. (1923), L'analyse des jeunes enfants, *Essais de psychanalyse (1921-1945)*, trad. M. Derrida, Payot, 1984, p. 110-141.

Klein M. (1932), *La psychanalyse des enfants*, trad. J.-B. Boulanger, PUF (1re éd., 1959), 1975.

Klein M. (1935), Quelques conclusions théoriques au sujet de la vie émotionnelle des bébés, in *Développements de la psychanalyse*, PUF, 1966, p. 186-222.

Klein M. (1946), Notes sur quelques mécanismes schizoïdes, in *Développements de la psychanalyse*, PUF, 1966, p. 274-300.

Kohon G. (1983), Reflections on Dora : The case of hysteria, *The International Journal of Psycho-Analysis*, 1984, 67, p. 73-84.
Kreisler L. (1987), *Le nouvel enfant du désordre psychosomatique,* Toulouse, Privat.
Kristeva J. (1992), Le contre-transfert : une hystérie réveillée, *Revue internationale de psychopathologie*, 5, p. 43-63.
Krohn A. (1978), *Hysteria : The elusive neurosis*, New York, International Universities Press, 343 p.
Lacan J. (1951), Intervention sur le rapport de Lagache sur le transfert, *Revue française de psychanalyse,* 16, 1-2, 1952, p. 154-163, repris in *Écrits,* Le Seuil, 1966.
Lacan J. (1953-1954), *Le Séminaire, livre I : Les écrits techniques de Freud,* Paris, Le Seuil, 1975, 316 p.
Lacan J. (1955-1956), *Le Séminaire, livre III : Les psychoses,* Paris, Le Seuil, 1981.
Lacan J. (1956-1957), Dora et la jeune homosexuelle, in *Le Séminaire, livre IV : La relation d'objet*, Le Seuil, 1994.
Lacan J. (1958), La direction de la cure et les principes de son pouvoir, in *Écrits,* Le Seuil, 1966, p. 585-645.
Lacan J. (1957-1958), *Le séminaire, livre V : Les formations de l'inconscient,* Paris, Le Seuil, 1958.
Lacan J. (1962), *Séminaire : L'identification* (leçons du 21 mars, 4 avril, 30 mai, 27 juin 1962).
Lacan J. (1964), *Le séminaire, livre XI : Les quatre concepts fondamentaux de la psychanalyse,* Le Seuil, 1973.
Lacan J. (1965), *Séminaire : Problèmes cruciaux pour la psychanalyse* (leçons du 3 mars, 16 juin 1965).
Lacan J (1968), *Séminaire : L'acte psychanalytique* (leçons du 21 février, 13 mars 1968).
Lacan J. (1969-1970), *Le séminaire, livre XVII : L'envers de la psychanalyse,* Le Seuil, 1991.
Lacan J. (1970), *Le Séminaire, livre XVII : L'envers de la psychanalyse*, Paris, Le Seuil, 1991 (leçon du 11 février 1970).
Lacan J. (1971), *Séminaire : D'un discours qui ne serait pas du semblant* (leçons du 18 mai, 9 juin, 16 juin 1971).
Lacan J. (1972-1973), *Séminaire, livre XX : Encore,* Paris, Le Seuil, 1975, 133 p.
Lampl de Groot J. (1927), Histoire du développement du complexe d'Œdipe chez la femme, in *Féminité/Mascarade*, Le Seuil, 1984, p. 113-132.
Laplanche J. (1973), Panel on « hysteria today » (28th International Psycho-Analytical Congress, Paris), *The International Journal of Psycho-Analysis,* 1974, 55, p. 459-470.
Lasègue C. (1873), *Écrits psychiatriques,* textes choisis et présentés par J. Corraze, Toulouse, Privat, 1971.
Lebovici S. (1974), A propos de l'hystérie chez l'enfant, *Psychiatrie de l'enfant*, 17, 1, p. 5-52.
Legrand A. (1938), Un cas d'hystérie infantile avec crises convulsives, *Évolution psychiatrique*, 4, p. 47-57.
Le Guen C. (1974), *L'Œdipe originaire*, Paris, Payot.
Le Guen C. (1982), L'après-coup, in *Revue française de psychanalyse*, n° 3.
Lepastier S. (1996), Il faut bien se résoudre à évoquer l'hystérie, *Revue française de psychanalyse*, 60, 2, p. 499-519.
Leuba J. (1937), Alternance d'attitudes hystériques obsessionnelles et paranoïaques : observations cliniques, *Évolution psychiatrique*, 1, p. 43-70.

Lévy F. (1988), Ne tirez pas sur l'hystérique. L'hystérie contemporaine et en 1350 avant J.-C., in *Tirs croisés. Du malade imaginaire au médecin malgré lui,* Lyon, Césura Lyon Édition, p. 63-82.

Lindner R. M. (1945), Hypnoanalysis in a case of hysterical somnambulism, *The Psychoanalytic Review*, 32, 3, p. 325-339.

Lorand A. S. (1927), A Horse Phobia. A Character Analysis of an Anxiety Hysteria, *The Psychoanalytic Review*, p. 172-188.

Losserand J. (1978), Épilepsie et hystérie, *Revue française de psychanalyse*, Recherches psychanalytiques sur l'épilepsie, 42, 3, p. 411-438.

Louppe A. (1997), Psychanalyste ou sorcier ?, *Revue française de psychanalyse*, 61, 3, p. 995-1002.

Lubchansky J. (1973), Le point de vue économique dans l'hystérie à partir de la notion de traumatisme dans l'œuvre de Freud, *Revue française de psychanalyse*, 37, 3, p. 373-405, « Sur l'hystérie ».

Luquet P. (1985), L'organisation mentale hystérique, *Revue française de psychanalyse*, 49, 1, p. 421-441.

Major R. (1973), L'hystérie : rêve et révolution, *Revue française de psychanalyse*, 37, 3, p. 303-312.

Major R. (1997), La révolution de l'hystérie. Rosadora : la révolution freudienne du langage. L'acharnement du leurre. Fascination et servitude. Retour du révolu. La tache aveugle, in *Rêver l'autre,* Paris, Aubier-Montaigne, p. 17-37.

Makari G. (1997), Dora's hysteria and the maturation of Sigmund Freud's transference theory : A new historical interpretation, *Journal of the American Psychoanalytic Association*, 45, 4, p. 1061-1096.

Maleval J.-C. (1978), Le délire hystérique n'est pas un délire dissocié, *Évolution psychiatrique*, 43, 4, p. 691-740.

Maleval J.-C. (1981), *Folies hystériques et psychoses dissociatives*, Paris, Payot, 315 p.

Mallet J. (1955), Hystérie de conversion, *EMC*, 37360 A 10.

Mangriotis-Caracosta H. (1986), Note étymologique sur l'hystérie, *Revue française de psychanalyse*, 50, 3, p. 993-998.

Marcus S. (1974), Freud und Dora. Roman, Geschichte, Krankengeschichte, *Psyche,* 28, 1, p. 32-79.

Marmor J. (1953), Orality in the hysterical personality, *Journal of the American Psychoanalytic Association*, 1, 1-2, p. 656-671.

Marty P. (1990), *La psychosomatique de l'adulte,* PUF, « Que sais-je ? ».

Marty P., Fain M., de M'Uzan et David C. (1968), Le cas Dora et le point de vue psychosomatique, *Revue française de psychanalyse,* 32, 4, p. 679-714.

Maslyczyk M. (1990), La troisième phase de l'attaque hystérique à l'origine de la théorie du souvenir de Freud, *Revue française de psychanalyse*, « La construction du souvenir », 54, 4, p. 1079-1092.

Maslyczyk M. (1989), Révision de la « talking-cure » à partir du rapport image-mot, *Psychanalyse à l'Université*, 14, 54, p. 101-117.

McDougall J. (1978), *Plaidoyer pour une certaine anormalité*, Paris, NRF-Gallimard.

McDougall J. (1982), *Théâtre du Je,* Paris, Gallimard.

McDougall J. (1989), *Théâtre du corps,* Paris, Gallimard.

McDougall J. (1992), Corps et langage. Du langage du soma aux paroles de l'esprit, *Revue française de psychosomatique*, 2, p. 69-96.

McDougall J. (1996), *Éros aux mille et un visages,* Paris, Gallimard.

McGrath W. J. (1986), *Freud's discovery of psychoanalysis. The politics of hysteria*, Ithaca, Londres, Cornell University Press, 336 p.

Meissner W. W. (1979), Studies on hysteria – Katharina, *The Psychoanalytic Quarterly*, 48, 4, p. 587-600.

Melman C. (1984), *Nouvelles études sur l'hystérie*, Paris, Joseph Clims, 296 p.

Melman C. (1984), L'hystérique contre la formalisation, in *MI-DIT (Cahiers méridionaux de psychanalyse)*, juin 1984, année 1, n° 2-3, p. 93-100.

Melman C. (1984), L'hystérie pseudo-paranoïaque, in *Le discours psychanalytique*, décembre 1984, année 4, n° 13, p. 38-39.

Melman C. (1985), Séminaire sur l'hystérie, in *MI-DIT (Cahiers méridionaux de psychanalyse)*, mars 1985, année 2, n° 1, p. 122-133.

Melman C. (1985), Séminaire sur l'hystérie, in *MI-DIT (Cahiers méridionaux de psychanalyse)*, septembre 1985, année 2, n° 3, p. 61-72.

Melman C. (1996), L'identité hystérique, in *Bulletin de l'Association freudienne internationale*, janvier 1996, n° 66, p. 7-14.

Meltzer D. (1972-1973), Spirale de la méthode et des faits (Études sur l'hystérie), in *Le développement kleinien de la psychanalyse*, Bayard Éditions, 1994, p. 37-46.

Meyerson P. (1969), The hysteric's experience in psychoanalysis, *The International Journal of Psycho-Analysis*, 50, 3, p. 373-384.

Mijolla A. (1986), Du prudent usage des notions d' « hystérie » et d' « hystérique » en psychanalyse, *Revue française de psychanalyse*, 50, 3, p. 891-904.

Mohia N. (1987), De la possession à l'hystérie : psychothérapie d'une jeune Kabyle, *Adolescence*, 5, 2, p. 401-414.

Moreau F. (1998), L'épilepsie : passerelle critique du somatique, *Revue française de psychosomatique*, 13, p. 149-161.

Morgenstern S. (1937), Contribution au problème de l'hystérie chez l'enfant. Travail de la clinique de neuro-psychiatrie infantile, Service du Dr Heuyer, *Évolution psychiatrique*, 1937, 2, p. 3-33.

Moser A. (1997), Une ou plusieurs psychanalyses pour comprendre l'hystérie et les états limites, *Bulletin de la Fédération européenne de psychanalyse*, 48, p. 64-83.

Nasio J. D. (1990), *L'hystérie ou l'enfant magnifique de la psychanalyse*, Paris, Rivages, 226 p.

Nathan T. (1988), Hystérie ou possession. Prolégomènes à une théorie ethnopsychanalyste de la conversion hystérique, *in* M. Sassolas et coll., *Le dedans et le dehors. Penser le soin psychiatrique*, Lyon, Césura, p. 23-36.

Neyraut Sutterman M. T. (1985), Hystérie et épilepsie, *Revue française de psychanalyse*, 49, 1, 493 p.

Neyraut Sutterman M. T. (1997), La crise d'épilepsie, *Revue française de psychosomatique*, 12, p. 23-35.

Nicolaidis N. (1986), La représentation « transparente » hystérique, *Revue française de psychanalyse*, 50, 3, p. 999-1004.

Ody M. (1986), De l'opposition entre hystérie et dépression, *Revue française de psychanalyse*, 50, 3, p. 905-922.

Ody M. (1989), Une illustration du processus de symbolisation, *Revue française de psychanalyse*, « La symbolisation », 53, 6, p. 1885-1890.

Pankow G. W. (1973), The body image in hysterical psychosis, *The International Journal of Psycho-Analysis*, 55, 3 (28th International Psycho-Analytical Congress, Paris 1974), p. 407-414.

Pankow G. (1978), Hystérie et violence, *Évolution psychiatrique*, 43, 2, p. 339-350.
Papenheim E. (1989), Freud und Gilles de La Tourette, Spekulationen über die Diagnose von Frau Emmy von N..., *Psyche*, 43, 10, p. 929-995.
Parcheminey G. (1932), L'hystérie de conversion, *Revue française de psychanalyse*, 5, 1, p. 106-140.
Parcheminey G. (1935), Le problème de l'hystérie, *Revue française de psychanalyse*, 8, 1, p. 12-35.
Parcheminey G. (1949), Critique de la notion d'hystérie de conversion, *Évolution psychiatrique*, 1, p. 47-60.
Parcheminey G. (1950), La conception de l'hystérie, *Évolution psychiatrique*, 3, p. 377-390.
Pasche F. (1988), L'origine de l'hystérie, in *Le sens de la psychanalyse,* Paris, PUF, p. 99-106.
Perrier F. (1968), Phobies et hystérie d'angoisse, in *La Chaussée d'Antin*, t. 2, Paris, Union générale d'Éditions, 1978, p. 21-56.
Perrier F. (1968), Structure hystérique et dialogue analytique, in *La Chaussée d'Antin*, t. 2, Paris, Union générale d'Éditions, 1978, p. 58-82.
Perron-Borelli M. et Perron R. (1986), Fantasme et action, in *Revue française de psychanalyse,* 1987, n° 2.
Pfeffer A. Z. (1980), Memories of positive experiences in the resolution of conflicts : Illustrated in a case of hysteria, *Journal of the American Psychoanalytic Association*, 16, 4.
Picard J., Mécanismes névrotiques dans les psychoses : Œdipe, homosexualité, théâtralisme hystérique et perversité, *Évolution psychiatrique*, 4, p. 51-93.
Pichot P. (1968), Histoire des idées sur l'hystérie, *Confrontations psychiatriques,* 1, 1968, p. 9-28.
Pigott C. (1985), Du « noyau central » des hystériques, *Revue française de psychanalyse*, 1985, 49, 1, p. 442-449.
Py C. et Consoli S. (1989), Pathomimie : du deuil impossible à l'équivalent conversif, *Évolution psychiatrique*, 54, 4, p. 735-749.
Rabain J.-F. (1998), L'hystérie masculine entre mythes et réalités, *Revue française de psychanalyse*, 62, 2, p. 429-445.
Racamier P.-C. (1952), Hystérie et théâtre, in *De psychanalyse en psychiatrie. Études psychopathologiques,* Paris, Payot, p. 135-164.
Rangell L. (1959), The nature of conversion, *Journal of the American Psychoanalytic Association*, 7, 3, p. 632-662.
Reich W. (1925), Une psychose hystérique in *statu nascendi,* in *Premiers écrits,* t. I, Paris, Payot.
Reich W. (1933), Le caractère hystérique, in *L'analyse caractérielle*, Payot, PBP, (1re éd., 1971), 1976.
Reichard S. (1956), A re-examination of « Studies in hysteria », *The Psychoanalytic Quarterly*, 5, 2, p. 155-177.
Riesenberg-Malcolm R. (1996), How can we know the dancer from the dance ? : Hyperbole in hysteria, *The International Journal of Psycho-Analysis*, 77, 4, p. 679-688.
Rivière J. (1929), La féminité en tant que mascarade, *La psychanalyse,* 7, 1964, p. 303-313, repris in *Féminité/Mascarade,* Le Seuil, 1994, p. 197-214.

Rizzuto A. M. (1992), Freud's theoretical and technical models in « Studies on hysteria » (37th Congress of the International Psychoanalytical Association, Buenos Aires, 1991), *The International Review of Psycho-Analysis*, 19, 2, p. 169-177.

Rogow A. A. (1978), A further footnote to Freud's « Fragment of an analysis of a case of hysteria », *Journal of the American Psychoanalytic Association*, 26, 2, p. 331-356.

Rosenberg B. (1991), *Masochisme mortifère et masochisme, gardien de vie*, « Monographie de la Revue française de psychanalyse ».

Rosner H. (1975), Clinical and pronostic considerations in the analysis of a five-years-old hysteric, *Journal of the American Psychoanalytic Association*, 23, 3, p. 507-534.

Rosolato G., Introduction à l'étude de l'hystérie, *EMC*, 37105 A 10.

Rosolato G. (1962), L'hystérie. Structures psychanalytiques, *Évolution psychiatrique*, 27, 2, p. 225-258.

Rosolato G. (1982), « Hystérie » : pot-pourri à la Salpêtrière, *Psychanalyse à l'Université*, 8, 29, p. 163-175.

Rosolato G. (1988), Hystérie : névrose d'inconnu, *Topique*, 41, p. 19-48.

Rubin G. (1990), Éloge de l'hystérie. Pensée créatrice et pensée organisatrice, *Psychanalyse dans la civilisation*, 3, p. 67-90.

Rupprecht Schampera U. (1995), The concept of « early triangulation » as a key to a unified model of hysteria, *The International Journal of Psycho-Analysis*, 76, 3, p. 457-473 (trad. franç. Le concept d'une triangulation précoce comme clef d'un modèle cohérent de l'hystérie, in *Bulletin du groupe lyonnais*, 1996).

Rupprecht Schampera U. (1997), Atelier : Un modèle commun pour toutes les hystéries : de la relation entre hystérie névrotique et hystérie borderline (XIIe Conférence de la FEP, Genève, mars 1997), *Bulletin de la Fédération européenne de psychanalyse*, p. 47-56.

Sadger (1908), Analyse d'un cas de pseudo-épilepsie hystérique, *Minutes de la Société psychanalytique de Vienne*, t. II, Gallimard, 1978, p. 19-29.

Safouan M. (1974), chap. 12 : « Éloge à l'hystérie », in *Études sur l'Œdipe*, Paris, Seuil.

Sami Ali M. (1985), Une théorie psychosomatique de l'hystérie, *Psychanalyse à l'Université*, 10, 40, p. 573-586.

Sami Ali M. (1987), *Penser le somatique. Imaginaire et pathologie*, Paris, Dunod, 148 p.

Sapir et coll. (1967), Hystérie et relaxation, *Revue de médecine psychosomatique et de psychologie médicale*, 9, 2, p. 127-134.

Schaeffer J. (1986), Identification hystérique et identification projective : poursuivons le débat, *Les textes du Centre Alfred-Binet*, 8, p. 119-126.

Schaeffer J. (1986), Le rubis a horreur du rouge, in *Le refus du féminin*, Paris, PUF, 1997*a*.

Schaeffer J. (1997*a*), *Le refus du féminin*, coll. « Epître » Paris, PUF, 237 p.

Schaeffer J. (1997*b*), Mal-être dans la sexualité, *Le mal-être (Angoisse et violence)*. coll. « Débats de psychanalyse », Paris, PUF.

Schaeffer J. (1998), Crise d'hystérie : libido en crise, *Revue française de psychosomatique*, p. 71-98.

Schaeffer J. (1999), Que veut la femme ?, in *Clés pour le féminin*, coll. « Débats de psychanalyse », Paris, PUF.

Schierse Leonard L. (1993), *Rebelles, de mère en fille : aux sources de l'hystérie féminine*, Paris, Le Jour, 1994, 375 p.

Schmitz B. (1972), Narcissisme et toute-puissance phallique : états frontières de l'hystérie (contribution à l'étude des états limites), *Revue française de psychanalyse*, « Résistance et caractère », 36, 2, p. 249-264.

Schneider M. (1973), Affect et langage dans les premiers écrits de Freud, *Topique*, 11/12, p. 71-146.

Siegman A. J. (1954), Emotionality. A hysterical character defense, *The Psychoanalytic Quarterly*, 23, 3, p. 339-354.

Silber A. (1979), Childhood seduction, parental pathology and hysterical symptomatology : The genesis of an altered state of consciousness, *The International Journal of Psycho-Analysis*, 60, 1, p. 109-116.

Sirois F. (1977), Remarque sur l'hystérie collective, *Évolution psychiatrique*, 42, 1, p. 11-124.

Sopena C. (1991), Fragment of the analysis of an hysterical patient, *The International Journal of Psycho-Analysis*, 72, 3, p. 525-537.

Spence D. (1986), When interpretation masquerades an explanation, *Journal of the American Psychoanalytic Association*, vol. 34, p. 3-22.

Sperling M. (1953), Food allergies and conversion hysteria, *The Psychoanalytic Quarterly*, 22, 4, p. 525-538.

Sperling M. (1973), Conversion hysteria and conversion symptoms : A revision of classification and concepts, *Journal of the American Psychoanalytic Association*, 21, 4, p. 745-771.

Stewart H. (1977), Problems of management in the analysis of a hallucinating hysteric, *The International Journal of Psycho-Analysis*, 58, 1, p. 67-76.

Stoloff J.-C. (1995), Les identifications de l'hystérique et l'étiologie de l'hystérie, *Topique*, « Identifications », 56, p. 37-65.

Stucki J. D. (1965), L'hystérie chez l'enfant, *Psychiatrie de l'enfant*, 8, 2, p. 605-622.

Sugarman A. (1979), The infantile personality : Orality in the hysteric revisited, *The International Journal of Psycho-Analysis*, 60, 4, p. 501-514.

Szasz T. S. (1983), L'hystérie, *Confrontation*, 9, p. 29-40.

Tourette G. de La, Charcot J.-M. (1891), *Traité clinique et thérapeutique de l'hystérie*, Paris, Plon, 583 p.

Trillat E. (1970), Regards sur l'hystérie, *Évolution psychiatrique*, 35, 2, p. 353-364.

Trillat E. (1986), *Histoire de l'hystérie*, Paris, Seghers, 282 p.

Trillat E. (1988), Chorée de Sydenham, danse de Saint-Guy et chorée rythmée hystérique (essai de révision historique et critique), *Évolution psychiatrique*, 53, 1, p. 72.

Utrilla Robles M. (1996), Les modèles psychanalytiques (rapport), *Revue française de psychanalyse*, « Les clivages », 60, spécial Congrès, p. 1749-1781.

Valabrega J.-P. (1967), Anorexie mentale : symptôme hystérique et symptôme de conversion, *L'inconscient*, 2, p. 133-173.

Valabrega J.-P. (1980), *Phantasme, mythe, corps et sens*, Paris, Payot, 380 p.

Vaneck L. (1977), Psychothérapie d'un garçon de dix ans présentant un tableau symptomatique de conversions hystériques, *Psychiatrie de l'enfant*, 20, 1, p. 129-178.

Veith I. (1965), *Histoire de l'hystérie*, Paris, Seghers, 1973, 287 p.

Vermorel H. (1996), Refoulement et clivage dans l'hystérie, *Revue française de psychanalyse*, 60, spécial Congrès, p. 1669-1677.

Vermorel H. (1997), Fairbairn : clivage du moi et triangulation précoce dans la genèse de l'hystérie, *Revue française de psychanalyse*, 61, 2, p. 571-573.

Vermorel M. et Vermorel H. (1993), Du père des origines au père œdipien, *Revue française de psychanalyse*, « Laïos pédophile : fantasme originaire ? », 57, 2, p. 403-409.

Vigneault J. (1996), L'hystérie : de l'étiologie de l'hystérie aux origines de la psychanalyse, *in* P. Doucet et W. Reid (dir.), *La psychothérapie psychanalytique. Une diversité de champs cliniques*, Montréal, Paris, Casablanca, Gaëtan Morin, p. 147-177.

Ville E. (1973), Analité et hystérie, *Revue française de psychanalyse*, 37, 3, p. 331-336.

Villechenoux-Bonnafé M. (1968), Le cadre de la folie hystérique de 1870 à 1918. Contribution à l'histoire de la psychiatrie. Aspects de l'évolution des idées sur la frontière entre la névrose et la psychose, s.l.s.n., 100 p. Thèse soutenue en 1968.

Vincent J.-D. (1992), Masques et mémoires, *Revue internationale de psychopathologie*, 5, p. 65-72.

Voizot B. (1989), De la répétition à la temporalisation, *Revue française de psychanalyse*, « La symbolisation », 53, 6, p. 1853-1858.

Weiss E. (1935), Agoraphobia and its relation to hysterical attacks and to traumas, *The International Journal of Psycho-Analysis*, 16, 1, p. 59-83.

Widlöcher D. (1973), Condensation et régression dans l'attaque d'hystérie, *Revue française de psychanalyse*, 37, 3, p. 439-450.

Widlöcher D. (1978), L'hystérie dépossédée, *Nouvelle revue de psychanalyse*, 17, p. 73-88.

Widlöcher D. (1992), L'hystérie, maladie de la mémoire, *Revue internationale de psychopathologie*, 5, p. 21-41.

Wilson G. (1938), The transition from organ neurosis to conversion hysteria, *The International Journal of Psycho-Analysis*, 19, p. 23-40.

Winter H. (1963), Pre-oedipal factors in the genesis of hysterical character neurosis, *The International Journal of Psycho-Analysis*, 1964, 45, 2/3, p. 338-343.

Winter J.-P. (1998), *Les errants de la chair. Études sur l'hystérie masculine*, Paris, Calmann-Lévy, 295 p.

Wisdom J. (1961), A methodological approach to the problem of hysteria, *The International Journal of Psycho-Analysis*, 42, 3, p. 234-237.

Wittels F. (1909), Analyse d'un cas de confusions hystériques, *Minutes de la Société psychanalytique de Vienne*, vol. II, 1908-1910, Gallimard, 1978.

Wolberg L. R. (1945), A mechanism of hysteria elucidated during hypnoanalysis, *The Psychoanalytic Quarterly*, 14, 4, p. 528-534.

Yarom N. (1997), A matrix of hysteria, *The International Journal of Psycho-Analysis*, 78, 6, p. 1119-1134.

Zaltzman N. (1989), Le transfert hystérique : orfèvre et vermine, *Topique*, 43, p. 115-139.

Zetzel E. (1967), The so called good hysteric, *The International Journal of Psycho-Analysis*, 17, 3, p. 256-260.

Imprimé en France
Imprimerie des Presses Universitaires de France
73, avenue Ronsard, 41100 Vendôme
Avril 2000 — N° 47 147